애착증진과 뇌성장을 위한

통합유아발달놀이

주세진 저

Integrative Children's Development Play
for Attachment Promotion and Brain Growth

학지사

머리말

1985년 서울대학교병원 어린이병원의 개원과 함께 아동발달 전문 간호사로 일하게 된 필자는 엄마, 아이들과 인연을 맺기 시작하였습니다. 이후 결코 짧지 않은 25년이라는 시간 동안 엄마와 아이들과 함께 뛰어놀았던 날들이 주마등처럼 떠오릅니다. 교단으로 옮긴 지 10년이 지났음에도 아직도 그곳을 잊지 못하고 있었고, 이번에 그 결실로 『애착증진과 뇌성장을 위한 통합유아발달놀이』를 출간하게 되었습니다.

발달과 성장이 늦은 아이를 데리고 온 엄마의 불안하고 걱정스러운 눈빛, 간절한 마음을 누구보다 잘 알기에 기운 내라고, 할 수 있다고 엄마와 아이의 손을 꼬옥 잡고 달려온 뜨거운 시간들이었습니다. 그러기에 '엄마, 아빠와 아이가 함께 행복해지는' 애착증진 프로그램을 개발하고 운영하면서 아이의 애착형성과 뇌성장을 돕는 통합유아발달놀이의 효과를 확인하는 실제적인 접근을 통해 이 책을 완성하게 되었습니다.

꽉 막힌 도로에서 차량의 연료가 부족하다는 신호 혹은 고속도로를 달리는 중에 타이어압이 낮다고 깜박거리는 경고등을 보며 조마조마한 적이 있는지요? 이러한 경고등을 무시하거나 그게 무슨 신호인지 모르고 계속 달린다면 어떤 일이 생길지 생각만 해도 끔찍합니다. 물론 우리는 이러한 위험을 피하기 위해 평소 차량을 세심하게 점검하고, 경고등이 들어오면 즉시 주의를 기울이는 등 사고가 나지 않도록 노력합니다.

우리가 이처럼 차 사고에 대비하여 애쓰는 것처럼 소중한 아이를 기르면서 아이의 행동을 통해 나타나는 부적응과 경고 신호에 얼마나 민감한지 생각해 보셨나요? 아이가 주변 세상에 대한 관심으로 목말라할 때 즉시 자극해 주어야 하는 것은 너무나 당연하지만 아이가 혼자 놀고, 자기만의 방식을 고수하며 주변의 자극에 무관심한 행동을 보일 때 이것이 아이에게 얼마나 위험한 신호인지 알아차리지 못하는 것은 애착형성과 뇌성장을 가로막게 됩니다. 또는 아이들 중 태어날 때는 '정상적인 뇌'였더라도 지나치게 조용하고 자극이 없는 환경이거나 혹은 부모의 이혼과 같은 불안정한 상황이 되면 어린 나이에 감각자극이나 운동경험, 표현 기회들을 충분히 갖지 못하여 일부 기능을 상실할 수도 있습니다.

이 책은 아이들의 성장과 발달을 돕기 위해 엄마 아빠와 아이가 함께하면 좋은 놀이들로 가득합니다. 책에 담긴 모든 정보를 유익하게 활용할 수 있도록 구성하여 아이로 하여금 세상으로 나가는 출구가 되고자 합니다. 모아애착놀이를 통해 애착형성과 감정조절, 의사소통과 상호작용이 증진되고, 친구와 함께 놀면서 성장할 것입니다. 아이들의 뇌가 민감기에 있을 때 차곡차곡 뇌를 채워 주는 놀이는 좌우 뇌 발달과 주의집중력 그리고 정서지능과 기억력, 언어능력 등을 자극해 주어 아이 스스로 문 밖 세상으로 나아가게 할 것입니다.

이 책이 아이를 돌보는 사람들에게 지침서가 되기를 바랍니다. 아이들에게 필요한 주의 깊은 관심을 어떻게 적절히 제공해 줄 수 있는지를 알려 주고, 아이의 필요보다 지나친 보살핌은 아이의 성장을 방해할 수도 있음을 알고 절제하기를 배웁니다. 아이의 성장과 함께 초보 부모 역시 부모전환과정을 겪으며 어른 부모로 성숙해집니다. 자녀를 낳고 기르는 일은 나의 것을 내려놓는 희생뿐만 아니라 오로지 내리 사랑과 정성이 필요한 일임을 깨닫습니다.

이 책이 출판되기까지 많은 분의 도움이 있었습니다. 가장 먼저 모아애착증진 프로그램에 참여해 주신 아이와 부모님께 감사드립니다. 또 프로그램 운영을 함께한 많은 동료의 노고도 잊을 수 없습니다. 통합유아발달놀이를 세상에 내놓는 것이 사실 두렵고 부끄럽지만 용기를 내어 첫발을 내딛습니다. 그동안 고안하고 실천했던 이 결과물들이 부디 도움이 되기를 바랍니다.

늘 나의 일을 믿고 지지해 주는 듬직한 남편과 같은 길을 선택하여 동료가 된 고마운 두 아들에게 사랑한다는 말을 전합니다. 책의 취지와 내용을 듣고 출판을 결정하고 오랜 시간 책이 나오기를 기다려 주신 학지사의 김진환 사장님, 책 표지부터 내용까지 꼼꼼하게 교정하여 훨씬 멋진 책으로 만들어 주신 정은혜 과장님을 비롯한 편집부 여러분께 감사의 인사를 드립니다.

끝으로, 이 책이 '내 아이와 함께 행복하기를 바라는 모든 부모'의 소망을 실현하는 데 도움이 되기를 진심으로 바랍니다.

2021년 1월 성환골에서

주세진

차례

제2부 통합유아발달놀이 개요

제3부 통합유아발달놀이 실제

제1부

아이의 발달

제1장 발달

1. 발달의 개념
2. 영아 발달
3. 유아 발달
4. 기질
5. 발달표

1. 발달의 개념

'자란다'는 것은 단순히 몸이 커진다는 것을 말하는 것일까? 아니면 혼자 서고 뛰고 먹을 수 있게 된 것을 말하는 것일까? 또는 생각하고 행동하는 것들이 생기게 된 것을 말하는 것일까? 물론 이 모든 것이 합쳐졌을 때 비로소 자란다고 할 수 있을 것이다. 이처럼 아이가 자라 어른이 되는 것은 단순히 몸이 커지거나 걷고 뛸 수 있게 되는 것 외에도 언어를 획득하고 자신이 속한 환경에 적응하며 살아가는 능력을 갖게 된다는 복합적인 의미로 이 과정을 통틀어 '발달'이라고 한다. 발달이란 '발전해 나간다'라는 의미로, 특히 아이의 발달에 적용할 때는 아기가 태어나서 자기가 속한 환경에 적응할 수 있는 능력을 말한다.

학문적으로 발달은 시간이 경과함에 따라 변화하는 것으로 성장, 성숙, 학습을 포함하는 개념이다. 세분하자면 성장(growth)은 체중, 신장, 머리둘레와 같이 신체적인 크기의 증가를 의미하고, 구조적 또는 조직적 변화나 본질적 변화를 보이는 것은 성숙(maturation)이라고 하며, 학습(learning)은 이 두 가지가 변화된 상태이다. 예를 들어, 신장이나 체중, 어휘력 등의 변화를 말할 때는 '성장했다'고 말하며, 지능이나 의식 등의 변화가 있으면 '성숙했다'고 한다. 그리고 훈련이나 연습으로 성장과 성숙에 영향을 주어 변화가 일어나는 것은 학습이라고 한다.

생존에 필요한 능력에 여러 가지가 있듯이 발달에도 신체, 감각, 운동, 정서, 인지, 언어, 사회성 등과 같은 여러 종류의 영역이 있다. 아이의 발달을 이야기할 때 한 가지 영역에 집중하지 않고 모든 영역을 함께 고려하는 것은 이들이 서로 연관되어 있을 뿐 아니라 골고루 발달해야 잘 성장할 수 있기 때문이다. 발달은 월령에 따라 대략적인 지표를 가지고 있지만 모든 아이가 지표대로 발달하는 것은 아니다. 발달단계가 약간씩 중복되어 나타나기도 하고 어느 한 영역이 더 발달하거나 늦기도 하므로 지표 하나하나에 너무 민감하게 반응할 필요는 없다. 그러나 유의할 점은 발달을 설명할 수 있는 중요한 변수와 별로 중요하지 않은 변수가 있는데, 예를 들어 말을 많이 하는 것은 그리 중요한 변수가 아니지만 말에 대한 이해력은 정신 발달을 설명하는 매우 중요한 변수이다. 목 가누기와 걷기는 중요한 운동 발달 변수이나 뒤집기와 기기는 전자에 비해 그리 결정적인 변수가 아니다. 그러므로 일부 영역의 발달이 '늦다' 혹은 '빠르다'에 신경 쓰기보다 아이

의 특성이나 발달 양상을 고려한 발달 전반에 대해 살펴보아야 한다. 발달의 범주는 또래 1백 명 중 기능의 정도가 상위 16%에 속하는 경우 또래에 비해 발달이 우수하고, 68%에 속하면 정상 범주 그리고 하위 16%에 속하는 경우 발달지연이 있다고 한다.

2. 영아 발달

1) 출생 후 뇌는 자극이 필요하다

아기의 뇌는 수태 후 뇌세포 생성을 시작하여 임신 5개월이면 성인의 뇌세포 수와 맞먹는 1천억 개 정도의 세포가 완성된다. 일생을 살아가는 데 필요한 뇌세포를 이미 갖추고 태어나지만 아직 돌기와 수초화가 진행되지 않아 서로 소통이 잘 되는 것은 아니다. 뉴런에는 축색과 돌기가 나 있는데 갓 태어났을 때는 조금씩만 자라 있기 때문이다. 갓 출생한 아기의 뇌 무게는 약 400g으로 몸무게의 13%나 된다. 성인 뇌의 무게가 몸무게의 2%인 것에 비하면 아주 큰 비중을 차지하는 것이므로 영아 초기의 영양가 있는 놀이와 활동은 뇌의 뉴런을 자극해서 많은 신경회로를 형성시키는 매우 중요한 기회이다. 영아기에 듣기 좋은 소리를 듣고 눈으로 다양한 것을 보는 것, 손으로 움켜쥐는 것과 같이 몸을 통해 외부 자극이 들어가면 돌기가 점점 뻗어 나가 다른 세포와 연결되고 시냅스(synapse, 신경세포 간 정보 전달 교류장소)가 형성된다. 외부에서 자극을 받으면 뇌의 신경세포에서 수상돌기가 생겨나고, 자극이 계속되면 뇌세포에서 수상돌기가 뻗어 긴 신경섬유인 축색이 자라기 시작한다. 수상돌기가 자극을 받아들이는 '안테나'라면 축색은 그 자극을 전달하는 '통로'라고 할 수 있다. 수상돌기를 통해 받아들인 자극은 축색을 따라 다른 뇌세포에서 뻗어 나온 또 다른 수상돌기와 연결되어 시냅스가 만들어진다. 시냅스가 많이 만들어질수록 신경회로망은 더욱 촘촘해지고, 신경회로망이 촘촘해질수록 그만큼 두뇌가 발달한다. 이처럼 뇌가 발달한다는 것은 뇌 속에 그물 같은 신경회로가 빽빽하게 연결되는 것을 의미한다.

2) 적절한 자극은 아이의 발달을 도와준다

아이의 뇌는 기초적인 신경망을 가지고 태어난다. 신경은 많이 사용할수록 강하고 튼튼해지지만 사용하지 않으면 '가지치기'가 되고, 한편 환경적으로 아무리 자극을 많이 주어도 일정한 정도, 즉 프로그래밍 되어 있는 것 이상의 발달은 일어나지 않는다는 속성을 가지고 있다. 그러므로 아이의 어떤 부분을 중점적으로 자극해 줘야 하는지 방향을 잡아야 하며, 발달 원리에 따라 자극해 주어야 한다. 첫 번째 발달 원리는 일정한 순서가 있다는 것이다. 기어야 걸을 수 있고, 걷고 뛰는 것이 완성되어야 자전거를 탈 수 있다. 아직 걷는 것이 완성되지 않은 상태인데 자전거를 가르치려고 하면 안 되는 것과 같이 아이에게 적합한 교육을 제공하기 위해서는 어떤 영역의 발달이 어느 수준까지 왔는지 세밀하게 파악하는 것이 가장 먼저 해야 할 일이다. 두 번째 발달 원리는 큰 근육이 먼저 조정된 후 작은 근육으로 발달이 갈라진다는 것이다. 머리를 자유자재로 움직일 수 있을 만큼 준비된 후 사지가 발달하며, 몸의 중심부가 말초신경보다 먼저 발달한다. 몸 전체를 사용하다가 점차 섬세한 동작을 사용할 수 있다. 세 번째 발달 원리는 발달은 계속되지만 발달의 속도는 시기마다 다르다는 것이다. 출생 후 첫돌까지는 신체 발달이 빠른 반면, 어휘력은 유아기에 폭발적으로 발달하고, 생식기 성장은 청소년기가 되어야 한다. 네 번째 발달 원리는 발달에는 개인차가 있다는 것이다. 이는 발달순서는 동일하나 발달의 속도와 양상은 아이마다 다르다는 것을 의미한다. 다섯 번째 발달 원리는 각 영역은 상호 밀접한 연관을 가지고 있다는 것으로, 이는 감각, 신체, 인지, 언어 그리고 사회 및 정서가 서로 영향을 미치며 발달하는 것을 의미한다.

요약하자면, 모든 아이는 자신만의 '내적 성장 발달 계획표'를 가지고 있다. 어떤 아이는 평균대로 12개월에 첫발을 떼는가 하면, 어떤 아이는 10개월에 걸을 수 있는 계획표를 가지고 있고, 또 어떤 아이는 13개월에 걷도록 짜인 계획표를 가지고 있다. 여기에 환경자극이라는 변수가 영향을 미칠 수는 있지만 결정적인 것은 아니다. 중요한 것은 늦되는 아이와 발달지연이 있는 아이는 확실히 구별해야 한다는 것이다. '늦되는' 아이는 어느 시기에 특정 영역에서의 발달만 지연을 보이고 그 외 영역의 기능에서는 거의 문제가 없다가 이후 점차 못하던 기능

을 회복하여 또래들의 발달과 같은 수준이 되는 것을 말한다. 예를 들어, 알아듣는 것은 대부분 정상인데 표현언어가 지연되었던 아이가 어느 날 말문이 트이기 시작하면 언제 그랬냐는 듯 유창하게 말하는 것을 볼 수 있다. 반면에 '발달지연'을 보이는 아이는 한 영역이 아니라 두 영역 이상에서 현저히 지연된 현상을 보인다. 사람에게 관심을 보이지 않고 말하기가 안 되는 상황, 혹은 운동능력과 사고력이 동시에 늦되는 상황들은 단순히 늦되는 것이 아니라 발달지연을 의심해 봐야 한다. 이런 경우는 뇌 성숙의 속도가 늦거나 감각기관의 장애, 신경 문제 등 여러 영역에 어려움이 있을 수 있으므로 가능한 한 빨리 객관적인 발달수준을 점검하기 위해 전문가에게 의뢰한다.

3) 신체접촉놀이는 뇌 발달에 비타민 역할을 한다

영아의 뇌는 엄마와의 신체접촉 시 들어오는 감각자극과 운동자극을 통해 발달하므로 신체접촉은 뇌의 하드웨어 발달에 중추적인 역할을 한다. 특히 초기의 촉각적 경험은 대뇌피질의 크기와 뇌의 신경세포 간의 연결 형태, 신경세포의 수(뉴런의 수)에 영향을 줄 수 있다. 이는 신체접촉과 연합된 수용기와 신경통로는 영아기에 발달해야 될 첫 번째 요인이며, 몸의 움직임은 뇌 안의 치밀한 신경망 형성에 기여한다는 것으로 모든 배움은 몸에서 시작한다는 것을 말해 준다. 이러한 초기 접촉자극이 쌓이면 생후 2개월 무렵 운동피질부터 형성되기 시작하며, 아기는 모로 반사나 바빈스키 반사와 같은 기본적인 반사행동을 멈추고 의도적으로 행동하기 시작한다. 생후 3개월이 되면 시각피질의 시냅스 형성이 절정에 올라 물체에 초점을 맞출 수 있게 되고, 8~9개월에는 경험한 내용을 기억할 수 있게 된다. 논리적인 사고와 앞으로 일어날 일을 미리 추측할 수 있게 되는 것은 생후 6~12개월 이후부터이다. 이때 전두엽 피질의 시냅스는 성인보다 두 배 이상 빠르게 성장하며, 이러한 진행은 10세까지 계속된다. 영아에게는 같은 자극이라도 질 좋은 자극이 효과적이다. 예를 들어, 시각자극도 도화지에 아무렇게나 그린 그림보다는 명화가 좋고, 시끄러운 소리자극보다 클래식 음악을 들려주는 것이 효과적이다. 하지만 질 좋은 자극이라도 이것을 흡수하는 경로, 즉 자극을 받아들이는 신경회로가 잘 발달되어 있어야 영아의 뇌에 효과적으로 작용한다. 생후 초기부터 엄마와의 신체접촉을 불편해하고, 심한 경우 견디기 어려워하며 거부한다면 자극을 받아들이는 신경회로의 발달이 부족한 상태이다. 그러므로 영아의 뇌를 준비시키는 첫 작업은 엄마와의 신체접촉을 충분히 경험시켜 뇌에 즐겁게 등록하기 위한 마음성장 애착놀이를 하는 것이고, 뇌의 신경회로가 준비되면 시각, 청각, 촉각, 고유수용감각, 전정감각 등 투입되는 감각들이 잘 통합되도록 구조화된 뇌성장 몸놀이를 제공하는 것이다.

요약하자면, 신경 회로를 튼튼하게 발달시키는 가장 좋은 방법은 생후 초기부터 양질의 신체접촉을 많이 해 주는 것이고, 같은 자극이라도 신경회로 통로를 만들어 주기 위해 '반복적'으로 사용해야 한다. 반복적으로 경험하면 자극을 받아들이는 경로가 확실하게 다져지고, 이는 곧 새로운 경험을 받아들이는 발판이 되어 뇌가 성장한다.

4) 애정 어린 자극과 민감한 반응은 뇌 발달을 촉진한다

뇌의 성장기는 출생 직후부터 생후 1년 정도로, 이 시기에 최대한 자극을 주되 뇌의 특성에 대해 고려할 점이 있다. 뇌는 준비되기 전에 주어진 자극에는 반응하지 않거나 오히려 이후 비슷한 자극에 거부반응을 하게 만드는 반면, 준비가 된 상태에서 자극해 주면 호기심을 보이며 작동하기 시작한다. 영아의 뇌가 외부의 자극에 반응하고 받아들일 준비가 된 발달의 결정적 시기를 흔히 '민감기'라고 한다. 민감기는 두뇌 발달이 일어날 수 있는 최적의 시기이며, 그 시기에 뇌 발달에 꼭 필요한 자극을 주지 않으면 중요한 발달이 일어나지 않으므로 그 어느 때보다 중요한 시기이다. 아이의 발달은 연속성 있게 진행되고, 이 연속적인 발달은 각 영역의 결정적 시기에 맞게 이루어져야 하므로 아이가 가지고 나온 가능성을 모두 발휘할 수 있게 하려면 두뇌가 다양한 경험을 할 수 있는 환경을 만들어 주어야 한다.

5) 뇌는 효율적으로 사용해야 발달한다

두뇌 형성에 결정적인 영향을 주고 두뇌 배신 연결을 촉진하는 최선의 방법은

영아가 필요로 하는 것을 공급해 주는 것이다. 그렇다면 이 시기의 영아에게 꼭 필요한 것은 무엇일까? 바로 주의 깊고 애정 어린 부모의 돌봄이다. 아이에게 주는 자극이 부드럽고 예측 가능하며, 즐거울수록 대뇌 시냅스의 수와 신경세포의 연결이 더 많아지는 것으로 이는 두뇌 발달에 필요한 벽돌을 차곡차곡 쌓아 올리는 것과 같다. 뇌의 안쪽에 위치한 변연계는 감정조절능력센터로 생후 초기에 부모와의 유대감, 즉 애착형성의 결정적인 시기에 커다란 신경세포망을 형성하고 이후 잘 변하지 않는다. 그러므로 이 시기동안 아이와의 상호작용에 전심전력할 필요가 있다.

반복적으로 많이 사용한 뉴런, 즉 신경세포 연결망은 튼튼해지고 잘 끊어지지 않지만, 사용하지 않은 세포는 가지치기를 한다. 가지치기를 한다는 것은 이미 배웠던 것도 잃어버리게 된다는 것을 의미한다. 신경세포망이 끊어지지 않고 가지 수가 늘어나게 하려면 어떻게 하면 될까? 그것은 바로 아이에게 이미 체험한 것을 다시 기억하는 기회를 만들어 주고 뇌가 스스로 받아들일 수 있는 시간이 될 때까지 기다려 주어야 한다. 아이는 세상에 태어나서 모두 처음해 보는 것이니 무엇이든 낯설고 두려울 수밖에 없으므로 새로운 것을 뇌에 등록시키기 위해서는 아이가 믿는 사람(주로 엄마)이 앞서 시범을 보여 주는 것이 좋다. 엄마는 아이가 호기심을 느끼고 해 보고 싶어 하도록 기다려 주고, 아이가 혼자 할 자신이 없어 엄마에게 도움을 청하면 즉시 요구에 반응해 준다. 새로운 것은 익숙한 것보다 자신이 없고, 재미있어 보이지도 않는다. 게다가 아직 새로운 것에 대한 호기심이 생기기 전이라면 쳐다보지도 않고 무조건 싫다고 할 수 있다. 하지만 많은 아이가 처음 한두 번은 머뭇거리다가도 이 또한 재미있다는 것을 깨닫는 순간 스스로 익히려 하는데 바로 그 순간들이 뇌가 폭발적으로 발달하는 시점이다.

뇌를 가장 효율적으로 사용하는 방법에 대해 관심을 가져야 한다. 이는 영아의 뇌 신경회로 발현은 유전적으로 이미 정해져 있어 훈련시켜도 앞당길 수가 없기 때문이다. 예를 들어, 3세가 되어야 발현되는 회로를 더 어릴 때 자극하는 것은 소용이 없다. 반대로 1세경에 만들어지는 회로를 2세경에 자극하기 시작하면 결정적 시기보다 늦어 노력에 비해 성과가 매우 적다. 그러므로 아이가 성장하는 동안 몇 살에 어떤 회로가 언제 만들어지는지, 내 아이가 정상발달과정을 잘 따라가고 있는지, 연령보다 빨리 성장하고 있는 영역이 있는지 혹은 부족한 영역은 없는지를 알고 대처하는 것은 뇌를 효율적으로 자극해 주는 것이며 동시에 적절한 교육의 시기를 놓치지 않는 것이다.

뇌 신경회로를 알아차리는 구체적 방법은 먼저 아이의 뇌 발달수준이 어느 정도인지 확인한 다음 아이의 행동이나 반응을 유심히 관찰하여 다음 단계로 이끌기 위해 필요한 활동이 무엇인지 찾아 제시하는 것이다. 예를 들어, 포크를 잘 사용하게 되면 다음 단계로 젓가락질을 가르칠 수 있다. 아이가 좋아하는 음식을 젓가락으로 집기 쉬운 상태로 만들어 놓고 어른이 먼저 젓가락을 사용하여 먹는 것을 보여 준다. 또한 젓가락으로 음식을 집어 아기에게 먹여 준다. 아이는 포크 대신 젓가락이라는 것을 사용해도 음식을 먹을 수 있다는 것을 알게 되고, 젓가락을 사용해 보고 싶은 강렬한 욕구가 생기게 된다. 아이의 손에 맞는 젓가락을 쥐어 주고, 어른이 보조하여 음식을 집어서 입으로 가져가 먹는 등의 작업을 몇 번 반복해 준다. 이후 아이가 혼자 해 보도록 기회를 주는 활동을 반복할 때 뇌 신경회로가 구축된다. 아이는 젓가락 사용이 미숙하여 흘리면서도 스스로 해내려고 애를 쓰고, 이 모든 과정을 통해 뇌는 자신의 몸, 즉 팔과 손, 손가락 사용을 통제하는 신경회로를 만들어 내는 것이다.

아이의 뇌 발달 자극에 부모만큼 좋은 것은 없다. 부모를 포함한 주변 환경이 두뇌를 자극할 수 있는 요소이고, 월령이 낮을수록 부모의 영향을 더욱 크게 받는다. 생후 초기 부모가 제공해 주는 양육의 질은 긍정적 혹은 부정적 방향으로 뇌 발달에 막대한 영향을 미치므로 조심스럽게 접근해야 한다. 이 시기의 과도한 자극이 스트레스로 작용할 수 있으며, 이후의 두뇌 발달에 영향을 끼치게 되기 때문이다. 아이에게 지나치게 높은 수준을 요구하면 뇌 발달에 스트레스를 주는 것처럼 역으로 아이가 할 수 있는 것조차 어른들이 모두 해 주는 것 역시 뇌 발달을 방해한다. 어른의 과보호로 뇌가 자극을 받지 못해 발달이 늦을 뿐 아니라, 더욱 나쁜 것은 아이의 뇌가 이것은 내가 할 일이라고 생각하지 않기 때문에 자발성이 떨어지고 어른에게 해 달라는 요구만 늘어나게 된다. 덧붙여 아이의 행동에서 마음에 들지 않는 행동을 없애려는 생각, 즉 "아이의 까치발을 없애려면 어떻게 해야 할까?" "하루 종일 자동차 바퀴만 들여다보고 있는데 차를 없애 버릴까?" "편식이 너무 심한데 이것을 고칠 수 있는 방법은 무엇일까?"와 같은 것에만 몰두하면 역효과를 일으킬 수 있다. 우선 아이가 좋아하는 것, 하고 싶어 하는 것, 조

금만 자극해 주어도 잘할 수 있는 것이 무엇인지 파악하여 놀이를 제공해 준다. 다음 단계로 문제행동을 하나씩 소거하는 과정을 밟는 것이 효과적인 접근 방법이다.

3. 유아 발달

유아기는 뇌의 인프라를 구축하는 중요한 시기로 3~6세 사이에 인간이 가지고 있는 고도의 정신활동을 주관하는 전전두엽을 완성하게 되며, 7~15세 사이에 전체적인 뇌의 완성이 이루어진다. 이후 뇌는 점차 발달이 둔화되고 30세 이후부터 쇠퇴하기 시작하지만 훈련에 의해 죽을 때까지 뇌세포가 발달할 수 있다. 아이의 뇌를 잘 발달시키기 위한 첫 작업은 아이의 발달시기에 맞춰 뇌성장에 알맞은 자극을 주는 것이다. 단계적으로는 우선 3세까지 부모의 안정적 양육, 긍정적 조절을 통해 평생학습의 기초 '틀'이라고 할 수 있는 아이의 뇌신경망, 즉 신경네트워크 조직화를 생성한다. 무수한 신경회로가 잘 연결되어야 생각하는 능력, 즉 정보를 처리하는 능력이 강화되어 스펀지처럼 쏙쏙 받아들이는 똑똑한 뇌로 성장하게 된다. 유아기에 신경회로를 풍부하게 만들고 뇌를 개선하는 가장 좋은 방법은 아이의 발달상태에 맞춘 놀이를 제공해 주는 것이고, 뇌를 반복적으로 자극하여 항상 신경회로를 사용하도록 하는 것이다. 즉, 1차 신경회로가 구축되면 후에 그것을 활발히 사용하도록 도와주어야 하는데, 그 이유는 자주 사용하면 이미 만들어 낸 신경회로가 끊어지지 않지만 만들어진 회로도 오랫동안 사용하지 않으면 줄어들거나 사라지기 때문이다.

1) 감각을 통해 세상을 배운다

주위 환경으로 들어오는 여러 자극을 감각기관을 통해 받아들이는 것, 즉 반응하는 것을 감각이라고 하고, 지각은 이러한 감각에 의미를 부여하는 것으로 현재 들어온 것이 어떤 자극인지 해석하는 것이다. 예를 들어, 어떤 소리가 났을 때 소리를 듣는 것은 감각과정이고, 그 소리가 비가 내리는 소리인지, 노크 소리인지 구분하는 것은 지각과정이다. 인간은 감각이라는 필터를 통해 주변 세상을 받아들이고 자신의 몸도 알게 되므로 감각은 뇌의 정찰병이라고 할 수 있다. 그러므로 감각은 세상을 이해하기 위해 필요한, 즉 가공하지 않은 정보를 두뇌에 전달하는 모든 학습의 출발점이다.

아이는 가장 먼저 촉각을 통해 세상을 탐색한다. 유아의 손으로 만지기, 다루기, 뻗기, 끌어당기기, 잡기, 주기, 손가락질하기 등의 기술은 다양한 촉각적 경험을 통해서 획득되며, 이러한 영역의 신체적 성숙은 생후 2개월에서 5개월 사이에 가장 빠르게 이루어진다. 손과 발 등 전신을 사용하는 놀이는 몸의 위치, 자세, 움직임, 거리, 시간 및 움직이는 물체에 반응하는 근육 운동 지각을 발달시키고, 생각하여 움직이는 목적적 활동과 연결되어 감각 운동적 지능이 발달하게 된다. 아이의 신체적 경험, 즉 신체적 활동은 감각을 자극하는 것으로 감각은 정보를 수집해 전달하고, 뇌는 정보를 분석하고 해석하여 기억으로 저장하는 등 학습 사이클을 계속 작동시키는 연료이다. 다시 말해, 연료가 되는 감각자극이 빈약하면 두뇌의 작동에 시간이 걸리고 계발도 지연될 수 있다는 것을 의미한다.

청각은 언어와 관계가 있으므로 아이의 음감을 키워 주는 것이 중요하다. 엄마의 목소리에 뇌자극이 촉진되며, 엄마가 아이를 업고 노래에 맞춰 몸을 흔들어 주는 것은 리듬감을 익히는 데 좋고, 음악에 맞춰 아이 스스로 몸을 흔드는 것 역시 뇌를 자극해 준다.

시각, 청각, 후각, 미각, 촉각, 전정감각(균형감각), 고유수용감각(공간적 위치와 움직임에 대한 감각)과 같은 통합적 감각자극은 아이로 하여금 세상을 알게 하는 관문이 된다. 이러한 수단을 통해 우리 몸에서 어떤 일들이 일어나는지, 우리 주변에서 어떤 일들이 일어나는지에 대한 정보를 받아 세상을 살아가는 데 필요한 기능을 수행할 수 있다. 결국 감각이 원활히 기능을 하는 것이 곧 적응 반응이며, 이는 인간을 생존할 수 있게 해 주고 사회적이고 능동적인 사람이 될 수 있도록 한다.

인지 발달은 신체 발달처럼 눈에 보이는 것이 아니어서 비교하기 어렵지만 인지의 기반이 되는 감각 및 지각에 대한 반응을 보면 아이가 잘 성장하고 있는지 알 수 있다. 시각, 청각, 촉각 등의 감각로를 통해 들어오는 외부 자극에 대해 적절히 반응하고 다양한 자극을 즐기며 잘 수용한다면 눈에 보이지 않지만 인지는

잘 발달하고 있는 중이다. 감각은 풍부한 감각경험을 통해 발달하고, 감각의 발달은 인지 발달을 촉진하기 때문이다. 즉, 기고 걷고 만지는 세계가 넓으면 넓을수록 목표를 향해 활동하는 능력이 발달하여 지적 능력도 넓어진다. 덧붙여 아이의 감성을 단련하기 위해서는 촉각뿐 아니라 그 외에 다양한 자극이 필요하다.

2) 신체활동을 통해 자신감을 획득한다

끊임없이 탐색하며 움직이고 싶어 하고, 자기 자신의 생각과 감정을 표현하고 싶어 하는 욕구는 유아기의 발달특성이다. 또한 유아는 온몸을 마음껏 움직일 수 있는 신체활동을 통해 자신감과 성취감을 획득하게 된다. 유아기에 습득된 운동능력이 일생 동안의 신체움직임이나 운동능력을 좌우하게 되므로 어린 시절에 가능한 많은 운동경험을 하게 하여 신체움직임에 익숙해지게 할 필요가 있다.

유아기는 기본운동기술이 완성되는 시기이다. 기본운동기술이란 일상생활에서 필수적인 운동 형태로 이동 동작(기기, 걷기, 달리기, 뛰어넘기 등), 비이동 동작(뻗기, 구부리기, 돌기, 흔들기, 꼬기 등), 조작기술(던지기, 잡기, 차기, 치기, 튕기기 등)을 말한다. 그런데 이러한 운동기술은 반복적인 연습으로 인하여 어느 정도의 기술 수준에 달하면 자동적으로 이루어지므로 똑같은 동작을 계속 되풀이하는 것만으로는 운동자극이 대뇌까지 전달되지 못한다. 그러므로 다양한 신체활동을 제공하기 위해서는 유아들의 흥미를 유발할 수 있는 동작 및 기구의 활용이 필요하다. 유아기의 다양한 신체움직임은 근육의 분화과정을 가속화시켜 신체를 효율적으로 사용할 수 있는 능력을 키워 주며 기본운동기술 발달의 기초가 된다. 유념해야 하는 것은 이러한 운동능력의 발달에는 신경조직의 발달이 선행되어야 하므로 무리하게 연습을 강요해서는 안 된다는 것이다. 또한 일반적으로 유아들은 잠시도 가만히 앉아 있지 못하고 움직이므로 충분히 운동이 된다고 생각하는 것은 잘못된 것이다. 이는 단지 에너지를 발산시켜 힘을 빼는 것이지 조직적인 뇌 발달에 기여하는 것은 아니기 때문이다.

4. 기질

사람이나 상황에 접근하고 반응하는 각각의 특징적인 유형을 기질이라고 하며, 어른에 비유한다면 성격이나 인격과 같은 것이다. 기질연구가들은 아이가 보이는 기질을 형성하는 심리적 특성이 성인기 성격의 토대이므로 기질의 차이에 관심을 기울여야 한다고 말한다. 기질은 선천적으로 타고나는 것으로 아이가 '어떤' 행동을 하느냐, '얼마나' 잘하는가, '왜' 그런 행동을 하는가와는 아무 관련성이 없다. 다만 아이가 '어떻게' 행동하는가를 이해할 수 있는 단서이다. 이 기질은 대개 타고난 것으로 태어난 직후부터 시작하여 상당 기간 꾸준히 지속되며, 바꾸기 어렵기는 하나 절대적인 것은 아니다.

1) 기질의 유형

Thomas와 Chess에 의해 1956년부터 시작된 뉴욕종단연구는 기질에 대한 선구자적 연구로 활동성, 규칙성, 접근/회피성, 적응성, 반응강도, 반응역치, 기분, 주의 산만성, 지구력이라는 아홉 가지 특성을 기준으로 영아의 기질을 '순한 영아' '까다로운 영아' '반응이 느린 영아'의 세 가지 유형으로 구분하였다(Thomas & Chess, 1977; Thomas, Chess, & Birch, 1968). 그러나 이후 많은 학자의 연구에 따라 최근에 제시되는 구성 요소는 아이가 얼마나 몸을 많이 움직이고 격렬한 활동을 하는가를 보는 활동 수준, 사람이나 사물에 대해 긍정적 정서반응을 보이는지를 말하는 접근/긍정적 정서성, 낯선 사람, 낯선 상황, 새로운 물체에 대해 두려워하거나 회피반응을 보이는 억제(수줍어하는 것을 포함), 쉽게 짜증을 잘 내고 좌절을 견디지 못하는 부정적 정서성 그리고 마지막으로 주의를 집중하고 계속 노력하는 지구력/끈기에 따라 분류한다.

(1) 순한 아이

몸의 리듬이 규칙적이고 잠자고 먹는 것이 순조로운 편이다. 젖이나 우유를 먹여 놓으면 혼자 잘 놀아 편하게 키울 수 있는 아이로 관심을 기울이지 않아도 혼자 장난감을 가지고 잘 논다. 그러나 가능하면 혼자 두지 말고 자극이 많은 환경

을 만들어 주며 타인과 관계를 맺을 수 있도록 의식적인 노력을 기울여 줄 필요가 있다. 잠을 많이 자거나, 엄마를 잘 찾지 않고, 혼자 두는 시간이 많아도 보채지 않으면 발달지연을 가지고 있을 수 있기 때문이다. 아이와의 교류를 통해 눈 접촉, 상호작용 등이 일반 아이에 비해 부족하다면 전문가의 도움을 받아 자극해 주는 것이 필요하다. 발달지연을 보이는 아이들이 대개 무척 순했다는 사실을 염두에 두어야 한다.

(2) 까다로운 아이

먹고 자는 몸의 리듬이 불규칙하고, 칭얼대거나 악을 쓰고 우는 식으로 부정적 감정표현이 많은 편이다. 환경에 민감하고 강한 반응을 보이는 아이로 낯선 곳에 가거나 낯선 사람을 만나는 등의 변화에 적응하기 위해서는 많은 시간이 걸린다. 초보 양육자인 엄마나 아빠를 쩔쩔매게 하고, 거의 안고 키워야 하며, 체중도 잘 늘지 않는다. 이렇게 까다로운 아이는 24개월 정도까지는 아이의 뜻에 맞춰 키우다 이후부터는 또래가 있는 곳에 자주 보내어 어울리게 하는 것이 좋다. 친구들과의 관계를 통해 조금 참고, 양보하고, 타협하는 등 행동을 절제하는 법을 스스로 터득하게 한다. 하지만 아이의 특성을 받아들이기보다 무시하거나 강압적으로 대할 경우 부모와 아이 관계에 문제가 발생할 가능성이 높다.

(3) 착한 아이

신체적으로 규칙적이고 매우 순순히 모든 것을 받아들여 키우는 데 어려움이 없다. 성장 후에도 '말 잘 듣는 아이'가 되기 때문에 그야말로 거의 공짜로 키우는 아이들이다. 문제는 자기주장이 너무 없거나 누가 때려도 잘 대응하지 못하는 아이로 성장할 수 있으므로 아이가 좀 더 강하고 활동적이기를 바란다면 조용하고 부드럽기만 한 환경에서 주로 몸을 움직이면서 친구들과 부대끼며 놀 수 있는 환경으로 바꾸어 주면 어느 정도 기질 변화가 있을 수 있다.

(4) 활동적인 아이

몸이 재빠르고 사람보다 사물에 관심이 많다. 주위 환경을 탐색하려는 욕구가 강해 손을 뻗거나 기기, 걷는 동작이 활달하며, 야단을 맞아도 별로 개의치 않고,

자신이 원하는 것을 얻는 것이 중요하다. 늘 바쁘게 돌아다니므로 산만해 보이나 판단이 빠르고 목적 지향적인 면도 있다. 아이들의 욕구를 충족시키기 위해 어릴 때는 자극이 많은 환경에 자주 노출시키되 다치지 않도록 확실히 주의를 주어야 한다. 자라면서 외적인 활동과 내적 활동의 비율을 차츰 조정하여 1:1로 하면 보다 내적으로 성숙한 아이로 성장할 수 있다.

(5) 신중한 아이

새로운 환경에 대해 아주 조심스럽고, 항상 주변의 상황을 먼저 살피며, 자기를 돌보는 사람의 의도를 읽으려고 노력한다. 낯선 장소에 갔을 때 호기심을 보이고 경험해 보고자 하나 엄마의 태도를 먼저 살펴 행동한다. 책을 많이 읽어 넓은 지적 활동이 가능하고, 다양한 경험을 통해 자신감 있는 아이로 성장할 수 있다. 짜증을 부리거나 보채는 일이 적어 혼자 놀도록 방치하고 어른은 다른 일에 몰두하기 쉬운데 이런 아이일수록 어른과 대화하고 함께 노는 것을 좋아한다는 점을 염두에 두고 사고력을 키울 수 있도록 이끌어 준다.

2) 기질 체크리스트

12색 크레파스를 펼쳐 놓으면 우리는 어느 색이 더 예쁘다고 말하지 않으며, 다만 각자 선호하는 색깔이 있을 뿐이다. 이와 마찬가지로 아이의 기질을 이해할 때 중요한 점은 아이의 '기질'에 대해 '좋다'거나 '나쁘다'라고 평가하지 말아야 한다는 것이다. 아이가 가지고 있는 색깔은 그 색이 가진 고유의 장점과 개성이 있어 값진 것처럼 아이의 타고난 기질을 파악하여 놀이 및 양육에 적절히 맞추어 주는 것이 좋다. 또한 아이의 이상적 발달은 아이의 기질과 부모의 기질이 얼마나 조화를 잘 이루는지에 달려 있다. 부모가 아이의 기질에 따라 양육행동을 조절한다면 보다 조화로운 관계가 되는 반면, 아이의 행동을 지나치게 통제하게 되면 부모와 아이는 갈등으로 인해 적대적 관계가 될 수 있다. 그러므로 부모는 내 아이가 어떤 유형의 기질을 가지고 있는지 파악해야 한다. 또한 타고난 아이의 기질을 바꾸려 하지 말고 어떤 방향으로 그 기질이 발휘될 수 있을지 방향을 잘 잡아 주려는 부모의 태도가 필요하다. 아이의 기질이 마음에 들지 않는다고 임의

로 바꾸려 한다면 오히려 아이에게 큰 스트레스를 줄 수 있고 부모와의 유대감이 떨어지는 위험도 있다.

Thomas와 Chess의 기질 구성요인으로 만든 간편 기질 체크리스트

활동성	앉아서 하는 것을 선호한다. / 앉아서 하는 과제를 힘들어하고 과제할 때 성급하게 서두르는 편이다. ← 일상생활에서 아이의 신체활동의 양 → 낮음 — 1 — 2 — 3 — 4 — 5 — 높음
규칙성	태도의 변화가 심하다. / 태도가 일관된다. ← 활동에 대한 예측 가능성 → 낮음 — 1 — 2 — 3 — 4 — 5 — 높음
접근/회피	참여가 어렵고 관찰한다. / 접근성과 참여율이 높다. ← 새로운 사건이나 자극에 보이는 반응 → 낮음 — 1 — 2 — 3 — 4 — 5 — 높음
적응성	반복적인 것을 선호하고 분명한 규칙과 지시를 좋아한다. / 융통성이 있고 정해진 대로 따르기보다 자유분방하다. ← 변화된 상황에 적응하는 능력 → 낮음 — 1 — 2 — 3 — 4 — 5 — 높음
반응강도	반응이 적고 낮은 강도의 반응을 보인다. / 반응을 잘하고 열정적인 반응을 보인다. ← 타인에게 보이는 반응 양상 → 낮음 — 1 — 2 — 3 — 4 — 5 — 높음
반응역치	환경자극에 무딘 편이고 신경을 쓰지 않아 반응을 끌어내기 위해 높은 자극이 필요하다. / 비판이나 훈계, 실패에 민감하여 반응을 끌어내기 위해 낮은 자극이 필요하다. ← 아이의 반응을 유발하는 데 필요한 자극의 양 → 낮음 — 1 — 2 — 3 — 4 — 5 — 높음
기분의 질	불행하거나 부정적인 행동의 빈도 / 행복하고 기분 좋은 반응의 빈도 ← 아이가 보이는 기분 → 낮음 — 1 — 2 — 3 — 4 — 5 — 높음
주의전환성	← 외부 사건이나 자극에 의해 아이가 현재 하고 있는 행동이 쉽게 방해받는 정도 → 낮음 — 1 — 2 — 3 — 4 — 5 — 높음

집중력	복잡하고 시간이걸리는 것은 회피한다. / 일을 완수해야 끝낸다. 완벽주의 성향이 있다. ← 활동을 계속하려는 의지 → 낮음 — 1 — 2 — 3 — 4 — 5 — 높음

출처: 정하린(2015)을 참고하여 Likert를 적용하여 표를 만듦.

5. 발달표

발달표는 각 연령의 아이들이 평균적으로 할 수 있는 대표적인 활동들로 이루어져 있으며, 아이에 따라 조금 더 빠르거나 늦을 수 있다. 그러나 지나치게 늦다면 전문가와 상의할 필요가 있다.

1) 0~4개월 발달표

개월	활동	수행 수준		
		잘함	보통	못함
1개월	엄마가 얼러 주면 눈을 맞춘다.			
	소리가 들리는 쪽으로 고개를 돌린다.			
	눈으로 움직이는 물체를 쫓는다.			
	엄마 목소리에 반응한다.			
	주변을 눈으로 탐색한다.			
	팔을 앞뒤 좌우로 움직일 수 있다.			
	엄마의 얼굴표정이나 혀 내밀기를 따라 할 수 있다.			
2개월	말하는 사람의 눈과 입을 본다.			
	엎드려 놓으면 고개를 좌우로 움직인다.			
	거울에 비친 자신의 모습에 반응한다.			
	다른 사람을 보고 미소 짓거나 소리를 낸다.			

3개월	엎드려 놓으면 고개를 들고 주위를 본다.			
	자신의 손을 쳐다본다.			
	자신의 손가락을 빤다.			
	자신의 손과 발을 가지고 논다.			
	소리 내어 웃을 수 있다.			
	엄마의 목소리를 들으면 조용해진다.			
4개월	이름을 부르면 고개를 돌린다.			
	토닥여 주면 좋아하고 집중한다.			
	잠깐 딸랑이와 같은 장난감을 갖고 논다.			
	옹알이를 제법 오래 한다.			
	감정표현이 확실해져 못마땅한 일이 생기면 화를 내며 운다.			

2) 5~8개월 발달표

개월	활동	수행 수준		
		잘함	보통	못함
5개월	뒤집는다.			
	물체를 잡기 위해 팔을 뻗는다.			
	장난감을 바닥이나 탁자에 탁탁 두들기며 논다.			
	장난감을 던진다.			
	종이를 구기거나 찢는다.			
	물건을 잡아당기고 떨어뜨린다.			
	즐거운 활동을 시도한다.			
	낯선 사람을 보고 불안해한다.			
	'엄마' '아빠' '빠이빠이' 등의 익숙한 낱말을 들을 때 관심을 보인다.			
6개월	지지하지 않고 혼자 앉는다.			
	앞으로나 나아가거나 기기 시작한다.			
	손바닥을 펴서 물체를 잡는다.			
	누워서 발을 잡거나 입에 댈 수 있다.			
	물체를 두 손으로 감싸 쥔다.			

	표면을 손이나 손가락으로 누른다.			
	투레질을 시작한다.			
	몸짓을 하거나 엄마의 신체를 만지면서 원하는 것을 달라고 한다.			
	엄마와 떨어지면 싫어하고 불안해한다.			
7개월	능숙하게 뒤집기를 할 수 있다.			
	물건을 붙잡고 서 있을 수 있다.			
	양손에 작은 물건을 동시에 잡을 수 있다.			
	무릎을 세우고 팔로 버티며 기는 자세를 할 수 있다.			
	물건의 일부가 숨겨진 물체를 찾을 수 있다.			
	입술이나 목에서 내는 다양한 옹알이를 즐긴다.			
8개월	혼자 앉아 있을 수 있다.			
	물건을 붙잡고 혼자 일어설 수 있다.			
	엄지와 다른 손가락을 함께 사용하여 물건을 잡을 수 있다.			
	양손에 든 물체를 부딪친다.			
	음악이 나오면 음률에 맞춰 적절한 몸짓이나 손동작을 한다.			
	몸짓과 함께 간단한 동사(어부바, 주세요 등)를 알아듣고 반응한다.			
	까꿍놀이와 같이 엄마와 자주 하는 놀이를 아이가 먼저 시작한다.			

3) 9~12개월 발달표

개월	활동	수행 수준		
		잘함	보통	못함
9개월	혼자 앉는다.			
	빠른 아이는 붙잡고 선다.			
	장난감 구멍에 손가락을 넣거나 버튼을 누를 수 있다.			
	물건을 갖기 위해 물건을 끌어당기려 한다.			
	엄마가 가까이 오면 안아 달라고 팔을 뻗는다.			
	빠이빠이를 한다.			
	원하는 것을 얻기 위해 소리를 낸다.			
10개월	'안 돼' '하지 마' '만지지 마'와 같은 말에 반응한다.			
	양손을 잡아 주면 몇 걸음 걸을 수 있다.			

개월	활동	잘함	보통	못함
	간단한 병뚜껑을 돌려 열고 닫는다.			
	양손으로 컵을 잡고 마신다.			
	책의 그림 보는 것을 좋아한다.			
	원하는 것을 손가락으로 가리킨다.			
	가까운 곳의 물체를 가리키면 시선으로 따라간다.			
	엄마, 아빠를 말할 수 있다.			
11개월	혼자 몇 걸음 걷는다.			
	컵 안에 적목을 담는다.			
	서로에게 공을 굴리거나 던지며 놀 수 있다.			
	엄지와 나머지 손가락으로 작은 물건을 집어 올린다.			
	'안 돼'라는 말을 이해할 수 있다.			
	엄마를 졸졸 따라 다닌다.			
	'맘마' '어부바' 등의 의미 있는 말을 한다.			
12개월	잘 걷는다.			
	두 손을 자유자재로 사용한다.			
	완전히 숨겨진 물건을 찾을 수 있다.			
	이름을 부르면 온다.			
	1~10개 정도의 단어를 의미 있게 사용한다.			

4) 13~18개월 발달표

개월	활동	수행 수준		
		잘함	보통	못함
13개월	허리를 굽혔다가 바로 선다.			
	잘 걷는다.			
	빠른 아이는 뛰기 시작한다.			
	숟가락을 사용한다.			
	집안일을 흉내 낸다.			
	연필로 제멋대로 그린다.			
	두 단어를 말한다.			
14개월	계단을 오르기 시작한다.			
	공을 앞으로 찬다.			

	적목 2개를 쌓는다.			
	어른의 도움으로 이를 닦기 시작한다.			
15개월	손을 씻고 수건에 닦는다.			
	계단 오르기가 능숙해진다.			
	뒤로 걸을 수 있다.			
	그림 2개를 찾는다(고양이, 강아지 등).			
	양말이나 바지를 입을 때 다리를 든다.			
	이를 닦는다.			
16개월	넘어지지 않고 잘 걷는다.			
	뛰다가 멈출 수 있다.			
	혼자서 양말, 모자, 신발, 장갑 등을 벗을 수 있다.			
	문을 돌려 여는 등 손으로 돌려 조작할 수 있다.			
	다양한 의성어를 사용한다.			
17개월	한 손을 잡아 주면 계단을 내려온다.			
	서툴지만 적목 4개 쌓기가 가능하다.			
	집안일을 돕는다.			
	혼자서 옷을 벗으려고 한다.			
	여러 가지 행동을 따라 한다.			
	보이지 않은 상태에서 위치가 바뀐 물건을 찾는다.			
18개월	흘리지만 숟가락, 포크를 이용하여 혼자 힘으로 먹는다.			
	적목 쌓기가 능숙해진다.			
	혼자서 옷을 벗을 수 있다.			
	모형판에 동그라미, 세모, 네모를 맞춘다.			
	'내 것' '아빠 바지' '엄마 양말' 등 소유격의 의미를 이해한다.			

5) 19~24개월 발달표

개월	활동	수행 수준		
		잘함	보통	못함
19개월	혼자 두 계단 이상을 오르내릴 수 있다.			
	적목을 나란히 배열하는 것을 모방할 수 있다.			

	찰흙 주무르기 놀이를 할 수 있다.			
	동물과 소리를 짝지을 수 있다.			
	쪼그려 앉는 것을 할 수 있다.			
	적목을 3~5개 정도 쌓을 수 있다.			
	마지막 계단에서 뛰어내릴 수 있다.			
20개월	잘 뛴다.			
	일상적인 형용사(아픈, 예쁜, 무서운 등)를 3~4개 이해한다.			
	시키는 말을 알아듣고 지시대로 따른다.			
	두 단어 문장을 사용하기 시작한다.			
21개월	위로 점프한다.			
	위아래 개념을 이해한다.			
	물건을 놓는 장소를 기억한다.			
	거울을 보고 코에 묻은 것을 닦으려 한다.			
	발음이 부정확하지만 말할 수 있는 단어 수가 늘어난다.			
	약 30~50단어를 이해한다.			
22개월	다른 사람을 위로하려 한다.			
	요구받은 내용을 들어주려고 노력한다.			
	지시에 따라 사물의 이름을 가리킬 수 있다.			
	다섯 단어 이상으로 된 긴 문장을 이해한다.			
23개월	적목 6개를 쌓을 수 있다			
	한 발로 1~2초 동안 설 수 있다.			
	인형의 신체 부위를 지적할 수 있다.			
	선택을 요하는 질문(우유 줄까? 물 줄까?)에 대답할 수 있다.			
	옷을 벗을 수 있다.			
24개월	앞, 뒤의 개념을 이해한다.			
	낮은 계단 하나 정도 높이의 구조물을 뛰어넘을 수 있다.			
	'내 거'라는 말을 사용한다.			
	간단한 전화통화가 가능하다.			
	수량(조금, 많이)을 나타내는 낱말을 세 단어 이상 이해한다.			

6) 25~30개월 발달표

개월	활동	수행 수준		
		잘함	보통	못함
25개월	두 발로 평균대(25×30cm) 위에 올라선다.			
	눈, 코, 입, 귀, 손 등의 신체 부위 기능을 말한다.			
26개월	발끝으로 몇 걸음 걷는다.			
	바닥에 있는 평균대 위를 두 발로 걷는다.			
	다른 아이들과 함께 장난감을 가지고 논다.			
	인칭대명사를 거의 정확하게 사용한다(우리, 너희 등).			
	크다, 작다 등의 형용사를 사용하여 사물을 설명한다.			
	주로 2~3개의 단어를 결합한 절을 사용한다.			
	1:2, 1:3, 2:3, 3:3으로 제시될 때 똑같은 물체를 짝짓는다.			
27개월	5cm 높이의 줄을 두 발 모아 뛰어 넘는다.			
	초성에서 'ㅍ, ㅁ, ㅎ, ㅂ, ㅃ' 등의 자음을 정확하게 사용한다.			
	"하나, 둘"을 순서대로 정확하게 모방한다.			
	큰/작은 블록을 분류한다.			
	원을 비슷하게 모방해서 그린다.			
	자기가 좋아하는 장난감을 보여 주기는 하나 그것을 다른 아이와 함께 가지고 놀지는 않는다.			
28개월	평균대를 바닥에서 8cm 높이로 놓고 그 위로 조금씩 걷는다.			
	"옆에, 다음에" 등을 사용한다.			
	요구할 때 큰 것과 작은 것을 지적한다.			
	자기보다 어린 아이를 보호하려 한다.			
	집 안에서 하는 일들을 따라 하고 그대로 모방한다.			
29개월	원을 완전하게 모방해서 그린다.			
	두 발을 모아 앞으로 30cm를 뛴다.			
30개월	주사위 7개로 탑을 쌓는다.			
	모방해서 종이를 가로세로로 반 접는다.			
	앞으로 재주넘기를 한다.			
	한 손을 잡고 발을 바꿔 가며 계단을 오르내린다.			
	평균대 위에서 양발을 서로 바꾸어 내디디면서 3m 이상 걷는다.			
	부정적인 말과 부정적 물음들을 이해한다("엄마 병원 안 가.").			
	형용사를 세 단어 문장에서 사용한다("아빠 천천히 가.").			
	원, 세모, 네모, 마름모를 1:3으로 제시할 때 그림을 짝짓는다.			
	두 가지 색 이름을 알고 집어낸다.			
	사진에서 자기를 찾아낸다.			

출처: 서울장애인종합복지관(1992)을 참고하여 필자가 재구성함.

7) 31~36개월 발달표

개월	활동	수행 수준		
		잘함	보통	못함
31개월	도움 없이 세발자전거 페달을 돌려 2m를 간다.			
	원, 세모, 네모, 마름모를 1:4로 제시할 때 그림을 짝짓는다.			
	종이를 잡아 줄 때 가위로 싹둑싹둑 자른다.			
	자신이 여자인지 남자인지 말할 수 있다.			
32개월	번개 모양(Z)을 모방해서 그린다.			
	간단한 동요를 부른다.			
	그림에서 물건을 집어 올리는 시늉을 한다.			
	모두 다른 모양의 형태 통에서 10개 중 6개를 완성한다.			
33개월	16cm 크기의 공을 3m 멀리로 던진다.			
	'했어' '갔어'처럼 과거형을 사용한다.			
	자신이 하고 있는 것에 대해 말한다.			
	4개의 단어로 결합된 절을 사용한다.			
	빨간색과 파란색이 있을 때 빨간색/파란색을 고른다.			
	30초 내에 4개의 큰 상자를 크기 순서대로 끼워 넣는다.			
	엄마가 시키지 않아도 사람들에게 인사한다.			
	시키지 않아도 다른 이들과 자기 물건을 나누어 쓴다.			
34개월	6개의 일상 사물의 기능을 안다(예: "사과를 무엇으로 깎지?" "칼.").			
	과거 상황들을 기억해서 말한다.			
	빨간색 3개, 파란색 3개를 각기 다른 그릇에 나누어 담는다.			
	초록색과 노란색이 있을 때 같은 색끼리 짝짓는다.			
	슬프다, 기쁘다 등의 감정 표현을 한다.			
35개월	'빨리' '늦게'를 정확하게 사용한다.			
	'왜, 언제, 어떻게'의 의문사를 사용하여 질문을 한다.			
	빨간색, 파란색, 흰색, 검은색, 갈색, 노란색을 정확하게 가리킨다.			
	자기가 특별히 좋아하는 놀이 친구가 있다.			
36개월	도움 없이 발을 바꿔 가며 계단을 오르내린다.			
	평균대를 바닥에서 8cm 높이로 놓고 그 위를 다 걷는다.			
	굴러가는 공에 발을 갖다 댄다.			
	"우유(가) 책상 위에 있어."와 같이 네 단어 문장을 사용한다.			
	모든 의문사를 사용한다.			
	현재 동작을 간단하게 묘사한다.			
	가족 구성원의 수를 제대로 이야기한다.			
	어른들이 이야기할 땐 조용히 있는다.			

출처: 서울장애인종합복지관(1992)을 참고하여 필자가 재구성함.

제 2 장 애착

1. 애착
2. 애착과 뇌
3. 애착 유형
4. 애착 안정성
5. 애착형성
6. 애착과 발달

1. 애착

영아기에 일어나는 가장 중요한 형태의 사회적 발달이 애착이다. 애착은 영아와 엄마 간에 형성되는 친밀한 정서적 유대감으로, '특정한 두 사람 간에 형성되는 애정적인 유대관계'를 말한다. 영아와 양육자 간에 일어나는 일을 의미하는 '애착된(attached)' '연결된(connected)' '관계 맺어진(bonded)'에는 모두 신체적인 접촉(touch)을 포함한 친밀관계의 개념이 내포되어 있으며, 아이가 건강하게 성장하기 위해서는 영아기부터 엄마와의 올바른 애착형성이 필요하다. Bowlby(1969)는 애착대상과의 반복되는 상호작용과 경험을 통해 자신과 타인과의 관계와 세상에 대한 정서적이고 인지적인 이해의 틀인 내적작동모델(internal working model)이 형성된다고 하였다. 내적작동모델이란 한 개인이 세상과 자신에 대해 갖는 정신적 표상(mental representation)을 말한다. 영아기에 안정 애착을 형성하면 내적작동모델이 건강하게 이루어져 자아존중감, 지적 능력 및 사회정서적 태도가 긍정적으로 나타나는 반면, 안정 애착을 형성하지 못하게 되면 이후 자아존중감과 타인에 대한 신뢰감 발달에 부정적인 영향을 초래한다. 그러므로 생애 초기에 주요 애착대상과 형성한 유대관계는 이후의 사회생활에서 인간관계에 대한 원형으로 작용하게 되어 아동기와 청소년기뿐 아니라 성인기와 노년기에 이르기까지 전 생애를 통하여 지속되는 경향이 있다(Ainsworth, 1989).

부모와 아이의 애정적 유대관계 형성을 위해 반드시 필요한 것은 양육자의 접근성과 반응성이다. 상호작용 중 영아가 양육자에게 안정된 애착을 갖고 있으며, 자신이 사랑받고 있다는 확신과 가치 있는 존재라는 사실을 확인해 나가기 위해서는 양육자의 적극적 반응과 따뜻한 접근이 있어야 하는 것이다. 안정 애착을 형성한 영아는 세상을 안전하고 수용적인 것으로 여기며 자신을 존중받고 사랑받을 가치가 있는 존재로 생각하는 반면, 불안정 애착을 형성한 영아는 세상은 신뢰하거나 예측하기 어려우며 자신을 존중받을 가치가 없는 존재로 생각하게 된다. 애착이 안정된 아이는 모든 관계에서 반응을 잘하는 반면, 불안정 애착 아이는 자신을 사랑받을 가치가 없고 쓸모도 없다고 생각한다(Holmes, 1992). 무엇보다 애착은 아이의 정서 발달에 영향을 주며, 불안감을 최소화하고 안정감을 최대화하려는 목적에서 애착행동이 나타나기 때문에 애착과 정서는 매우 밀접한

관련이 있다. 영아는 자신의 정서적 신호를 양육자에게 끊임없이 보내는데, 이러한 정서적 신호에 대한 양육자의 반응이 영아에게 안정감을 가져다주고, 정서경험을 체계화시켜 주며, 부정적 정서를 감소시킨다.

엄마의 정서는 신체접촉을 통해 영아에게 전달된다. 그러므로 모아 간 신체접촉은 영아가 세상을 느끼고 이해하는 1차적인 통로가 되어 영아의 전반적인 신체심리적 발달에 토대로 기여한다. 특히 영아는 신체접촉을 통해 자신의 의사를 엄마에게 전달하고, 동시에 엄마의 의도를 파악하면서 사회적 상호작용을 하게 된다. 따라서 영아기 신체접촉의 다양성은 영아의 사회성 발달에 지대한 영향을 줄 수 있는 요인이다. 또한 엄마와의 친밀한 신체접촉은 영아가 고통이나 불편함을 대처하도록 도와주는 데 있어서 다른 어떤 감각양식보다 더 영향력이 있다.

영아가 어떤 사람에게 애착을 형성할 것인지 여부는 일단 그 사람을 자주 만나야 한다. 애착이 형성되기 위해서는 물리적 근접성이 필요불가결한 기본 조건이기 때문이다. 문제는 주 양육자가 너무 바빠 아이와 온전히 함께 보내는 시간이 양적으로, 질적으로 부족하다는 것이다. 아이와 함께할 수 있는 물리적 시간이 절대적으로 부족할 때가 많고, 함께 같은 공간에 존재하는 동안에도 집안일이나 전화 통화, TV 시청 등으로 인해 상호작용을 경험할 수 있는 여건이 마련되지 않아 안정된 애착을 형성하기 어려울 때가 많다. 그러므로 아이의 발달을 돕기 위한 첫 작업은 무엇보다 상호작용을 방해하는 외부 환경을 제거하고 온전히 아이와 양육자 간의 물리적 근접을 통해 친밀감을 형성시키는 것이다. 이러한 단순접촉효과만으로도 타인에 대한 호감도를 증가시켜 아이의 사회성 증진에 도움이 된다.

2. 애착과 뇌

부모와 아이 사이에서 형성되는 초기 상호작용은 어린 영아의 뇌 신경망을 형성하는 데 큰 영향을 미치며, 아이가 경험하는 조절된 스트레스는 새로운 학습과 신경통합을 촉진시켜 준다. 또한 지지적인 대인관계 내에서 스트레스에 대한 반복적인 노출은 증가하는 각성상태를 견뎌 낼 수 있는 능력을 길러 준다. 이처럼 돌봄과 지지의 증가, 스트레스 호르몬 수치의 감소, 양육자의 애착접근은 아이의 뇌가 자신의 경험을 통합시킬 수 있도록 돕는다. 결과적으로 성장과 통합은 어린 시절의 긍정적인 환경에 의해 최적화되는 반면, 발달 초기의 결핍상태 혹은 만성적인 스트레스가 있을 경우 뇌 손상을 가져올 수 있다.

긍정적인 부모의 관심과 즐겁고 행복했던 기억이 많을수록 그리고 부모의 이혼이나 가정 폭력, 경제적 어려움과 같은 어린 시절 스트레스가 적을수록 아이의 뇌는 건강하게 성장한다. 기저귀가 젖었다는 불편을 알리느라 우는 아이에게 엄마가 얼마나 빨리 달려오느냐에 따라 뇌가 달라지고, 배가 고프다고 우는 아이의 울음과 아파서 우는 소리를 구별하는 부모의 실력에 따라 뇌는 긍정적으로 혹은 부정적으로 성장한다. 긍정적 감정의 상호호혜적 관계를 맺는 애착이 뇌의 성장과 조직화를 자극한다. 초기 애착관계의 경험은 뇌의 신경망을 구축하고, 이렇게 형성된 신경망은 아이로 하여금 삶의 다양한 상황에서 직면하는 감정조절능력을 획득하게 한다. 애착과 같은 친밀한 사회적 관계에서 경험되는 정보의 처리는 뇌의 바닥핵(basal ganglia)이 관여하는데, 바닥핵은 모성애 및 이성 간의 낭만적 사랑에도 관여한다는 것이 밝혀져 생후 초기의 애착이 일생동안 지속적으로 영향을 미친다는 것을 알 수 있다. 또한 아이들에게 제공되는 모성적 행동은 뇌의 뇌유도 신경영양인자(Brain Derived Neurotrophic Factor: BDNF)의 발현을 자극해 주어 신경 성장과 신경 형성력에 영향을 미친다. 다시 말해, 지지적인 부모의 양육태도와 안정된 애착형성은 아이로 하여금 튼튼한 신경을 갖게 하고, 많은 신경회로를 구축하게 하므로 높은 주의집중력, 활발한 인식 및 사고 능력, 차분한 정서 등을 함양하도록 도와준다. 반면에 어린 시절 모성 분리나 모성 우울과 같은 부적절한 양육은 해마의 신경영양인자 농도를 감소시키고, 신경세포 사망의 증가로 높은 불안상태에 있게 하며, 아울러 안정 애착형성을 어렵게 한다. 생후 초기에 안정된 애착을 형성하지 못하면 스트레스 호르몬인 코티솔 분비가 높아져 면역계와 뇌에 부정적인 영향을 주고, 그 결과 이후의 성장에 문제를 초래할 수 있다(Cozolino, 2018).

3. 애착 유형

애착은 아이와 양육자 간에 형성되는 정서적 유대로, 애착형성을 위해서는 먹여 주고, 씻겨 주고, 재워 주는 등 생존 유지를 위한 돌봄 외에도 안아 주고, 쓰다듬어 주며, 눈을 마주치거나 미소를 짓는 등 보살피는 행동을 제공해 주어야 한다. 아이는 울거나 웃기, 눈 마주치기 등의 신호를 보내고, 즉각적 그리고 적극적으로 반응하는, 신뢰할 수 있는 사람에게 애착을 보인다. 애착이 형성되었는지 알 수 있는 행동은 낯선 사람에 대해 불안해하는 낯가림, 애착대상과의 분리불안, 사회적 참조행동 등이다. 그러므로 아이가 애착대상 외의 사람들에게 낯을 가리는 것은 지극히 정상적이며 애착이 잘 형성되었다는 좋은 신호이다. 영아는 생후 1세경 애착대상과의 상호경험에 근거하여 애착을 형성하고, 영아기 애착의 질은 사회적 관계에 대한 가치를 형성한다. Ainsworth와 동료들(1978)은 아이와 양육자 간의 애착형성의 질을 평가하기 위해 낯선 상황 절차(Strange Situation Precedure: SSP)를 고안하고, 영아가 애착대상과의 분리 및 재회 시 보이는 행동을 측정하여 네 가지 애착 유형을 분류하였다.

1) 안정 애착

애착대상(양육자, 주로 엄마)과 분리되어 낯선 곳에 혼자 있거나 낯선 사람과 함께 있을 때 불안해하다가 엄마가 돌아오면 빠르게 진정되는 것이 특징이다. 아이는 엄마를 반갑게 맞이하고 눈접촉을 보이며 안거나 업는 등의 신체접촉을 좋아한다. 또한 엄마를 안전기지로 삼아 자유롭게 탐색활동을 한다. 안정 애착을 형성한 영아는 타인을 신뢰하고 지지하며, 자기 자신에 대해 애정을 받을 만한 가치 있는 존재로 생각한다.

2) 저항 애착

불안정 애착의 하나로 아이는 엄마와의 분리를 힘들어하고, 엄마가 돌아올 때까지 극도로 불안해하며, 다른 것으로 달래지지 않는다. 엄마와의 재회 시 적극적으로 매달리지만 동시에 분노와 저항도 보인다. 엄마가 돌아왔는데도 잘 진정되지 않고 탐색활동을 하지 못한다. 불안전 저항 애착을 보이는 유아는 친밀한 간주관적 관계에서 제외되었다는 불쾌한 감정을 내재하고 있다.

3) 회피 애착

엄마와의 분리를 불안해하지도 않고 자신의 놀이에 몰두하는 행동을 많이 보인다. 엄마가 없을 때도 혼자 잘 놀고, 엄마가 돌아와도 별다른 반응을 보이지 않으며, 엄마를 찾아가지도 않는다. 불안정 회피 애착을 형성한 유아는 타인과의 눈접촉이 현저히 부족하고 타인과의 상호교류에 어려움을 보인다.

4) 혼란 애착

엄마와의 분리 및 재회 시 보이는 아이의 반응이 저항 애착과 회피 애착의 어느 유형으로도 분류하기 어려운 경우이다. 분리 시 불안해하기도 하고, 무관심한 모습을 보이기도 하며, 재회 시 다가가기도 하고, 무시하기도 한다. 때로는 엄마를 만날 때 얼어붙고 혼란스러운 듯 공포감을 보이기도 한다.

4. 애착안정성

부모가 아이의 요구에 민감하고 일관성 있게 반응해 주면 아이는 외부세계가 안전하고 믿을 만하다고 생각하는 내적작동모델을 형성한다. 이와 대조적으로 부모가 아이의 요구를 잘 알아듣지 못하여 반응이 늦거나 잘못된 반응을 하는 경우 아이는 자신을 둘러싼 환경에 대해 위험하고 예측하기 어렵다는 내적작동모델을 형성하게 된다. Bowlby(1988)는 어린 시절 아이에게 내재된 내적작동모델이 개인마다 다르고 일생을 통해 지속적으로 영향을 미친다고 보았다.

애착안정성이 영아의 발달에 미치는 영향은, 첫째, 접근 가능성이 높을수록, 민감성과 반응성이 빠르고 정확할수록 애착안정성이 높다는 것이고, 둘째, 애착대

상과의 질적 상호작용은 시간이 지나도 안정적인 속성으로 지속되며, 셋째, 애착안정성을 통해 발달의 주요 지표들을 예측할 수 있다는 것이다.

다음은 유아의 애착안정성을 알아보기 위해 Kerns와 동료들이 개발한 도구이다(Kerns, Aspelmeier, Gentzler, & Grabill, 2001; Kerns, Klepack, & Cole, 1996). 애착 대상에 대한 의존성과 가용성에 대해 질문하는 15개 문항으로 이루어져 있고, 각 문항은 1~4점으로 평정된다. 0~60점 범위에서 45점 이상일수록 안정 애착 범주에 속할 가능성이 높고, 30점 이하일수록 불안정 애착 범주에 속할 가능성이 높다.

애착안정성 검사

다음은 여러분과 같은 또래의 친구들이 평소 어머니에 대해 가지고 있는 생각을 이야기하고 있습니다. 왼쪽의 '어떤 아이들은'으로 시작하는 친구들의 이야기와 오른쪽의 '또 다른 아이들은'으로 시작하는 친구들의 이야기를 읽고, 여러분의 생각은 어느 쪽과 더 비슷한지 정하세요. 나와 조금 비슷하면 '나는 약간 그렇다', 나와 매우 비슷하면 '나는 매우 그렇다'에 동그라미를 쳐 주세요. 각 번호에서 4개의 칸 중 1개에만 표시할 수 있습니다. 이 질문에는 정답이 없습니다. 여러분의 생각을 솔직하게 써 주시면 됩니다.

번호	나는 매우 그렇다	나는 약간 그렇다	어떤 아이들은…	또 어떤 아이들은…	나는 약간 그렇다	나는 매우 그렇다
1			엄마를 잘 믿는다.	엄마를 믿을 수 있는지 잘 모른다.		
2			엄마가 너무 많이 참견한다고 느낀다.	엄마가 어떤 일을 스스로 하게 한다고 느낀다.		
3			엄마가 도와줄 거라고 믿는다.	엄마가 도와줄 거라고 믿는 것을 어려워한다.		
4			엄마가 나와 충분한 시간을 보낸다고 생각한다.	엄마가 나와 충분한 시간을 보내지 않는다고 생각한다.		
5			엄마에게 나의 생각이나 느낌을 말하는 것을 좋아하지 않는다.	엄마에게 나의 생각이나 느낌을 말하는 것을 좋아한다.		

6			엄마를 필요로 하는 일이 많지 않다.	엄마를 필요로 하는 일이 많다.		
7			엄마와 좀 더 가까워지고 싶어 한다.	엄마와 지금처럼 가깝게 지내는 것에 만족한다.		
8			엄마가 나를 정말로 사랑하지 않을까 봐 걱정한다.	엄마가 나를 사랑한다는 것을 확실히 안다.		
9			엄마가 나를 정말 잘 이해한다고 느낀다.	엄마가 나를 잘 이해하지 못한다고 느낀다.		
10			엄마가 나를 떠나지 않을 것을 확실히 안다.	가끔은 엄마가 나를 떠날지 모른다고 생각한다.		
11			엄마를 필요로 할 때 엄마가 내 옆에 없을까 봐 걱정한다.	엄마를 필요로 할 때 엄마가 내 옆에 있을 거라 확실히 믿는다.		
12			엄마가 내 이야기에 귀 기울이지 않는다고 생각한다.	엄마가 내 이야기에 귀 기울인다고 생각한다.		
13			속상할 때 엄마에게 간다.	속상할 때 엄마에게 가지 않는다.		
14			내가 어려울 때 엄마가 좀 더 많이 도와주기를 바란다.	내가 어려울 때 엄마가 충분히 도와준다고 생각한다.		
15			엄마가 옆에 있을 때 기분이 좋아진다.	엄마가 옆에 있을 때 기분이 좋아지지 않는다.		

5. 애착형성

애착은 4단계를 거쳐 형성되며 일련의 발달적 경로에 따라 진행되고, 시기에 따라 발달특성이 다른 양상으로 나타나게 된다. 애착 1단계는 무분별한 사회적 반응을 보이는 시기로 출생부터 3개월까지 나타난다. 이 시기에 영아는 엄마와의 근접성을 유지하기 위해 응시하기, 빨기, 잡기, 미소 짓기, 울기, 소리 내기 등의 애착행동을 나타내는데, 이는 엄마의 관심을 자극하고 접촉을 시도하기 위한 행동이다. 하지만 아직 사람을 구별하는 능력이 제한되어 있어 단 한 사람만을 찾는 일관된 선호는 보이지 않는다. 아이가 자신의 엄마를 타인과 구별하여 변별

된 사회적 반응을 보이는 것은 생후 3~6개월이 되어서야 가능하다. 이때는 청각적·시각적 자극에 대한 변별력이 생기면서 친숙한 대상을 선호하게 되고, 적극적인 접근 추구와 접촉유지행동을 보이는 시기이나, 아직 단 1명의 특정 개인에 대해 확고한 애착이 형성된 것은 아니고 그 방향으로 나아가고 있는 시기이다. 그러므로 이 시기에는 가능한 한 아이에게 제공되는 모든 돌봄은 엄마가 주도적으로 하는 것이 좋다. 주 양육자가 자주 바뀌거나 절대적인 시간을 함께 있지 못한다면 비록 2단계에 진입했더라도 애착수준의 발전이 미미하고 혼란스럽기 때문이다. 만일 아이가 자신의 엄마를 잘 인식하지 못하고 분리에 대해서도 별다른 반응이 없다면 생물학적 연령과 상관없이 애착형성은 아직 1단계에 있는 것으로 생각할 수 있다.

애착 2단계는 애착대상에게 능동적 접근 추구를 보이는 단계이다. 이는 정상발달의 6개월경에 일어나는 현상으로 자신의 필요와 욕구에 가장 잘 응해 주는 대상에게 강한 애착을 형성하게 된다. 엄마를 안전기반으로 하여 탐색하게 되며, 곤경에 빠졌을 때 그 누구보다 엄마에게 매달리고, 엄마가 잠시라도 보이지 않으면 불안과 공포로 안절부절못하고 큰 소리로 우는 등의 반응을 보인다. 아이는 애착대상자와 분리될 조짐이 보이면 더욱더 달라붙어 있고, 아무리 좋은 것을 주어도 거절하며 화를 낼 뿐만 아니라 오로지 애착대상에게 몰입하느라 아무것도 못하는 등 강력하게 저항한다. 애착이 더욱 강해지면 애착대상을 제외한 모든 대상에 대해 낯가림을 보이는데, 이는 지극히 정상적인 반응이다. 생물학적 연령으로 30개월이 되어도 애착 2단계의 반응을 보이지 않는 것이 자폐스펙트럼장애의 특징이므로 자폐스펙트럼장애가 있느냐 없느냐를 판단하는 중요한 실마리를 제공하는 시기이다.

애착 3단계는 생후 6개월 이후 시작되고, 생후 9개월이 지나면서 점점 강도가 강해져 12개월이 되면 절정에 이르게 된다. 첫돌을 기점으로 아이는 자신의 엄마를 타인과 변별하고, 엄마에 대한 확고한 믿음을 바탕으로 2세 무렵이 되면 엄마를 내재화하게 된다.

애착 4단계에서는 안정적 애착이 형성되어 엄마와 분리될 수 있는데, 이는 엄마가 반드시 돌아올 것이라고 믿기 때문에 엄마와의 분리를 편안하게 받아들이는 것으로, 목표-수정적인 동반자적 관계 형성 단계라고 한다. 이 시기의 유아는 엄마의 행동을 예측하기 시작하고, 엄마의 생각을 이해하여 엄마와 친밀한 파트너 관계를 형성한다.

6. 애착과 발달

부모와 자녀가 어떻게 상호간 애착을 형성하는지 밝히기 위한 유명한 실험으로 Harlow(1971)의 원숭이 실험이 있다. 아기 원숭이를 엄마와 분리시킨 후 두 마리의 대리모 인형을 만들어 주었는데 그중 하나는 딱딱한 철사로 만들었지만 젖병을 가진 대리모이고, 다른 하나는 젖병은 없지만 부드러운 털로 만든 대리모이다. 아기 원숭이는 젖병이 있는 철사 엄마보다 젖병은 없지만 부드러운 털 엄마에게 계속 달라붙어 있어 신체접촉을 통해 정서적으로 연결된다는 것을 보여 준 중요한 연구이다. 그러나 실험 대상이 되었던 원숭이는 모두 성장 후 비정상적 행동을 보여 필요한 것을 채워 주어도 실제 살아 있는 원부모를 대신하기 어렵다는 것을 보여 주었다. 결과적으로 Harlow의 실험 결과를 통해 보행기나 흔들의자, 아기 침대와 장난감 등이 아기의 정서적 안정이나 정상적 발달을 돕는 데 한계가 있고, 어린 시절 부모와 맺어진 탄탄한 유대는 아이가 살아가는 데 가장 든든한 힘이 된다는 것을 알 수 있다. 영아기에 엄마가 제공해 주는 마사지는 신체의 감각저항을 줄여 줄 뿐 아니라 정서적 애착을 유지시키고 증진하는 효과가 있어 엄마에 대한 애착을 키우는 데 매우 효과적이다. 또한 애착은 상호호혜적 교류를 통해 형성되는 것이므로 영아뿐 아니라 엄마의 요소도 중요한데, 아기를 마사지해 주는 동안 엄마 역시 옥시토신 분비가 활성화되어 스트레스와 우울 증상이 감소되는 효과가 있는 것으로 나타났다.

아이들의 인지 및 언어 발달은 옹알이부터 시작해서 2세 무렵이 되면 언어 폭발기에 이르고, 이후부터 4~5세까지는 언어 발달이 급속도로 이루어진다. 그러나 자폐스펙트럼장애 아이는 타인에 대한 관심 결여로 인지 및 언어 발달이 어렵고 사회성에도 영향을 미친다. 이는 타인과의 교류 자체에 관심이 없는 자폐의 특성으로 인해 의사소통 의도가 없어 말을 배울 필요를 느끼지 못하기 때문이다. 외국어를 배우는 상황을 예로 들면, 외국에 흥미를 느끼고, 외국인과 의사소통하

고자 하는 강렬한 소망이 있는 경우에는 외국어를 빨리 배우게 된다. 그러나 역으로 전혀 흥미가 없고, 왜 이것을 해야 하는지 이해도 되지 않는 상태에서 공부만 시킨다고 늘지 않는 것과 같은 이치로 언어 발달의 선행 조건인 의사소통 의도를 키우기 위해서는 인지 및 언어적 접근에 앞서 애착형성을 통한 상호작용 증진이 필요하다.

애착이 없는 상황에서는 다른 사람의 입장에서 생각하는 간주관성이 부족하여 타인의 감정표현을 이해하고 자신의 감정을 표현하는 것이 극히 제한적이어서 사회적 상호작용의 일반화가 매우 힘들고, 타인에 대한 신념, 태도, 정서를 이해하는 데 어려움이 있다. 결론적으로, 사회성 증진을 위해서도 애착형성이 반드시 선결되어야 한다.

1) 애착과 언어 발달

울음은 최초로 자신의 의사표현을 위해 사용하는 수단이다. 아기는 외부로부터 찔리거나 꼬집히는 등 상처를 입었을 때 고통을 표현하는 수단으로, 기저귀가 젖었거나 너무 춥거나 더울 때, 배가 고플 때 불편함을 표현하는 수단으로 울음을 터뜨린다. 아기의 울음은 생리적으로 호흡기관 및 발음기관과 관련된 신체반응에서 나오는 것이기 때문에 아기는 울면서 자신도 모르게 언어 발달에 필요한 발성기관의 발달을 촉진한다. 자폐스펙트럼장애가 있는 아이는 어릴 때부터 잘 울지 않고 순하게 혼자 노는 시간이 많은데 이는 의사표현 의도가 그만큼 적었던 것이고, 언어 발달에 필요한 혀, 입술, 성대와 같은 발성기관 훈련도 매우 부족한 상태이다. 그러므로 언어 발달을 위해서도 엄마와의 애착형성을 위한 시동이 먼저 걸려야 한다는 것을 의미한다.

생후 1개월이 지난 아기의 울음은 엄마와의 상호작용을 통해 점차 분화되어 배가 고플 때, 아플 때, 기저귀가 젖었을 때, 안아 달라고 할 때 각각 다른 강도와 높낮이로 운다. 아기가 상황별로 어떤 울음소리를 내는지는 엄마와 아기 사이에 개별적으로 이루어지기 때문에 모두 다를 수 있다. 이처럼 아기는 울음을 통해 자신의 요구와 느낌을 부모에게 전달함으로써 언어의 사회적 기능을 배운다. 이후 울음은 단순히 불편함을 전달하던 의사소통 수단에서 점점 엄마를 부르거나 좋고 싫음을 좀 더 강력하게 표현하는 수단으로 변화되어 간다. 그러므로 엄마는 아기의 울음이 어떤 의미를 가지고 있는지 잘 살펴서 적절하게 반응해 주어야 한다. 우는데도 아기의 요구를 들어주지 않거나 무시하면 일반적으로 아기는 점점 더 큰 울음소리를 내서 자신의 요구를 더욱 강하게 나타낸다. 이것이 반복되면 아기는 걸핏하면 우는 아이로 자라기 쉽다. 또한 자신이 엄마에게 거부당한다는 느낌을 갖게 되어 엄마와의 좋은 애착관계를 만드는 데 방해를 받을 수도 있다. 반면, 엄마와의 애착이 형성되면 엄마 가까이 붙어 있으려 하므로 신체적 · 정신적 · 정서적 교감을 통해 수많은 교류를 하면서 의사소통이 절정에 이르게 된다.

옹알이는 자신의 소리를 귀로 듣는 것에 재미를 느껴서 그 소리를 되풀이하는 현상으로 3~4개월 무렵에 시작된다. 신경계의 발달이 성숙해지고 감각기능이나 호흡 방법, 발성기관이 튼튼해지면 음성에 가락을 붙이고 의식적으로 여러 가지 소리를 낸다. 어른이 옹알이를 반복해 주면 옹알이의 양이 증가하는데, 생후 6개월이 되어도 옹알이를 하지 않거나 현저히 부족한 상태는 청각 발달의 기회를 놓칠 위험이 있으므로 주의 깊게 살펴보아야 한다. 옹알이 시기에 아이가 경험하는 애착관계나 주변 환경은 언어 발달의 기초가 되므로 아이에게 어떤 양육 환경을 만들어 주는가가 특히 중요하다. 옹알이는 언어 발달을 좌우할 수 있는 결정적인 변수이기 때문이다. 예를 들어, 아이와 시선을 맞추고 아이를 인격체로 인정하는 따뜻한 교류는 아이의 언어 발달을 돕는 가장 좋은 방법이다.

생후 8~9개월이 되면 이해하지는 못해도 다른 사람의 말소리를 의식적으로 모방하려고 하는데, 아직은 사용하는 언어가 거의 앵무새 수준, 즉 반향어를 보인다. 이 시기 아이들이 내는 소리는 어른과 비슷한 강세와 억양을 가지며, 다른 사람과 의사소통을 하려는 적극적인 의도를 나타낸다. 9~12개월 무렵에 옹알이가 최고로 발달하게 되며, 진정한 어휘 발달과 의사소통 수단으로 언어를 사용하기 시작하는 것은 이 시기부터이므로 아이가 반향어를 한다고 야단쳐서는 안 된다. 모방은 언어 발달과 학습에 기초가 되는 매우 중요한 활동으로 아이들은 다른 사람의 소리를 모방하면서 자기가 이전에 스스로 만들어 내 본 적이 없는 새로운 소리들을 내며 다양한 발음을 연습한다. 새로운 어휘들을 그 소리에 맞는 사물이나 가족, 동물과 함께 짝 맞추는 놀이를 통해 인지 발달도 촉진된다. 일반적으로 소리를 모방하기 위해서는 다른 사람의 말소리를 주의 깊게 들어야 하는데, 소리

모방을 한창 즐기는 사이 아이는 다른 사람의 말을 주의 깊게 듣는 언어습득을 위한 중요한 기본자세를 배우게 된다. 이런 이유로 아이의 언어발달지연 현상이 만 3~5세까지 계속된다면 아이가 금방 배워서 바로 따라 잡을 수 있는 가능성이 점점 적어진다.

필자의 경험을 돌아보면, 2세 이후의 자폐스펙트럼장애 아이를 만났을 때 자신이 원하는 물건을 슬쩍 쳐다보기만 하고, 치료자가 모르는 척하며 물건을 집어 주지 않자 더 이상 요구하지 않았다. 이는 아이들이 잘 울지 않는 것과 관련이 있다. 자신의 요구를 타인에게 강력하게 전달해야 한다는 의도가 적기 때문에 잘 울지 않는 동시에 엄마들은 아이가 보낸 신호가 있었는지 알아차리기 힘들다. 거절이 아니라 인식하지 못해 즉시 반응해 주지 못한 것이다. 아이의 입장에서는 자신의 신호에 어떤 식으로든 피드백을 받지 못하여 신호를 보내는 것이 더 줄어들고, 어른들은 아이가 언제나 혼자 놀고 어떤 요구도 하지 않는다고 생각하게 되는 악순환이 계속된다.

2) 애착과 사회성 발달

애착이 중요한 이유는 영아기에 형성되는 가장 중요한 형태의 사회적 발달이기 때문이다. 사회성은 다른 사람과 사귈 수 있는 개인의 능력 또는 개인의 사회적응성, 대인관계의 원만성이라고 말할 수 있는데, 이는 인간관계를 통하여 나타나고 발달하는 것으로 영아기부터 시작된다. 이 시기의 초기 사회적 행동은 울기, 응시하기, 미소 짓기와 같은 자기 욕구의 표현으로 나타나는데, 영아는 이러한 행동 표현을 주 양육자에게 선택적으로 보이게 된다. 이처럼 영아와 그를 돌보아 주는 사람 간의 정감적 유대를 애착이라 하며 애착대상 간에 서로 바라보고 가까이하려 하고 접촉을 유지하는 애착행동은 영아와 엄마 간 확고한 애착형성을 가져와 사회성 발달로 이어진다. 따라서 엄마와 영아 사이의 애착을 증진시키기 위해서는 장난감을 가지고 놀아 주는 것이 아니라 엄마 자신을 영아에게 제공해 주어 영아가 장난감보다 엄마와 함께 노는 것을 더 좋아하도록 해 준다. 영아가 엄마와 실제적으로 즐거운 상호교류를 해 보아야 다른 사람들과도 나눌 수 있기 때문이다. 엄마의 민감성과 정서적 유용성은 영아가 보내는 신호를 놓치지 않

고 반응하게 해 주어 의사소통 발달에 영향을 미치므로 영아기 동안 성취해야 하는 중요한 사회정서적인 과제는 엄마와 애착관계를 확립하는 것이며, 이는 이후 사회정서적 · 인지적 영역의 발달과업을 성공적으로 성취하게 해 주는 기반이 된다.

따라서 자폐스펙트럼장애가 있더라도 언어나 인지 교육 이전에 애착형성을 위한 접근을 먼저 시도해 주어야 한다. 그렇게 한다면 엄마에 대한 인식이 먼저 생기게 되고 애착, 언어, 인지 등이 순차적으로 발달할 수 있다. 애착형성은 모든 발달의 기본이기 때문에 아이가 애착행동을 보일 때는 무리하게 조기교실이나 유치원에 보내기보다 엄마와의 애착을 강화하고 불안을 줄여 주기 위해 엄마가 데리고 있는 것이 바람직하다. 무리하게 교육을 하고자 분리를 지속할 경우 아이는 불안정 애착이 생길 수 있어 이후의 발달에 부정적 영향을 줄 수 있다.

애착이 선행되지 않는 경우 지속적으로 상호작용이 부족하여 조망수용능력, 참조적 의사소통, 참조적 바라보기, 대상과 물건을 번갈아 쳐다보기 등을 망라한 사회인지능력 발달 결함으로 이어지므로 사회성 발달에 어려움을 겪게 된다.

제 3 장 발달장애

1. 발달장애

영유아기는 뇌신경망이 아주 빠른 속도로 형성되는 시기로 일생을 살아가기 위해 필요한 기본 신경망이 구축되는 때이다. 따라서 이렇게 중요한 시기의 발달장애는 뇌에 문제가 있을 수 있음을 의미한다.

발달장애(developmental disabilities)란 말은 모든 유형의 장애를 포함하는 광범위한 의미를 갖는다. 뇌성마비, 다운증후군과 같은 지적장애, 발달영역 전반적으로 장애를 보이는 자폐스펙트럼장애, 정서장애, 학습장애, 언어장애, 주의력결핍과잉행동장애, 감각통합장애, 운동협응장애 등 아이의 성장 발달과정에서 올 수 있는 모든 장애를 포함한다.

그러므로 발달장애가 의미하는 바는 엄마들이 아이를 기르면서 "발달이 늦되다." "약간 다르다." "문제가 있는 것 같다."라고 말하는 것 이상의 '병적으로' 늦된 징후를 보이는 여러 장애라는 것으로 이런 발달장애들은 이상 징후가 서로 비슷해 정확한 진단명이 무엇인가에 관심을 두기보다 발달검사를 통해 어느 영역에서 얼마나 늦고 있는가에 신경을 써야 한다. 그 이유는, 첫째, 아이의 행동 관찰을 통해 두드러진 특정 문제로 진단을 받는 장애를 제외하고는 대부분 만 5세 이후에야 정확한 진단을 받을 수 있기 때문이다. 만 3세 이전에는 아이의 발달 가능성이 잠재되어 있기 때문에 정확한 진단을 내리는 것은 매우 조심해야 하는 반면, 만 2세가 다 되어 가는데도 걷는 것이 불안정하거나 엄마와의 눈접촉이 현저히 부족한 경우, 언어 대신 손으로 끌어 자신의 의사를 표시하는 등의 행동을 보인다면 때를 놓치지 말고 점검해야 한다. 둘째, 검사에서 약이나 기구, 수술 등을 통해 치료 가능한 부분이 있는지 그렇지 않은지에 따라 접근법이 달라질 수 있다. 예를 들어, 아이에게 언어장애가 있을 경우 그 이유가 인지능력이 떨어진 경우나 타인과의 의사소통에 관심이 없는 자폐적 양상이라면 이는 발달장애에 해당되나, 검사를 통해 청력 이상으로 온 것이 확인되면 원인 치료 후 언어 교정이 충분히 가능하다. 학습장애인 경우도 여러 원인 중 읽기장애가 원인이 되어 학습장애가 온 것이라면 읽기 대신 다른 방법으로 지식을 전달해 주면 아이는 비록 읽기에는 계속 어려움이 있겠지만 그 외 부분에서는 또래와 비슷한 능력을 갖출 수 있다. 그러므로 만 3세 이전에 진단을 내리기 어려워도 아이의 이상 징후

를 빨리 알아차리고 대처하면 아이의 발달장애를 줄이거나 극복하는 데 도움이 된다.

2. 자폐스펙트럼장애

자폐스펙트럼장애란 선천적으로 또는 발달과정 중 생긴 대뇌 손상으로 인해 시각, 청각 등의 특수 감각기능장애, 운동, 언어 및 지능 발달장애, 기타 학습장애 등이 발생한 상태를 말한다. 하지만 자폐스펙트럼장애가 있다고 해서 항상 정상 발달과 완전히 다른 것을 의미하기보다 지연되거나 왜곡된 지각 혹은 이상 감각을 보이는 경우도 있다. 특히 초기의 발달지연은 눈에 띄지 않을 정도여서 조금 늦된 것으로 생각하기 쉽다. 예를 들어, 기어 다니기, 서기, 걷기 등 대부분의 신체 발달이 처음엔 문제가 있음을 눈치 채기 어려우나 조금씩 지연되어 걸어야 할 시기가 짧게는 두세 달, 길게는 6개월 정도까지 차이를 보일 수 있는데 이 정도 기간의 차이는 아이가 태어나 성장한 기간을 고려할 때 결코 가벼운 차이가 아니다. 출생한 지 12개월밖에 되지 않았는데 6개월 정도 지연이 있다면 아이가 보이는 반응을 주의 깊게 관찰해야 한다. 향후 신체 발달 외에도 인지나 언어, 사회성 등 발달영역 간 차이가 있을 수 있으므로 아이의 발달장애 가능성을 탐색하고 성장하도록 돕기 위해서는 각 영역에 대한 발달수준을 파악하여 이에 대해 구체적 접근 전략을 수립해야 한다.

자폐스펙트럼장애가 있는 경우 대근육 활동을 강화시켜 주는 것은 뇌 발달에 도움이 되는 것은 물론 자신감 형성에도 도움이 되고, 나아가 인지자극에도 중요한 밑거름이 된다. 주의할 것은 아이의 생물학적 연령에 따라 놀이를 제공하는 것이 아니라 발달영역별 평가를 통해 놀이를 제공해 주어야 한다. 아이의 대근육 발달수준을 세밀하게 평가하여 다음 단계로 이행시키기 위해 어떤 놀이를 제공해 주는 것이 좋을지 전략을 수립한다. 예를 들어, 세발자전거 바퀴를 굴려 타는 것은 만 3세에 가능하므로 먼저 아이가 세발자전거를 탈 수 있는 능력이 준비되었는지 살펴본다. 아이를 세발자전거 의자에 앉히고 두 발을 페달에 올려 주고 무릎을 눌러 주었을 때 바퀴가 앞으로 움직이는 것을 경험한 아이가 환하게 웃으면서 어른과 눈이 마주치며 좋아한다면 세발자전거를 가르치기에 적합한 시기이다. 그러나 발을 페달 위에 올려 주어도 힘을 주어 굴리려 하려는 의지가 없거나 발을 아래로 떨어뜨린다면 아직 가르칠 시기가 아니다. 바닥에서 두 발을 떼어 동시에 작은 페달 위에 발을 올려놓고 똑바로 앉아 있는 자세는 뇌에서 좌우 균형을 통제할 수 있어야 가능하기 때문이다. 아직 준비가 되지 않았다면 뇌에 불안하다고 등록하여 굳은 표정과 경직된 신체상태가 되므로 강요해서는 안 된다. 세발자전거 타기는 아직 준비가 되지 않았더라도 계단 오르내리기를 좋아하여 엉덩방아를 찧으면서도 하루 종일 계단에 붙어 있으려 한다면 아이는 18~24개월의 대근육 협응단계에 있고, 이때 아이가 배울 가장 효율적인 놀이는 바로 계단 걸어 올라가기라는 것을 말해 주는 것이다. 아이가 계단 오르내리기를 충분히 연습하여 능숙해지면 그것을 기반으로 다음 단계, 즉 24~30개월 사이에 배울 과제로 이행하게 되고, 다음 단계로 이제는 세발자전거를 보여만 주어도 아이 스스로 흥미를 보일 수 있다. 그러므로 아이에게 제공해 줄 가장 좋은 활동은 바로 아이가 호기심을 가지고 스스로 반복하여 익히려 하는 것들이다. 자폐스펙트럼장애가 있을 때 신경손상의 정도에 따라 발달수준의 차이가 있지만 각 영역의 발달 순서대로 이행하는 원리는 비슷하게 적용된다. 부모가 정상발달에 대해 상세히 알고 아이의 발달상태를 점검한 후 정상발달과정에서 그다음 단계에 무엇을 성취할 수 있는지 목표를 정하고, 이를 달성하기 위해 필요한 활동을 제공해 주는 것이 아이의 뇌를 효율적으로 작동하도록 이끌어 주기 때문이다. 즉, 미숙한 뇌를 먼저 개선시킨 후 아이의 발달에 도움이 되는 활동 전략을 체계적으로 자극해 주어야 뇌가 효율적으로 작동할 수 있다. 다만 주의해야 할 것은 현재의 발달평가를 제대로 하지 않거나 달성해야 할 목표를 확실하게 세우지 않은 채 독려한다면 적절한 발달이 일어나는 것을 방해할 뿐만 아니라 아이의 뇌는 너무 심한 스트레스를 받고 혼란에 빠지기 쉽다. 뇌의 효율적 사용을 위해서는 일상생활 관리도 필요하다. 자극적인 텔레비전 광고에 몰두하거나 자동차 바퀴를 돌리는 것과 같은 반복적 행동은 뇌 발달을 저해한다. 대신 숟가락 사용이나 가위질, 색칠하기 등과 같은 세부 근육 운동의 활성화는 지능 발달에 좋다.

1) 자폐스펙트럼장애의 증상

자폐스펙트럼장애는 일반적으로 만 3세 이전에 나타나며 발달 양상의 특이성이 있다. 아이는 대 · 소근육 협응, 언어, 인지, 사회성 등 여러 영역에 걸쳐 전반적으로 발달이 지연되어 있으며, 일률적으로 지연된 것이 아니고 대근육이나 소근육 협응능력은 정상과 비슷하거나 약간 지연된 것에 비해 인지나 언어, 사회성 등은 중등도에서 심각 수준으로 지체되고, 기계적인 기억이나 특정한 조작능력 등은 오히려 우수한 능력을 보이기도 하는 등 영역별 발달수준이 불규칙하다. 아이들은 주위 환경으로부터 오는 여러 자극 중 한 가지에만 집착하고 다른 자극은 무시하는 과소반응을 보이거나 작은 자극에도 과도하게 흥분하기도 한다. 지적인 능력을 정확히 평가하기 어려우나 시간이 지나면서 대인관계의 어려움, 언어 및 의사소통의 한계, 상동(반복적) 행동으로 인해 새로운 것을 습득하는 것을 어려워하고, 자신의 방식을 지나치게 오랫동안 주장하기 때문에 성장하면서 인지능력의 지체를 보일 수 있다.

진단의 준거로 볼 수 있는 특성은, 첫째, 대인관계와 정서적 및 사회성 발달의 장애를 보인다. 대부분 처음 병원을 방문하게 되는 이유도 청력에 이상이 없음에도 불구하고 불러도 돌아보지 않고 눈접촉이 없다는 것이다. 대인관계에서 상호반응이나 정서적인 유대가 맺어지지 않는데, 그 정도가 심하여 엄마와의 애착행동이나 사회적 유대관계까지도 형성되지 않는다. 일반적으로 생후 6개월에 보이는 애착행동, 즉 엄마를 쳐다보고, 웃고 안아 달라고 칭얼대며, 엄마에게 떨어지지 않으려 하고, 안아 주면 좋아하는 행동이 매우 결여되어 있다. 그 결과 부모를 따라다니지 않고 혼자 놀며, 엄마가 보이지 않아도 찾지 않고, 부모가 외출하고 돌아왔을 때 반기는 행동을 보이지 않는다. 심지어 아파도 알리거나 위로를 구하지 않고 도움을 청하지 않는 등 생존을 위해 필수적으로 요구되는 행동도 현저히 부족한 것이 문제이다. 원하는 것이 있을 때도 엄마를 쳐다보지 않고 단지 손을 끌어당겨 자신이 원하는 것만을 행하도록 요구할 뿐이다. 눈을 마주치지 않을 뿐 아니라 심하면 회피하는 것처럼 보이기도 한다. 안아 주어도 신체적인 접촉을 그다지 좋아하지 않거나 싫어하는 경향이 있고, 엄마로부터 격리되어도 울고불고 야단하지 않는다. 일상생활 중 아이들이 많이 보이는 행동에는 음식을 먹을 때 자신의 손을 사용하지 않고 엄마 손을 끌어다 음식을 집으라 하고, 엄마가 음식을 집으면 엄마 손을 자기 입으로 가져오는 행동을 한다. 엄마 손을 포크레인처럼 사용한다고 하여 일명 '포크레인 증상'이라고 부르는 이 행동을 아이 입장에서 생각해 보면 처음 세상에 태어나는 순간부터 계속 엄마 손으로 우유병을 집어 아기 입에 물려 주었기 때문에 자기 손을 쓴 적이 없다. 모유의 경우도 엄마 젖이 아기의 입으로 들어온 것이지 아기가 엄마 젖을 끌어다 자기 입에 넣은 것이 아니다. 또한 이유식을 시작하여 숟가락이나 포크로 음식을 찍어 먹여 주었으며, 과자도 어른이 손으로 집어 아이의 입에 넣어 주었다. 수저나 과자를 아이 손에 쥐어 주고 스스로 먹도록 가르치는 시기가 오면 일반적으로는 흘리면서도 스스로 먹겠다고 하지만 자폐스펙트럼장애 성향이 있는 경우에는 이제까지와 다른 방법이므로 거부할 수 있고, 또 새로운 것을 입력시키는 데 시간이 더 걸리기도 하고, 앞서 설명한 것처럼 엄마 손을 끌어다 쓰는 행동을 반복하다 보니 어른이 다시 먹여 주는 경우가 많다. 과보호 환경인 경우는 더 심각해진다. 아이가 시도해 볼 기회조차 없기 때문에 어느 순간부터 아이는 모든 것을 어른이 해 주라는 식으로 굳어지는 것이다. 결국 아이의 뇌는 식탁 위에 있는 저 음식이 내 입으로 들어오게 하는 방법은 엄마 손으로 음식을 집어야 하고, 자기는 그 손을 입으로 가져오게 하는 것으로 인식하게 된다.

둘째, 의사소통 의도가 부족하다. '아이가 말이 늦네?'라고 느끼면서도 잘 먹고 떼를 쓰지도 않고 혼자 잘 놀기 때문에 일단 소극적으로 기다려 보는 경우가 많다. 말로 표현하는 것은 좀 늦지만 어른의 말을 알아듣는 듯하고, 특히 상대방을 잘 쳐다보며 아이 스스로 몸짓, 발짓을 통해 적극적으로 의사소통하려는 의도가 있는 경우라면 좀 기다려 보아도 된다. 그러나 말이 늦을 뿐 아니라 눈접촉이 부족하고, 손짓이나 발짓 등의 몸짓 사용이 부족하다면 기다리기보다 적극적으로 대처하는 것이 낫다. 흔히들 주변에서 "아이가 울지도 않고 혼자 참 잘 논다." "남자아이는 말이 좀 늦을 수 있다." 혹은 "아빠도 어릴 때 말이 늦었지만 지금은 청산유수야."라는 말을 하는 경우가 있는데, 이런 추측이 맞을 때도 있지만 실제 문제가 되는 경우 위험하므로 지체하지 말아야 한다. 울음이나 옹알이가 거의 없는 것은 타고난 기질이 순하여 울지 않는 경우도 있지만 자폐스펙트럼장애가 있는 아이는 자신의 의도를 타인에게 알리기 위해 울면 된다는 것을 모르기 때문에 어

떤 시도도 하지 않는 것이다. 또한 아이들은 대부분 포기가 빠르다. 다른 사람과 경쟁하여 쟁취하려는 의도가 없기도 하고, 주장하면 가질 수 있다는 경험을 아직 해 보지 않아서 그럴 수 있다. 이처럼 대부분의 자폐스펙트럼장애 아이는 언어 발달이 늦고, 성장한 후에도 계속 언어지연을 보이는데, 이는 의사소통 의도가 적은 것과 관련이 있다.

셋째, 반복적으로 몸 전체, 또는 일부를 흔드는 행위, 자신의 몸을 때리는 자해행위, 이물질을 집어먹는 행위, 종이를 찢는 행위 등을 보인다. 몸 전체, 또는 일부를 흔드는 행위는 무료하거나 심심할 때 주로 보이고, 자신의 몸을 때리는 자해행위는 통증에 대한 감각이 둔한 상태에서 스트레스가 있을 때 격렬하게 보이는 경우가 많다. 이때 아이의 행동을 멈추기 위해 아이가 원하는 대로 수용해 주면 이러한 행동이 강화되어 더 심해지기도 한다. 화분의 돌과 같은 먹지 못하는 이물질을 집어먹는 행위는 이상식이(pica)일 경우도 있지만 아직 먹을 수 있는 것과 먹지 못하는 것에 대한 구분이 안 될 때 보이기도 한다. 그 외 일상적으로 부모가 가장 힘들어하는 것은 아이가 단순하고, 반복적이고, 감각적인 것에 매달리는 경향을 보일 때이다. 자신의 몸을 빙글빙글 돌리기, 손가락이나 돌아가는 환풍기 등을 계속 들여다보기, 차바퀴 돌리기, 책장 넘기기, 새가 날갯짓을 하듯 양팔 흔들기, 침대 위나 소파 위에서 계속적으로 뛰기 등 기계적이고 똑같은 행동을 반복하는 경우가 많다.

넷째, 변화에 대한 저항으로 새로운 환경이나 경험을 받아들이기 힘들어하며, 똑같은 방식을 고집하고 이를 그대로 유지하려는 경향도 있다. 짧고 강렬한 자극이 되는 TV 광고를 좋아하여 장시간 반복적으로 보고, 채널을 바꾸면 화를 내며 돌리지 못하게 한다. 광고에서 나오는 멘트를 기억하여 말하거나 노래 등을 따라하고 다른 방에 있다가도 작은 광고 소리가 들리면 이를 듣고 뛰어오는 등 옆에서 큰 소리로 불러도 반응하지 않는 것과는 현저히 다른 반응을 보여 주변을 놀라게 한다. 자신이 좋아하는 광고에 대해 기억력이 좋고 관심 있는 브랜드의 마크를 잘 찾아낸다. 한 번 간 길은 절대 잊어버리지 않고, 갔던 길로만 가려는 행동을 보여 기억력이 좋다는 말을 듣기도 하나 이는 오히려 처음 갔던 길만 기억하고 그 외의 길이 있는지를 모르기 때문에 보이는 행동일 수 있다. 비슷한 예로, 먹어 본 음식만 먹으려 하는 등 편식이 심하고 같은 음식 재료라도 먹어 보았던 형태로만 요구하기도 한다. 전철이나 버스를 탈 때도 번호, 색깔 등을 정확히 기억하고, 물건을 일렬로 세우려 하거나 물건이 있었던 곳에 반드시 있어야 하는 등의 고집을 부린다. 만일 변화가 생긴 경우 심한 분노발작을 일으켜 결국 원상 복귀가 되어야 진정되기도 한다. 이러한 아이의 상동, 반복적인 반응은 감각통합장애로 인해 다른 것을 받아들이지 못하는 현상으로 해석할 수 있다. 감각처리 곤란으로 인해 촉각, 고유수용감각, 전정감각 등의 감각통합에 어려움이 있는 것이다. 아이들은 자신이 가진 감각통합장애로 인해 일상생활 전반에서 이제까지의 경험을 통해 자신이 있는 것을 제외한 모든 것에 두려움을 갖게 되고, 이를 받아들이는 것이 낯설기 때문이다. 한편, 이를 달리 생각한다면 아이는 태어나서 자신이 경험하여 알게 된 방식대로 하라고 요구하는 것일 수도 있으므로 이러한 반응들을 모두 변화에 대한 저항으로 생각할 필요는 없다.

2) 자폐스펙트럼장애의 뇌 발달

자폐스펙트럼장애에서 보이는 특징적 증상 중 하나가 상동적 행동을 반복하는 것이다. 이것은 무엇을 의미할까? 30년 동안 많은 아이를 만나면서 깨달은 것은 상동 반복적 행동을 많이 하는 것이 자폐증상의 특징이라기보다 새로운 것을 받아들이는 것이 무섭고 두려워 자신이 해 보았던 것만을 계속하겠다고 고집하는게 더 많다는 사실이다. 이런 맥락에서 자폐스펙트럼장애 아이가 다른 사람을 거의 쳐다보지 않고 주변 환경에 관심이 없으며, 자신이 좋아하는 활동만 반복하는 것, 즉 상동적 행동을 한다는 것은 뇌 발달에 치명적이라는 것을 알 수 있다. 시각 · 청각 자극이 투입되어도 반응을 하지 않는다는 것은 뇌에 최소한의 자극만 투입되고 있다는 것을 의미하기 때문이다. 하지만 아직 늦지 않았다. 유아기의 뇌는 매우 탄력적이기 때문이다. 다양한 감각경험을 통해 통합이 이루어지도록 하고, 감각적 인지능력을 키워 나가도록 하면 서서히 유연한 뇌로 성장한다. 모든 감각을 활용한 감각놀이를 충분히 경험시키는 것이야말로 아이들에게 깨어 있는 감각상태를 유지하게 해 주는 방법이다. 그러기 위해서는 우선 제한 없이 많은 감각자극이 뇌로 흘러들어 가게 해야 한다. 감각자극을 뇌에 투입하는 가장 효과적인 활동은 바깥놀이이다. 공원에서 뛰어다니고 놀이터에서 놀이기구를 타

는 등 머리부터 발끝까지 외부에 자신을 노출시켜 주면 전신을 통해 자연스럽게 감각자극이 뇌로 들어가 작동하게 된다.

예를 들어, 시장이나 백화점에 나갔다 돌아오면 어떠한가? 별로 한 것도 없는 것 같은데 녹초가 될 정도로 피곤하다. 그것은 많은 사람 틈에서 부딪히지 않고 걸어야 하고, 에스컬레이터에서 다치지 않게 올라타고 내려야 하며, 다양한 볼거리와 누군가를 부르고 떠드는 소리, 시끄러운 음악 소리 등이 쉬지 않고 뇌로 흘러들어 가기 때문이다. 이렇게 많은 감각이 뇌로 들어가면 뇌는 감각들을 처리하느라 계속 활동하게 되어 처음에는 피곤해도 점차 뇌근력이 생기게 된다. 반면, 뇌를 자극해 주지 않으면 게으른 뇌 상태가 지속될 수 있다. 그래서 아이들과 통합유아발달놀이를 할 때 시행해야 하는 것은 아이를 데리고 가능하면 많이 걸어 다니고, 먼 곳으로 이동할 때도 자가용 대신 버스나 전철을 이용하는 것이다. 그래야 많은 정보가 뇌로 강물처럼 흘러들어 간다. 좁은 공간에서 책이나 장난감을 가지고 놀 때 받는 자극과 비교할 수 없을 정도로 많은 감각자극이 뇌 회로 배선을 풍부하게 깔아 주는 것이다. 매일 그렇게 하기에 너무 어렵다면 1주일에 하루나 이틀 그렇게 하는 날을 정해 놓고 시작하자. 그리고 이를 점차 늘리면 아이의 뇌는 작동하기 시작한다. 그리고 그 증거로 아이의 눈빛이 달라지기 시작한다.

감각을 통해 들어오는 정보들을 잘 이용하지 못하는 감각통합장애에서는 비효과적인 신경처리과정을 거치게 되어 학습, 발달, 행동의 여러 문제를 유발하게 된다. 감각통합장애를 해결하기 위해서라도 우선 아이의 뇌를 충분히 외부 자극에 노출시켜 주고, 이어서 아이의 뇌가 처리할 수 있는 정보를 단계적으로 제공해 준다.

3) 자폐스펙트럼장애의 전반적 발달

자폐스펙트럼장애가 있는 경우 감각의 과잉 및 과소 반응과 같은 감각통합장애로 인해 일상생활에서의 감각경험이 부족하고, 이로 인해 운동 발달, 애착 및 정서 발달, 의사소통 및 언어 발달 그리고 사회성 발달 등 전반적 발달이 지연될 수 있다.

(1) 감각통합

오감은 세상을 향해 열려 있는 창이고, 아이는 감각이라는 창을 통해 세상을 알게 된다. 아이는 감각을 통해 세상과 접촉하고, 다시 세상은 감각을 통해 아이의 뇌로 들어오는 것이다.

감각정보는 눈과 귀뿐만 아니라 신체의 모든 부분을 통하여 매순간 끊임없이 뇌로 흘러들어 온다. 교통 경찰관이 자동차의 흐름을 통제하는 것처럼 뇌는 감각 위치를 정해 주고, 분류하며, 감각들에게 명령을 내린다. 이러한 흐름이 뇌에서 효율적으로 조직되어야 적절히 적응할 수 있는 기능을 갖는다. 중요한 것은 모든 감각기관이 제 기능을 다할 때 아이는 즐겁고, 행복하게 세상을 경험할 수 있다는 것이다. 지나치게 민감한 뇌이거나 혹은 아직 아이의 뇌가 감당하기에 너무 강한 감각을 투입하는 경우 아이는 세상을 무섭고 두려운 대상으로 등록할 수 있다. 그러면 아이는 감각을 찾고 즐기기보다 회피하거나 저항할 수 있다.

감각통합장애가 있는 경우 뇌로 입력되는 감각을 처리하는 과정에서 문제가 나타나고, 비정상적인 신경신호가 대뇌피질로 가게 되어 뇌의 기능을 방해하게 된다. 뇌가 지나치게 자극받고, 뇌의 과도한 활동으로 인해 조직적인 정보로 바꿀 수 없게 되어 감각들을 잘못 해석하고, 감각자극에 따른 활동을 적절히 수행하지 못하는 경우 감각통합 문제가 유발되는 것이다.

자폐스펙트럼장애에서 감각처리의 어려움은, 첫째, '감각투입'이 아이의 뇌에 정확하게 등록되지 않아 대부분의 일에 거의 주의를 집중하지 않고 어떤 때는 과잉반응을 하게 된다. 둘째, 감각투입을 전정감각기관과 촉감각기관에서 적절히 처리하지 못하여 중력불안과 촉각방어를 보인다. 셋째, 뇌가 새로운 일을 할 수 있도록 정상적으로 작동하지 않아 목적적이고 건설적인 일에 흥미를 보이지 않는다. 감각통합장애의 가장 흔한 유형은 감각조절장애로 인한 감각방어이다. 감각방어란 해가 되지 않는 자극에 부정적 반응이나 경계반응을 나타내는 경향으로, 감각방어의 유형에는 촉각방어, 구강방어, 전정감각방어(중력불안), 자세불안, 고유수용감각방어, 시각방어, 청각방어 등이 있다.

- 촉각방어는 맨발로 다니기를 피하거나 손에 묻는 것을 싫어하고 다른 사람과 가까이 접촉하는 것을 회피하는 양상으로 나타난다. 촉각방어로 인해 껴안기,

입맞추기 등 아이의 양육과 관련된 활동을 거절하여 주 양육자와의 애착관계 형성을 방해하기도 한다.

- 구강방어가 있는 경우는 특정 음식의 질감과 온도를 피하고, 특히 양치질하는 것을 괴로워한다. 또한 모유나 우유를 빨던 것에서 씹는 것으로 전환하는 것에 대한 거부를 보이기도 한다. 씹는 것은 뇌에 자극을 주어 뇌의 발달을 촉진하며 주의집중력을 키워 준다. 또한 음식을 줄 때 너무 부드럽게 제공하는 것보다 조금 단단한 것을 씹도록 하면 뇌에 자극을 줄 수 있다.
- 전정감각방어는 중력에 대해 부적절한 반응을 보이는데, 예를 들어 에스컬레이터 타는 것을 두려워하고 놀이기구의 특정 움직임을 무서워한다.
- 고유수용감각방어는 자신의 몸에 대해 적절한 감각을 느끼지 못해 동작이 어설프고 잘 넘어지거나 불안정한 자세를 취한다.
- 청각방어는 특정 소리나 소음에 공포, 부정적인 반응을 보이는 것이다. 어떤 아이는 청소기, 화재경보, 헤어드라이기, 세탁기 소리가 너무 두려워 참을 수 없어 하고, 또 다른 아이는 화장실의 물 내리는 소리나 시끄러운 음악 소리에 귀를 막기도 한다.
- 시각방어가 있는 경우 빛에 과민반응을 보이거나 응시하는 것을 피하고, 걸어가며 옆으로 보기, 가까이 들여다보기 등의 시각추구도 있다. 전등놀이와 같은 시각발달놀이를 해 주면 시각과 함께 뇌의 발달도 촉진할 수 있다. 시각을 통해 얻어진 풍부한 정보는 아이의 두뇌를 효과적으로 자극하기 때문이다.
- 후각방어가 있는 경우 냄새에 민감하여 특정 냄새에 괴로워하거나 위축되는 경향으로 가족이 함께 음식점에 들어가야 할 때 역겨워하며 거부하고 토하기도 한다. 후각 방어가 있는지 알기 어려워 아이가 고집이 세고 편식을 하기 때문이라는 등의 오해로 잘못된 접근을 할 수 있으니 주의를 요한다.

(2) 운동 발달

운동영역은 신경회로가 뇌 밖으로 나가는 경로로, 이 중요한 경로를 발달시키기 위해서는 발달검사를 통해 가장 낮게 나온 영역을 우선적으로 자극해 주어 취약한 상태를 벗어나도록 해야 한다.

자폐스펙트럼장애가 있는 경우 대부분은 또래 아이들에 비해 운동 발달 숙련

도가 떨어질 뿐만 아니라 신경학적 손상이나 감각손상과 같은 신체적 문제점을 동시에 지니고 있을 때가 많아 신체의 균형 유지, 동작의 분리 및 연결, 민첩성, 정교함이 부족하다. 평소 걷거나 뛰는 데 별다른 문제가 없어 보이나 근긴장도가 낮고, 반복 상동적 움직임, 실행장애와 같은 비정형의 양상으로 균형을 유지해야 하는 활동 시 둔하고 어설프다.

자폐스펙트럼장애 아이는 걷기나 간단한 움직임에서 두드러진 이상을 보이지 않아 운동 발달에는 문제가 없다고 생각하기 쉽다. 그러나 복잡한 동작이나 균형을 유지해야 하는 활동, 미세한 협응 등이 어려워 새로운 놀이를 배우기 어렵다. 특히 일부 아이는 불안하거나 긴장했을 때 파킨슨병, 뚜렛 증후군과 긴장증을 포함한 다른 신경학적 상태를 보이기도 한다. 아이의 행동을 관찰해 보면 다소 복잡해 보인다고 생각되는 운동 관련 훈련에 참여하지 않으려 하거나, 불응하고 다른 것으로 회피하거나, 또는 단순하게 자신이 할 수 있는 행동만 똑같이 반복하는 보속증적 행동을 보이기도 한다. 혹은 자기 자극 행동을 하는 등 운동활동을 개시하고 전환하거나 중지하는 데 어려움이 있는데, 이를 모르는 어른의 입장에서는 아이가 고집을 피우며 하지 않거나 떼를 쓰는 것으로 생각하여 야단을 치거나 계속하도록 요구할 수 있다. 그 외 자폐스펙트럼장애가 있는 경우 움직임을 준비하는 시기 동안 예측력이 부족하고, 타인이 요구하는 것을 모방하겠다는 동기가 약하거나 거의 없는 점, 동작에 대한 주의집중이 어려운 점 등 전두-선조체 체계의 기능장애와 유사한 뇌 문제를 가지고 있다.

이처럼 운동활동의 개시, 실행, 중지, 결합 그리고 전환 등과 같은 운동계획장애가 있어 팔 뻗기나 쥐기, 물건 올려놓기 등과 같은 단순 목적지향적 운동과제에도 어려움이 있지만, 사회적 모방(악수하자고 손을 내밀었을 때 즉시 응대하기), 운동이나 물체와 관련된 과제 수행(다트를 던져 원판 위에 붙이기 등) 시 특히 수행곤란이 두드러진다.

(3) 시지각 발달

시각은 외부 환경에 대한 인간의 감각 중 가장 우세한 감각으로 지각과 인지에 중요한 구성 요소이다. 아이가 신체로부터 명확한 정보를 받지 못하는 경우 시지각 문제를 갖게 되므로 만일 주요 문제가 전정감각처리에 있는 아이라면 시지각

점수도 떨어지게 된다.

뇌간에 보내진 일부 시각적 자극은 뇌간으로 들어온 다른 감각, 즉 전정감각, 고유수용감각, 촉각 등과 통합되어 정확한 정보를 안구에 보내어 보행 및 자세, 안구 운동 조절 그리고 시각적 주의집중을 일으킨다. 결과적으로 시지각에 문제가 발생하면 먹기, 입기, 읽기, 쓰기, 사물의 위치 파악 등 일상생활 활동, 교육, 일, 놀이 그리고 사회활동 등 모든 영역에서 어려움과 기능결함을 초래하여 학습능력 저하의 가장 큰 요인이 된다.

발달장애가 있으면 환경으로부터 입력되는 많은 감각을 등록할 수 없기 때문에 시지각 발달에 오랜 시간이 걸릴 수 있고, 어떤 것은 지각할 수는 있어도 인지하지 못할 수도 있다. 시지각 결함을 교정 및 치료하는 시지각 훈련이 선결과제임에도 불구하고 준비되지 않은 채 무리하게 교과학습에 들어가는 경우 학습효과를 기대하기 어려울 뿐 아니라 아이도 혼란스럽고 초기 적응에 실패하는 경우가 많다. 게다가 학습뿐만 아니라 주의집중장애로 인해 배경과 전경을 변별하는 것이 어렵고, 매우 산만한 행동을 보이는 등 부적응적 행동을 초래하게 된다. 그러므로 시지각 발달에 대한 치료는 발달장애 아이의 학습능력 향상의 기반을 다지는 것과 함께 일상생활 능력을 향상시키고 자존감을 증진시키기 위해 매우 중요하다.

시지각 발달 치료에는 전정감각, 고유수용감각, 시각자극을 통합하는 접근이 필요하다. 아이가 고개를 들어 주변을 살피는 행동, 고개를 위아래 또는 좌우로 움직이며 시각 추적을 해야 하는 많은 활동은 뇌간으로 전해져 시각입력의 처리 과정에 관여한다. 다양한 자세 변경 시 중력 수용기가 자극되고, 마사지를 통해 피부와 근육 및 관절에 있는 수용기들을 자극하는 모든 치료적 활동이 시지각 발달을 돕는다.

(4) 애착 및 사회정서 발달

일반적으로 아이는 부모에게 관심을 갖고 눈접촉을 하거나 소리를 교류하고 엄마 몸에 매달리는 등 신체접촉을 즐긴다. 또한 엄마를 타인과 구분하여 특별한 행동반응을 보이고, 낯갈이를 하는 등의 질적 애착행동을 보인다. 그러나 자폐스펙트럼장애를 가진 아이는 자신의 좋아하는 것이 있으면 엄마와의 분리에 대해 개의치 않고 혼자 놀이에 빠져 있을 때가 많다. 심지어 엄마가 아이와 함께 놀아주려고 다가가면 자신의 놀이를 방해하는 것으로 인식하여 다른 곳으로 가 버리기도 하고, 엄마와 비슷한 옷을 입은 사람의 손을 잡고 따라가기도 한다.

정상발달과정에서는 특별한 사람에게 보이는 애착이 6개월부터 나타나기 시작하여 9개월 무렵에 절정을 이루며 돌을 기점으로 조금씩 누그러진다. 그러나 자폐스펙트럼장애가 있는 경우 2년이 지나도 낯가림이나 분리불안이 나타나지 않고 엄마를 찾지 않을 때가 많다. 하지만 자폐스펙트럼장애가 있더라도 애정 어린 엄마의 접근이 계속되면 엄마에게 붙어 있으려 하고 엄마가 보이지 않으면 불안해하는 지연된 애착행동을 보인다. 그렇다면 늦었더라도 이처럼 엄마와의 애착이 나타나도록 노력하는 것이 더 좋을까, 아니면 애착도 중요하나 이미 생물학적 나이가 많아지고 있으므로 언어 및 인지 발달을 위한 접근이 우선되어야 할까? 아이들의 발달을 순조롭게 끌어올리기 위해서는 발달단계 중 앞서 나타나야 하는 것을 먼저 채우는 것이 발달 원리에 적합하므로 늦었더라도 애착형성을 먼저 완료해야 한다. 무엇보다 인지 및 언어 교육을 하느라 엄마와 분리하게 되면 어렵게 생긴 애착이 확고하게 다져지기 전에 다시 사라질 수 있어 주의를 요한다.

자폐스펙트럼장애를 가진 아이들이 언어가 늦은 이유도 애착과 관련이 있을까? 언어는 매우 상위의 기능이어서 자폐스펙트럼장애를 가진 아이들은 아직 배울 수 있는 준비가 되지 않은 상태인 데다 무엇보다 다른 사람과의 상호작용을 하려는 의도가 거의 없이 혼자 놀이에 몰두하는 상태로 의사소통 의도가 매우 떨어져 있어서이다. 그러므로 애착이 먼저 형성되도록 자극해 주면 애착대상과의 눈접촉이 증가하고 몸짓이나 신호 등을 통한 교류가 활발해질 뿐 아니라 자기주도성이 생겨 언어를 배울 수 있는 초석이 된다. 애착이 생기는 것은 엄마와의 의사소통 의도가 커진다는 의미이기 때문이다.

그렇다면 엄마와의 애착이 더 빨리 생기도록 당겨 줄 수는 없을까? 가장 좋은 방법은 어린 시절 모아애착놀이를 단계적으로 제공해 주면 자폐적 특성은 줄어들고, 동시에 질적 애착은 향상시킬 수 있다. 엄마와의 애착이 강해지도록 놀이를 제공하고, 엄마와의 애착을 기반으로 가족, 또래로 상호교류를 넓혀 주면 인지 및 언어 발달과 함께 사회성도 확장된다.

(5) 의사소통 및 언어 발달

의사소통 발달은 출생과 동시에 터트리는 울음에서 출발하여 5~6개월의 옹알이를 거쳐 언어 발달의 기초를 이루고, 1세 반부터 3세 사이에 언어능력이 급속하게 증진되며, 개인차는 있지만 3세경이 되면 약 1,000개에 가까운 어휘를 가지게 된다. 아이는 말을 배우는 과정에서 투레질이나 혀 내밀기, 씹기와 같은 입놀림, 입으로 다양한 소리를 만들어 내는 입 벌리기뿐만 아니라 타인의 말을 듣는 표정, 다른 사람의 소리가 끝나면 자신의 소리를 내기 등의 상호성을 배운다.

아이의 말-언어장애를 다룰 때에는 1차적으로 '지체'와 '장애'로 구분하여 평가한다. 지체는 정상 아이의 말-언어 발달순서를 밟아 가나 지연되는 경우를 말하고, 장애는 지연되는 것뿐 아니라 정상적인 발달에서는 나타나지 않는 말-언어 형식이 나타나는 경우, 어느 특정 단계에서 발달의 진전이 멈추어 있는 것을 의미한다.

언어 발달에 방해가 되는 요인은 모유나 우유병 빨기를 너무 오래 하거나 씹을 것이 별로 없을 만큼 부드러운 음식을 자주 주는 것이다. 조금 단단한 음식을 주어 깨물고, 씹고, 끊어 먹기와 같이 입술과 구강의 충분한 동작이 필요하다. 돌이 지나서도 계속 젖병을 사용한다면 치아와 두뇌 발달에 방해가 될 수 있으므로 젖병은 늦어도 돌 전에 끊는 것이 좋다. 손잡이가 달린 컵을 이용해서 마시기, 빨대로 빨아 먹기 등을 반복하면 입술의 협응, 식도 조절, 호흡 훈련이 되어 옹알이가 발달한다.

덩어리 음식이 아이의 목에 걸릴까 봐 작게 잘라 주면 아이는 덩어리로 된 음식을 꿀꺽 삼키기 위해 식도를 넓게 벌리는 것을 하지 못하여 음식을 씹다가 뱉어 낸다. 이럴 때 음식물의 크기나 단단한 정도 등을 단계적으로 훈련하는 것은 아이 스스로 자신의 신체를 인식하고 조절하는 능력을 갖게 할 뿐만 아니라 바로 옆의 성대를 자극하여 옹알이가 풍성해지는 효과도 있다.

그 외 자폐스펙트럼장애의 언어 특성은 고음을 내거나 단조로운 억양 등 변칙적인 소리를 내는 것이다. 일단 말을 시작하면 타인의 말을 그대로 되풀이하는 반향어를 자주 보인다. 모국어를 배우는 발달과정에도 일시적으로 반향어를 보이나 정상인 경우 빨리 없어지는 반면, 자폐스펙트럼장애의 경우 인지가 부족하고 상호성이 떨어져 반향어가 오래 지속되는 경향이 있다. 반향어는 언어 발달의

한 과정으로 반향어를 오래 보인다는 것은 그만큼 발달속도가 늦다는 것을 말해주는 것이고, 또한 상호성이 부족할 때 반향어를 오래 하게 되므로 아이에게 반향어를 못 하게 하기보다 아이와의 밀접한 교류를 늘리는 것이 도움이 된다.

제 4 장 양육 길라잡이

1. 발달을 도와주는 양육
2. 발달을 방해하는 양육
3. 놀이 유형과 부모의 놀이 참여
4. 기본생활습관 형성
5. 발달장애 개선을 위한 접근 원리
6. 아이 양육에 대한 Q&A

아이는 종종 스펀지나 백지에 비유되곤 하는데, 이는 아이의 변화 가능성을 비유한 말이다. 아이들은 깨어 있는 대부분의 시간을 놀이를 하면서 보내므로 놀이란 아이에게 있어 생활 그 자체이다. 어른들이 직장에 열심히 다니고 학생들은 공부를 하듯이 아이들은 놀면서 성장하고 몸에 익히게 된다. 아이는 주위의 모든 것에 흥미를 느끼며 온종일 놀아도 싫증을 느끼지 않고 성장함에 따라 놀이의 종류도 계속 변화해야 하기 때문에 부모는 위험이 없는 한 아이의 놀이를 적극적으로 후원해 주어야 한다. 놀이에서 가장 중요한 것은 즐겁고 자유로워야 하며 '놀이' 그 자체를 목적으로 해야 한다는 점인데, 만약 제대로 놀이를 하지 않는 아이가 있다면 그 아이는 몸과 마음이 함께 성장하는 데 어려움이 있고 결국 사회생활을 하는 데 필요한 것을 제대로 배우지 못한다. 아이의 가능성을 찾아내기 위해서는 아이가 노는 모습을 잘 관찰하면 된다. 아이가 가진 개성을 충분히 이해하고 아이의 장점을 살려 주는 돌봄은 아이를 건강하고 훌륭하게 자랄 수 있게 만드는 지혜로운 육아법의 첫걸음이다.

1. 발달을 도와주는 양육

1) 아이 눈높이에 맞춘 교육

아이의 눈높이에 맞춘 교육이란 아이의 고유한 특성을 고려한 맞춤 접근을 말한다. 가정은 각 아이만의 눈높이 교육을 할 수 있는 특화된 환경으로, 눈높이 교육의 선생님은 부모이며 아이와 1:1 관계 속에서 아이 스스로 발견해 나가는 학습 환경을 제공해 줄 수 있어 아이의 눈높이 학습이 가능해진다.

통합유아발달놀이는 전문화된 눈높이 교육을 적용하기 위해 개발된 프로그램이다. 성장의 기본 틀이라고 할 수 있는 몸과 마음, 즉 아이의 감성을 키워 주는 마음성장 애착놀이와 아이의 뇌 자극 및 신체 기초 체력을 구축해 주는 뇌성장 몸놀이로 영역을 구분하였다. 마음성장 애착놀이는 애착잠재기, 애착싹트기, 애착형성기, 애착확장기로 세분화하여 적용함으로써 사회성을 강화시켜 주고, 뇌성장 몸놀이 역시 뇌깨우기, 뇌시동걸기, 뇌달리기, 뇌펼치기로 체계화함으로써 아

이의 신체 발달과 함께 인지 및 언어 발달을 최적화된 속도로 학습시켜 주는 눈높이 교육이다.

2) 아이 주도적 접근

(1) 걷기

걸음마를 하게 되기까지의 과정은 아이마다 약간의 차이가 있지만 태어나서 대략 1년이라는 시간이 걸린다. 목 가누기, 뒤집기, 기기, 앉기, 잡고 일어서기 등의 발달과정을 통해 척추와 다리에 힘이 생긴 아이는 똑바로 설 수 있다. 그러면 아이의 신체 시계는 "이제 걸을 때야."라고 말한다. 아이가 걷기 시작하는 것은 단순히 '걷는 것' 이상의 의미가 있다. 바깥 세상을 경험하고 구경하는 첫걸음이 되며, 아이의 신체적 · 정서적 · 지적 발달을 가져온다. 이 시기의 아이들이 방향도, 목적도 없이 아무렇게나 걸어 다니는 것처럼 보이지만 걷는 것 자체가 바로 자신의 발달을 위한 목적 있는 행동이다.

여기서 기억해야 할 중요한 사실 하나는 걷기는 배우는 것이 아니라 아이가 주도적으로 시작하고 행동하는 발달지표라는 것이다. 즉, '아이에게 어떻게 걸음마를 가르치느냐'가 아니라 '아이가 걸음마를 시작할 때 어떤 태도를 가지느냐'가 중요하다. 부모가 걸음마를 '시킨다'고 생각하는 것은 아이의 주도적 참여를 방해하는 것이다. 그러므로 아이가 걷기를 시작하면 부모는 단지 그 옆에서 방해하지 않고 아이의 자연스러운 성장을 지켜보고, 필요할 때 도움을 주고 다치지 않게 지켜 줄 뿐이다. 아이의 성향을 잘 파악해서 부모의 의도대로 끌지 않는 것이 바람직하다.

아이와 놀아 주면서 마주 보고 양손을 잡아 일으켜 주기, 세운 상태에서 앞뒤로 밀고 당겨 주어(예: 고네고네, 불바불바와 같은 전래놀이 등) 걷기 기초 훈련을 시킨다. 침대나 소파를 기어오르거나 방석을 쌓아 놓고 기어 넘어가기 등의 활동은 다리 근육을 강화시켜 준다. 아이 스스로 평형을 유지하여 걷는 자세를 잘 잡기 때문에 걷는 자세가 지나치게 이상하다고 여겨지면 고관절 탈골이나 척추 문제 등 신체적 이상을 의심할 수 있으니 병원에서 정밀검사를 받는 것이 좋다.

너무 급하게 끌어당겨도 안 되지만 지나치게 조심스러워 혼자 걸으려고 하는 아이를 다칠까 봐 안아 주거나 업어 주어 스스로 걸을 수 있는 기회를 주지 않는 것은 오히려 더 큰 문제가 될 수 있다.

(2) 컵 사용

일상생활 활동을 통해 아이 주도적 접근을 해 주면 아이는 자신감이 생기고 스스로 선택하고 수행하는 자발성이 커지게 된다. 아이에게 우유를 먹이고 싶다면 우유를 꺼내 아이가 볼 수 있는 곳 그리고 아이가 가져올 수 있도록 낮은 곳에 배치해 놓는다. 진행단계는 다음과 같다.

① 아이에게 컵을 가져오도록 한다.
② 엄마가 우유를 들고 기다린다.
③ 아이가 컵을 내밀면 우유를 컵의 1/2만큼 부어 준다.
④ 아이 혼자 컵을 들고 우유를 마신다.
⑤ 익숙해지면 두세 번 연속으로 마실 수 있도록 컵 아래를 받쳐 준다.

주의사항은 엄마가 미리 컵에 우유를 부어 주지 않는 것이고, 아이가 컵을 입에 대고 마실 때 흘릴까 봐 미리 잡아 주는 등 아이의 독립을 방해하는 행동을 하지 않는 것이다. 처음엔 컵을 놓치고, 입술 협응이 부족하여 자꾸 흘리는 등 미숙해도 아이가 스스로 컵을 쥐고 먹는 것은 오감과 두뇌 발달을 촉진하므로 지속적인 연습을 통해 혼자 할 수 있게 한다.

3) 통합적 놀이자극

음악을 많이 들려주면 뇌에 어떤 영향을 미칠까? 음악활동을 하면 소리의 미묘한 차이를 구분하는 청각변별능력이 향상되고, 음소인식능력이 발달하는 등 두뇌발달을 촉진한다는 연구 결과는 갈수록 늘어나고 있다. 이러한 증거를 기반으로 구축된 통합유아발달놀이는 우선 엄마와 아이가 함께 참여하여 전래동요를 부르며 박자에 맞춰 춤추는 마음성장 애착놀이를 수행한 후 대근육 협응에서 소근육 협응 그리고 눈-손협응으로 세분화된 뇌성장 몸놀이를 순차적으로 제공하도록

구성하였다.

엄마가 아이를 업고 콩쥐팥쥐와 같은 놀이를 해 주면 뇌자극은 최고조가 된다. 아이가 놀이를 숙지하면 엄마 등에서 내려와 손을 잡고 다 함께 놀이를 반복하며 음악에 맞춰 몸놀이를 하는 동안 다양한 신체 부위의 움직임을 조정하는 법을 배울 수 있다. 아이들은 움직일 때 자기 몸이 어디에 있는지 잘 모르기 때문에 처음에는 아주 단순한 동작을 배우지만 점차 노래와 함께 춤을 보여 주면 즉시 따라 할 만큼 뇌에서 패턴화를 찾아가게 된다. 노래 부르며 음률에 맞춰 박수 치기, 북 두드리기, 실로폰 치기 등을 배우는 손유희 역시 뇌 발달을 이끄는 좋은 방법 중의 하나이다. 노래를 듣고 따라 부르는 놀이를 통해 노래의 내용대로 손동작을 하면서 자연스럽게 명칭이나 수, 현상 등 인지적 개념까지 확장한다. 구호에 맞춰 순서대로 박수를 치거나 노래에 맞춰 손동작을 배우면 재미있을 뿐 아니라 새로운 학습능력을 기르는 훈련도 된다.

프로그램의 구조화에도 음악을 활용한다. 하나의 활동에서 다음 활동으로 넘어가는 시점에 이를 알려 주는 음악을 틀어 주는 것이다. 자유놀이가 끝나고 '치우자' 노래를 부르기 시작하면 아이들은 가지고 놀던 장난감들을 함께 치워 주기 시작하고, 율동을 알리는 음악을 듣고 모두 동그랗게 모인다. 이 시간에는 혼자 나가는 것이 아니라 함께 춤추는 것에 참여해야 한다는 것을 인지하고, 비록 신체 조정이 어려워 동작을 따라 하지 못해도 팀을 이탈하지 않는다. 하지만 하루 종일 음악을 틀어 놓아서는 안 된다. 어른들은 어떤 일에 집중하면 뇌에서 그 외의 것은 무시할 수 있지만 아이들은 아직 뇌 발달이 미숙한 상태이므로 자신이 집중하고 싶은 것에만 집중하기 어려워 소음으로 느낄 수 있다.

2. 발달을 방해하는 양육

1) 아이 눈높이를 무시한 교육

아이의 발달수준에 적합하지 않고 아이의 눈높이가 아닌 놀이는 제공하지 말아야 한다. 이것은 아이로 하여금 흥미를 갖지 못하게 하거나 오히려 부담을 느끼게 하여 학습 의욕을 떨어뜨리게 된다. 게다가 너무 이른 나이에 과한 놀이자극이 가해지면 뇌에서 '또 시키네, 너무 어렵다, 정말 싫다, 무조건 거부하자'는 모드를 형성하게 되어 어떤 자극이든 차단하려는 습관을 만들 위험이 있다.

눈접촉을 피하는 아이의 얼굴을 감싸 쥐고 어른의 얼굴을 들이밀며 엄마/아빠 눈을 쳐다보도록 시도할 수 있다. 얼굴을 돌리지 못하게 하면 눈을 마주칠 수밖에 없을 것이고, 지속적으로 훈련하면 눈접촉이 늘어날 것이라고 생각해서이다. 그러나 아쉽게도 이런 접근은 아이로 하여금 더욱 회피할 방법을 찾게 하고, 눈동자까지 굴리며 적극적으로 눈접촉을 피하는 행동을 강화시킬 수 있다. 그렇다면 어떻게 해야 쳐다보는 반응을 늘릴 수 있을까? 자연스러운 눈접촉을 증진시키기 위해 해야 할 것은 꼭 필요할 때만 아이의 이름을 불러야 한다는 것이다. 아이 입장에서 반응했을 때 이에 대한 긍정적 피드백, 예를 들어 자신이 좋아하는 장난감을 주기 위해 불렀다는 것을 깨닫게 된다면 이후 반응하는 속도가 더 빠르고 많아지게 된다. 반면, 하지 말아야 하는 행동은 아이가 반응하는지 보려고 특별한 이유가 없는데도 자꾸 부르는 행동인데, 이는 역으로 아이의 반응을 줄일 수 있다.

2) 부모 주도적 접근

놀이의 주도권이 어른에게 있을 때 아이의 행동을 지나치게 통제하거나 혹은 어른 마음대로 대신해 주는 등의 행동을 하게 된다. "이렇게 해야지, 그렇게 하면 안 돼." 등과 같은 일방적 지시 역시 부모 주도적이다. 아이의 방식을 존중해 주지 않으면 아이 역시 타인의 의견을 무시하고 존중하는 것을 배울 수 없다. 아이가 장난감이나 사물을 일반적인 경우와 다르게 탐색하는 것을 제지하거나 아이를 달래기 위해 조건을 붙이는 것, 예를 들어 "장난감을 줄 테니 울지 마라."라고 하며 달래기 위해 장난감을 주는 것은 오히려 나쁜 버릇을 기르게 되고 고치기도 힘들다. 그리고 엄마가 바빠 아이를 신경 쓰기 어려울 때 장난감이나 핸드폰 등을 주어 주의를 돌리는 상황이 반복되면 아이는 사람과의 상호작용보다 자신이 원하는 것의 충족 여부에 더 관심을 갖게 되므로 장난감 등을 조건으로 사용하는 것도 지양해야 한다.

3) 부모의 과보호적 태도

과보호하는 부모는 자녀에 대한 기대, 불안, 염려, 두려움을 갖고 있다. 그리고 그 감정을 자녀 양육에도 그대로 적용한다. 예를 들어, 아이는 놀고 있고 어른은 아이 옆에서 밥을 먹여 주거나, 아이의 대소변 처리를 끝까지 도와주는 행동, 신발을 벗겨 주거나 신겨 주는 등 어른의 과잉보호 속에서 자란 아이는 '캥거루족'이 된다. 이는 아이가 요구하기 전에 미리 모든 것을 해결해 주는 경우로 이와 같은 어른의 행동은 후에 아이의 자기중심적인 행동을 강화시켜 떼를 많이 쓰거나 어른의 말을 듣지 않는 아이가 될 가능성을 키우게 되므로 가장 문제가 되는 어른의 행동이다. 더욱 나쁜 것은 자신이 원하는 것을 얻기 위해서는 상대방에게 요구해야 한다는 것을 깨닫지 못하게 하여 발달지연을 더욱 진행시키거나, 스스로 요구하는 경험을 해 보지 않아 소극적으로 행동하는 아이가 될 가능성도 있다.

어른이 모든 것을 미리 해결해 주는 것도 문제가 되지만 아이가 보내는 신호가 너무 약해 어른이 알아듣지 못하는 경우도 있고, 울음이나 몸짓, 표정 등을 통해 자신의 의사를 전달하는데도 어른이 빨리 알아듣고 반응해 주지 않아 아이가 보내는 신호가 점점 줄어들고 약해지는 것도 문제이다. 어른의 반응이 거의 없는 경우 아이는 자신의 의도를 더 이상 표현할 필요를 느끼지 못하게 되고 결과적으로 상호작용의 의지를 잃어버리게 해 자폐가 아니었던 아이라도 유사 자폐적 양상으로 빠질 수 있고, 자폐 성향이 있는 아이라면 더욱 심각한 상태로 진행될 위험이 있다.

4) TV와 스마트폰 사용

사람의 뇌는 좌뇌와 우뇌로 나뉘어져 있으며, 정보를 연결하는 통로가 엇갈려 있어 좌뇌는 몸의 오른쪽을 제어하고 우뇌는 왼쪽을 제어한다. 태어날 때부터 3세까지는 주로 우뇌로 활동하고, 3~6세에 접어들면서 서서히 우뇌에서 좌뇌로 이동하다가 6세 이후에는 좌뇌를 중심으로 활동이 이루어진다. 우뇌가 가장 활발하게 움직이는 3세 이전에 우뇌를 자극하면 풍부한 상상력을 기를 수 있지만 너무

어린 시기에 좌뇌를 많이 사용하는 주입식 교육은 뇌 발달을 방해할 수 있다. 아이가 성장하면서 자연스럽게 좌뇌와 우뇌를 모두 사용하는 자극, 즉 양쪽 반구가 함께 움직이는 동작을 하면 좌반구와 우반구를 연결하는 커다란 신경섬유 다발인 뇌량에 혈액과 영양이 전달되어 뇌세포의 연결망이 강력해진다. 양쪽 반구를 동시에 사용하거나 한쪽씩 번갈아 사용하는 활동을 하면 뉴런은 두뇌의 여러 영역과 계속 연결해 나가고, 양쪽 뇌의 연결이 강할수록 정보의 흐름이 빠르고 기억력도 좋기 때문에 학습이 원활해진다.

만 3세 전 아이의 뉴런 연결망이 최적의 상태로 발달하려면 스마트폰이나 TV 영상과 같은 자극적인 환경에 접촉하기보다 사람을 통해 자극받아야 한다. 아이의 뇌는 아직 미숙하기 때문에 빠르고 자극적인 환경에 지나치게 노출되면 시냅스 형성과 가지치기 등 뇌구조 형성에 손상을 줄 수 있다. 이와 관련하여 가정에서 유의할 점은 어린 아이가 있을 때 그리고 특히 한창 말을 배우는 아이가 있다면 가능하면 TV를 꺼 두어야 한다는 것이다. 보통 모든 가족이 모여 함께 식사하는 저녁 시간에 아이들에게는 적절하지 않은 저녁 뉴스나 드라마, 스포츠 등을 보느라 TV를 켜 놓는 경우가 많다. 하지만 식사를 하면서 대화를 나누면 어휘력 향상에 도움이 된다는 것을 기억하고, 가족이 함께 모여 있는 시간에는 함께 시청할 TV 프로그램만 정해서 보고 그 외의 시간에는 꺼 두는 것이 좋다.

자폐스펙트럼장애의 핵심 문제는 다른 사람과의 교류에 관심이 없기 때문에 언어의 필요성을 느끼지 못한다는 것이다. 따라서 무엇보다 타인에게 신호를 보내고, 타인이 보내는 신호에 반응을 해야 한다는 기본 원리를 알아야 말을 배울 수 있으므로 어른은 아이의 신호에 언제든 반응할 준비가 되어 있어야 한다. 이때 어른은 아이가 보내는 신호를 가능하면 하나라도 놓치지 않겠다는 자세가 필요하다. 아이는 너무나 작고 희미한 신호를 보내기 때문에 처음엔 놓치기 쉽다. 그런데도 아이가 보낸 애매한 신호에 즉시 반응해 주고, 게다가 아이의 의도를 정확하게 맞추어 반응해 주면 아이는 어른에게 다량의 신호를 보내기 시작한다. 그때부터는 어른의 반응이 늦거나 틀린 반응을 해 주면 스스로 더 확실한 신호를 보내려고 하기 때문에 알아차리기도 쉬워지며 이런 교류가 폭발적으로 늘어나면 말을 배울 수 있다. 그런데 어른의 손에 늘 스마트폰이 있다면 어떻게 될지 상상해 보자. 수시로 문자나 카톡을 확인하게 되고, 전화를 걸고 받느라 아이가 보

내는 신호를 알아차리기 힘들다. 몸은 아이와 함께 있지만 진정한 의미의 교류는 말을 배우기에 턱없이 부족하다. 말을 배우는 것은 옹알이나 몸짓을 포함하여 상대방이 말하는 모습을 눈으로 보고 상호교류를 하면서 이루어지기 때문에 항상 주고받는 교류가 있어야 하므로 아이와 함께 있을 때는 스마트폰을 꺼 놓는다.

3. 놀이 유형과 부모의 놀이 참여

놀이는 영유아 성장 발달의 핵심이다. 엄마와 아이가 함께 노는 모습을 비디오로 찍은 후 엄마가 실제 놀이에 얼마나 참여하는지, 아이와 놀아 줄 때 보이는 민감성과 수용성은 얼마나 되며 어떠한지, 아이와의 상호교류의 양은 충분한지, 질적으로 우수한지 등을 분석해 보는 것은 매우 의미 있는 일이다. 놀이하는 모습을 관찰할 때는 발견하지 못했던 것이 녹화 장면에서는 객관적 시각으로 인지할 수 있기 때문이다. 3세 여아와 엄마가 함께 놀이하는 모습을 녹화한 자료를 가지고 분석한 적이 있다. 엄마를 자신의 놀이를 방해하는 사람이라는 인식을 가지고 있는듯 아이는 엄마가 앞에 마주 앉아 있는 것을 부담스러워 하며 조금씩 몸을 옆으로 돌렸고 엄마는 그때마다 아이 앞으로 자리를 이동한 결과, 1시간 후 결국 360도 한 바퀴를 도는 모습이 관찰되었다. 이런 경우 엄마는 아이와 1시간 동안 함께 놀았다고 생각하겠지만 아이의 입장에서는 엄마가 계속 자신의 놀이를 따라오면서 방해했다고 여길 것이다.

그러므로 엄마가 실제로 아이와의 놀이에 어떻게 참여하며 놀아 주고 있는지를 점검하고, 놀이 상황에 따라 엄마가 어떤 태도를 가지는지, 어떤 놀이를 할 때 많이 개입하게 되는지 등을 파악할 필요가 있다.

1) 놀이 유형

아이가 어떤 놀이를 하고 있는지를 알아보기 위해 Stevenson과 동료들(1988)은 여섯 가지로 아이의 놀이 유형을 유목화하였다.

- **구성놀이**: 끼우기, 쌓기 등의 방법을 통하여 물건을 조작하고 새롭게 창조하거나 만드는 놀이이다. 블록을 끼우거나 조립하기, 블록쌓기, 목공놀이, 퍼즐 끼우기, 장난감 로봇 만들기 등과 같은 놀이이다.
- **신체놀이**: 손바닥을 마주치거나 뽀뽀하기 등과 같이 경미한 신체접촉놀이에서부터 씨름하기, 꼬리잡기, 껴안고 구르기, 간질이기, 업고 뛰기 등의 격렬한 신체놀이를 말한다.
- **교수놀이**: 숫자 맞추기 놀이, 그림책 보기, 그림 그리기, 도형 변별하기, 도형 끼우기, 카드놀이, 글자 맞추기처럼 사물의 이름 및 색깔, 수, 글자를 가르치기 위해 책을 보거나 질문하고 대답하는 놀이이다.
- **기능놀이**: 공굴리기, 다트놀이, 구슬굴리기, 비눗방울불기, 빨대불기, 볼링놀이, 비행기 날리기 등과 같이 물체의 속성을 이끌어 내기 위해 자발적이며 활동적이고 의도적으로 물체를 조작하는 놀이이다.
- **역할놀이**: 소꿉놀이, 소방관이나 경찰 놀이, 병원놀이, 전쟁놀이, 가게놀이처럼 자신의 환경을 사물과 상상적인 상황으로 대치하는 놀이를 의미한다.
- **게임**: 숨바꼭질, 여우야 여우야 뭐 하니, 바둑이나 장기, 주사위놀이, 윷놀이, 수수께끼 놀이, 가위바위보 놀이, 비디오 게임, 카드놀이와 같이 미리 정해진 규칙에 따른 놀이로, 경쟁이 있고 승리를 목적으로 하는 활동들이 여기에 해당된다.

2) 부모의 놀이 참여 체크리스트

Stevenson과 동료들(1988)은 부모의 놀이 참여는 영유아의 전인적인 발달에 기여하며, 부모는 자녀들이 놀이를 원활하게 진행할 수 있도록 놀이를 계획하고 더 활발하게 촉진해 주는 역할도 하고, 놀이의 수준을 향상시켜 준다고 하였다.

부모의 놀이 참여 체크리스트는 아이의 놀이 유형에 따라 놀이 참여 유형을 네 단계로 구성하였다. 체크한 점수를 모두 합하여 놀이의 개수로 나누면 평균 점수가 나온다. 이 점수를 비교하면 어떤 놀이에 더 개입하고 있는지, 혹은 어떤 놀이를 더 장려하고 있는지 알 수 있다.

- **비참여:** 부모는 유아의 놀이에 참여하지 않으며 혼자 놀게 하거나 형제나 자매, 다른 아이, 다른 어른들과 놀게 하고 부모는 전혀 관심을 보이지 않는 것을 말한다.
- **바라보기:** 유아의 놀이에 직접 참여하지는 않으나 계속 옆에서 아이를 지켜보는 것을 말한다.
- **소극적 참여:** 유아와 함께 놀잇감을 가지고 놀이하거나 놀이에 도움을 주는 수준으로 유아의 도움 요청에 소극적으로 참여한다.
- **적극적 참여:** 유아의 놀이에 놀이 상대자로 적극 참여하여 상호작용하고 놀이하는 수준으로, 부모의 역할은 놀이를 더 활성화시킨다.

부모의 놀이 참여 체크리스트

놀이 유형	문항	놀이	놀이 참여 양상				총점	평균
			비참여 (1점)	바라보기 (2점)	소극적 참여 (3점)	적극적 참여 (4점)		
구성 놀이	1	아이가 퍼즐 맞추기 놀이를 할 때						
	2	아이가 블록으로 무엇인가를 만들기 할 때 (레고, 적목 등)						
	3	아이가 장난감이나 그 외의 물건을 조립하면서 놀 때						
신체 놀이	4	아이가 몸 간질이기, 서로 껴안기 등 신체놀이를 할 때						
	5	아이가 달리기, 잡기 놀이를 할 때						
	6	아이가 씨름과 같이 힘겨루기 놀이를 할 때						
	7	아이가 음악에 따라 춤추는 놀이를 할 때						
교수 놀이	8	아이가 그림책이나 동화책을 읽을 때						
	9	아이가 글자 읽기나 쓰기에 관심을 보일 때						
	10	아이가 숫자 세기에 관심을 보일 때(수 세기, 더하기 빼기 등)						
	11	아이가 주변의 사물 이름 말하기 놀이를 할 때						

기능놀이	12	아이가 공놀이를 할 때(공차기, 공굴리기 등)						
	13	아이가 볼링이나 다트처럼 목적물 맞히기 놀이를 할 때						
	14	아이가 비행기 날리기와 같은 활동적인 놀이를 할 때						
	15	아이가 비눗방울 놀이나 빨대불기 놀이를 할 때						
역할놀이	16	아이가 엄마·아빠놀이, 소꿉놀이를 할 때						
	17	아이가 병원놀이를 할 때						
	18	아이가 인형이나 로봇으로 상상놀이를 할 때						
	19	아이가 가게놀이를 할 때						
게임	20	아이가 주사위나 윷 등을 이용한 규칙 있는 게임을 할 때						
	21	아이가 가위바위보 게임이나 손유희를 할 때(쎄쎄쎄와 같이 상호작용을 필요로 하는 놀이를 하고자 할 때)						
	22	아이가 숨바꼭질과 같은 숨기놀이를 할 때						

출처: 원희영(1998)이 제작한 '놀이유형별 놀이종류와 놀이참여 수준' 검사지.

아이의 놀이 유형이 다양한 것처럼 부모의 가치관이나 생각에 따라 부모의 놀이 유형이나 방법도 다르다. 어떤 부모는 기능놀이는 중시하면서 신체놀이는 제한하기도 하고, 혹은 반대로 신체놀이를 다른 놀이보다 더 적극적으로 장려하는 부모도 있다. 부모의 놀이 참여가 유아의 발달에 어떤 영향을 미치는지를 살펴본 많은 연구에서는 부모의 놀이 참여 방법이 다양할수록 유아에게 긍정적인 영향을 준다고 하였다. 그러므로 아이와 놀아 줄 때 부모는 자신이 어떤 놀이에 더 개입하여 자극해 주는지, 어떤 놀이를 더 간섭하고 제한하는지 등을 알아 둘 필요가 있다. 다음으로 아이의 기질과 놀이 유형을 고려하여 조화롭게 놀이를 제공해 줌으로써 유아의 놀이 수준이 영역별로 고르게 발달할 수 있도록 한다. 놀이 유형별로 부모의 놀이 참여는 각기 다르다. 하지만 무엇보다 중요한 것은 부모가 다양한 놀이 유형에 참여하는 것이 유아의 놀이성에 중요한 역할을 한다는 것이다. 부모가 유아의 다양한 놀이 유형에 적극적으로 참여하는 것은 유아의 높은 사회적 활동성, 안정성 그리고 협조성에 긍정적인 영향을 미친다. 따라서 자녀의

다양한 경험을 위해 부모가 다양한 놀이 유형에 골고루 참여하는 것이 바람직하다.

4. 기본생활습관 형성

유아기는 뇌 가소성이 풍부하여 습관을 형성하는 데 가장 용이한 시기이다. 옛말에 "세 살 버릇 여든까지 간다."라는 말이 있다. 3세 이전에 배운 기본생활습관은 죽을 때까지 간다는 말로, 어렸을 때 형성된 버릇은 제2의 천성과 같이 영원히 지속되는 경우가 많아 3세 전에 형성하는 기본생활습관 형성의 중요성을 잘 설명해 준다.

'생활습관'은 성격 형성의 요소이며, 아이의 자주성과도 관계가 있는 중요한 발달상의 과제이다. 부모는 자기중심적 사고의 아이가 자신을 스스로 지키고 성장하여 나아가 사회의 일원으로 살아갈 준비를 마련해 주느라 분주하다. 아이의 행동이 습관화되면 아이 스스로 해결할 수 있는 것들이 늘어나 '자립습관'도 획득하게 된다. 그러므로 가정, 지역사회, 유아교육기관이 협조하여 아이의 기본생활습관을 지도한다면 아이가 독립적인 인격체로 성장하는 것을 도와줄 수 있다.

기본생활습관지도는 아이의 발달 여부에 상관없이 단계적으로 교육할 수 있고, 이런 지도를 통해 감각, 운동, 인지, 언어 등을 배울 수 있기 때문에 체계적으로 시행할 필요가 있다. 부모는 유아가 배워야 할 기본생활습관에 관한 내용을 구체적으로 알고, 단계적으로 적용하고 평가하여 좋은 습관을 습득하도록 이끌어 주어야 한다.

1) 기본생활습관

기본생활습관 형성은 출생 후 환경에 의해 후천적으로 영 · 유아기에 동일한 행동을 반복함으로써 형성되는 것(국립교육평가원, 1995)으로 성격, 가치관, 인격의 바탕이 된다. 또한 기본생활습관 형성을 통해 건강을 유지함과 동시에 자립심과 독립심의 기초가 된다(Richards & Light, 1986).

(1) 청결지도

더러운 것과 깨끗한 것을 구별하도록 지도하는 것이 청결지도이다. 아직 손을 능숙하게 사용할 수 없는 아이는 식사 전에 손을 닦아 주고, 자발적으로 손을 씻을 수 있는 아이는 키높이에 맞게 물을 준비해 주어 손을 씻도록 한다. 식후 입 가장자리를 닦아 주거나 스스로 닦도록 하면 청결지도에 좋다. 밥을 먹을 때 부드러운 느낌의 천으로 만든 에이프런을 목에 둘러 주고, 식사가 끝난 후 처리해 주면 청결에 대한 의미를 이해하고 받아들이게 된다. 청결습관은 부모나 가족의 행동에서 형성되므로 가정 내 환경과 매우 밀접한 관계가 있다.

① 목욕하기

목욕은 아이의 피부 청결을 도모하고 신진대사를 왕성하게 할 뿐만 아니라 신체자극이 되고 또한 전신을 관찰할 수 있기 때문에 매우 중요하다. 목욕을 할 때 가장 중요한 것은 목욕을 시행해 주는 사람의 태도이다. 청결의 중요성과 함께 아이와의 놀이 시간으로 적극 활용하면 스스로 스트레스를 풀고 이완하는 것을 익힐 수 있다. 아이를 다룰 때는 부드럽게 접근하여 애정과 편안함을 느끼게 해 주면 자신이 소중한 사람임을 느끼게 된다.

아이가 걸어 다닐 수 있을 만큼 성장하면 대중목욕탕을 데리고 가는 것이 좋은데, 욕조에서 엄마와 피부를 통한 신체접촉은 상호작용을 경험할 수 있는 좋은 기회이다. 이런 경험은 단지 청결의 목적뿐 아니라 대인불안을 줄여 주는 훈련으로도 매우 유익하다.

② 머리 감기

영아기에는 머리를 감기기 위해 아이를 럭비공처럼 옆구리에 끼고 머리만 적셔 감겨 주게 된다. 1세~1세 반이 지나 걷기 시작하고 몸 가누기가 가능해지면 아이를 세우거나 앉혀 놓고 고개를 앞으로 숙이고 눈을 감도록 한다. 얼굴로 물이 흘러내리지 않도록 보호캡을 이마에 끼워 줄 수도 있다. 약한 물줄기로 머리를 감기며 머리를 감기는 동안 물 몇 방울을 얼굴에 튕기는 경험을 시켜도 좋다. 2세~2세 반이 지나면 보호캡을 사용하지 않고, 어른 손으로 보호캡을 대신한다. "머리에 물을 뿌리면 잠시 숨을 참아야 해."라고 말을 해 준다. 혹은 목욕 시 머리

위에서 분수놀이(밑바닥을 압정으로 구멍 낸 페트 분수대, 샤워기 등을 이용한 놀이)를 하면 물이 흘러내릴 때 눈을 감고 숨을 멈추는 것을 터득할 수 있어 신체조절 능력은 물론이고 언어 발달의 기초가 되는 호흡조절능력 훈련의 기회가 된다. 따라서 걷고 뛰어다닐 정도의 큰 아이를 옆구리에 끼고 머리를 감겨 주거나 이마에 보호캡을 사용하는 것은 자립적인 청결지도를 방해하고 언어 발달에도 도움이 되지 않는다.

③ 이 닦기

유치는 출생 후 6개월이 지나 솟아오르기 시작하여 2세~2세 반까지 약 1개월에 1개의 비율로 총 20개가 난다. 이 나기는 아이의 성격 형성에 영향을 주는데, 때때로 유치가 날 때 열, 소화불량, 식욕부진, 감기, 귀앓이 등이 발병하며, 피곤해하거나 짜증을 부리기도 하므로 아이의 불편을 이해하고 토닥여 주는 식의 모성적 돌봄이 제공되어야 한다. 보통 치아관리는 유치가 난 후부터 칫솔질을 시작하면 된다고 생각하여 소홀히 할 수 있다. 그러나 유치는 영구치가 날 자리를 미리 만들어 주는 단계이므로 가지런하게 치아가 솟아오르도록 돌 전부터 잇몸 마사지, 입안 가셔 내기 등을 해 주는 것이 좋다.

치아관리 습관은 충치가 생기지 않게 하는 등 위생적인 면에서도 중요하지만 칫솔질을 하면서 많은 발달기능을 자극할 수 있다. 입 주위의 감각을 자극하고, 이를 닦을 때 거울을 보며 소리 내는 것을 연습하고, 혼자서 칫솔 다루는 법을 배우게 된다. 이러한 접근은 치아 건강뿐 아니라 엄마와 아이의 상호작용에도 도움이 된다.

(2) 식습관 지도

11~15개월이 식사지도의 적기이다. 가족과 함께하는 식사지도는 새로운 음식을 접하는 기회가 될 뿐 아니라 식사 중에 오가는 많은 대화를 통해 아이의 언어 발달과 사회성 발달에도 자극을 줄 수 있다.

① 식이 변화

젖병을 빨던 것에서 컵으로 마시는 유동식으로 이행하고, 이후 숟가락을 사용하여 입술과 혀를 사용하는 단계적인 식이지도는 영양뿐 아니라 언어 발달과정과도 밀접한 관계가 있으므로 적절한 식습관 지도는 매우 중요하다. 15개월이 지나도 모유나 인공유를 끊지 않은 아이는 씹는 힘이 부족하기 때문에 발음이 이상하게 나타날 수 있다. 구강 근육이 먼저 발달되어야 발음이 정확해지기 때문이다. 음식의 형태가 변화되는 것과 함께 사용하는 도구의 변화에도 적응시켜야 한다. 젖병을 고집하여 일반 우유도 계속 젖병으로 먹이거나, 스프나 죽을 젖병에 넣고 젖꼭지 구멍을 크게 해 빨아 먹게 하는 것 등은 바람직하지 않다. 숟가락을 사용하여 음식을 먹는 숟가락질 자체가 구강 근육을 많이 사용하게 하기 때문이다. 물이나 우유를 컵으로 잘 마시기 위해서는 컵을 아랫입술 위에 두고 살짝 눌러 주어야 아이가 빨지 않고 마실 수 있다. 컵으로 한 모금씩 마시기가 익숙해지면 떼지 않고 이어 마시기를 늘려 간다. 빨대 모양의 꼭지가 있는 컵은 마시기보다 빠는 행위를 오래 하게 하므로 구강사용능력을 저해한다.

② 식사지도

아이는 노는 데 한눈을 파느라 먹지 않을 때가 있는데, 이때 엄마는 쫓아다니며 먹이려고 애쓰지 말아야 한다. 아이를 식탁으로 데려오거나 오도록 불러 자리에 앉히고 음식을 먹도록 해야 하며, 그래도 먹지 않으면 음식을 치워 버린다. 시간이 지난 후 아이가 배고플 때 음식을 다시 주도록 한다. 이처럼 아이로 하여금 노는 시간과 먹는 시간을 구별하도록 가르치는 것이 첫 번째 식습관 지도이다.

③ 식사예절

아이가 아직 말을 하든 못하든 식사를 시작할 때 숟가락을 들며 "잘 먹겠습니다."라고 말해 주고, 식사가 끝난 후에는 숟가락을 놓으며 "잘 먹었습니다."라고 말하는 시범을 매번 보여 준다. 식사의 시작과 끝을 확실히 배우는 기회도 된다.

(3) 배변지도

일반적으로 생후 1년 6개월 정도가 되면 약 2시간 정도 소변을 방광에 보유하게 되므로 이후부터 배뇨 훈련을 시작하고 식사 전이나 잠에서 깨어난 후 소변보기를 반복해 준다. 배변 훈련을 시킬 시기가 되었다고 지나치게 강조하면 오히

려 역효과가 나타나 심리적인 불안감과 스트레스를 줄 수 있다. 이전부터 배변할 때마다 "쉬했구나." "응가해요."와 같은 말을 익숙하게 들려주고 아이의 행동을 주의 깊게 관찰하면서 배변 주기를 파악한다. 아이의 배변 주기에 맞춰 변기에 앉는 연습을 시작하고 심리적으로 편안하게 해 준다.

배변 훈련을 본격적으로 시작하기 전 준비 작업으로 추천하는 활동은 바로 어른이 용변을 볼 때 아이를 데려가 어른이 용변을 보는 동안 지켜보도록 하는 것이다. 힘을 주는 모습을 보여 주며 "쉬하는 거야." "응가하려고 힘주는 거야." 등의 말을 해 준다. 또한 용변이 끝난 후 몸에서 나온 결과물을 보여 주고, 버튼을 눌러 내려가는 것도 보여 준다. 용변을 본 후 "쉬했어." "응가했어." 등의 말을 들려준다. 배변 용기를 아이에게 미리 주어 장난감처럼 친숙하게 느끼게 해 주어야 거부감 없이 쉽게 배변 훈련을 시작할 수 있다. 또한 배변 용기에 앉아 변을 보았을 때 뿌듯함을 느낄 수 있도록 많은 칭찬을 해 주어 스스로 다음 배변을 기다리고, 알려 주게 한다. 배변 용기를 사용하지 않고 바로 성인용 변기 위에 유아용 커버를 올려 사용하는 방법도 추천한다. 배변 훈련이 잘된 아이라도 환경이 바뀌거나 놀이에 열중하다 실수하는 경우가 있으니 이럴 때는 야단치지 말고 부드럽게 알려 주어야 한다.

본격적인 배변 훈련을 위해 낮 동안 기저귀를 빼놓는다. 종이 기저귀는 뽀송뽀송하여 소변을 본 후에도 젖은 느낌이 없어 아이 자신이 의식하는 적절한 통제 시기를 놓치기 쉽고, 엄마 역시 기저귀에 지나치게 의존하여 방치하다 막상 제시기에 배뇨조절이 안 되면 초조하여 엄격하게 가르치는 등 일관성이 없어질 위험이 있으므로 반드시 규칙적으로 시간을 체크하여 관리하는 것이 좋다.

2) 기본생활습관 체크리스트[1)]

아이의 훈련 수준에 따라 이행, 미숙, 불이행으로 구분하고 각각 ○, △, ×로 표시한다. 1회, 2회, 3회 대신 날짜를 기입할 수도 있다.

1) 국립교육원(1995)이 개발 · 제작한 기본생활평가 교사용 평정척도 자료를 참고하여 수정함.

(1) 청결습관

청결 1	이 닦기	1회	2회	3회
1단계	이를 전혀 닦지 않는다.			
2단계	이를 닦으라고 하면 마지못해 닦는다.			
3단계	이를 닦으라고 하면 잘 닦는다.			
4단계	말하지 않아도 가끔 닦는다.			
5단계	언제나 이를 스스로 잘 닦는다.			

청결 2	손 씻기	1회	2회	3회
1단계	손을 씻으라고 해도 씻지 않는다.			
2단계	손을 씻으라고 하면 마지못해 씻는다.			
3단계	손을 씻으라고 하면 잘 씻는다.			
4단계	시키지 않아도 가끔 스스로 씻는다.			
5단계	언제나 스스로 손을 씻는다.			

청결 3	콧물이나 침 처리하기	1회	2회	3회
1단계	콧물이나 침을 전혀 닦지 않는다.			
2단계	콧물이나 침을 닦으라고 하면 마지못해 닦는다.			
3단계	콧물이나 침을 닦으라고 하면 닦는다.			
4단계	콧물이나 침을 가끔 스스로 처리한다.			
5단계	언제나 스스로 잘 처리한다.			

청결 4	흘린 음식물 뒤처리하기	1회	2회	3회
1단계	흘린 음식물을 치우라고 해도 닦지 않는다.			
2단계	흘린 음식물을 치우라고 하면 치우기도 한다.			
3단계	음식물을 흘렸을 때 치우라고 하면 잘 치운다.			
4단계	음식물을 흘렸을 때 잘 치우는 편이다.			
5단계	언제나 깨끗이 치운다.			

청결 5	쓰레기 처리하기	1회	2회	3회
1단계	쓰레기를 아무 곳에나 버린다.			
2단계	알려 주면 쓰레기통에 버리기도 한다.			
3단계	알려 주면 쓰레기통에 버린다.			
4단계	알려 주지 않아도 쓰레기통에 버리기도 한다.			
5단계	언제나 스스로 쓰레기통에 버린다.			

(2) 자조능력

자조 1	식사하기	1회	2회	3회
1단계	음식을 손으로 먹는다.			
2단계	알려 주면 도구를 사용하기도 한다.			
3단계	알려 주면 도구를 사용한다.			
4단계	알려 주지 않아도 도구를 사용하기도 한다.			
5단계	언제나 스스로 도구를 사용한다.			

자조 2	신발 정리하기	1회	2회	3회
1단계	신발을 함부로 아무렇지 않게 벗어 놓는다.			
2단계	주의를 주면 마지못해 정리한다.			
3단계	주의를 주면 곧바로 잘 정리한다.			
4단계	주의를 주지 않아도 정리하기도 한다.			
5단계	항상 스스로 잘 정리한다.			

자조 3	물건 정리하기	1회	2회	3회
1단계	자기 물건을 아무 곳에나 방치한다.			
2단계	제자리에 정리하라고 하면 마지못해 정리한다.			
3단계	제자리에 정리하라고 하면 잘 정리한다.			
4단계	알려 주지 않아도 자기 물건을 정리하기도 한다.			
5단계	항상 스스로 잘 정리한다.			

자조 4	음식 먹기	1회	2회	3회
1단계	항상 음식을 흘리면서 먹는다.			
2단계	주의를 주면 음식을 흘리지 않고 먹기도 한다.			
3단계	주의를 주면 대체로 음식을 흘리지 않고 먹는다.			
4단계	가끔 음식을 흘리지 않고 먹는다.			
5단계	항상 음식을 흘리지 않고 깨끗이 먹는다.			

자조 5	바지 입기	1회	2회	3회
1단계	바지를 입혀 주어야 한다.			
2단계	80% 도와주면 20% 참여한다(발 들어서 끼워 주기 등).			
3단계	50% 도와주고, 50% 참여한다.			
4단계	20% 도와주고, 80% 자신의 힘으로 입는다.			
5단계	스스로 바지를 제대로 입는다.			

(3) 질서 지키기

질서 1	규칙 지키기	1회	2회	3회
1단계	규칙을 전혀 지키지 않는다.			
2단계	주의를 주면 마지못해 규칙을 지킨다.			
3단계	주의를 주면 규칙을 잘 지킨다.			
4단계	주의를 주지 않아도 규칙을 지키는 편이다.			
5단계	항상 스스로 규칙을 지킨다.			

질서 2	차례 지키기	1회	2회	3회
1단계	차례를 전혀 지키지 않는다.			
2단계	주의를 주면 차례를 지킨다.			
3단계	주의를 주면 차례를 잘 지킨다.			
4단계	주의를 주지 않아도 차례를 지키는 편이다.			

5단계	항상 스스로 차례를 지킨다.			

질서 3	교통신호 지키기	1회	2회	3회
1단계	교통신호를 지키지 않는다.			
2단계	주의를 주면 교통신호를 지키려 한다.			
3단계	주의를 주면 교통신호를 바르게 지킨다.			
4단계	주의를 주지 않아도 교통신호를 지키려 한다.			
5단계	항상 스스로 교통신호를 지킨다.			

질서 4	의자에 앉기	1회	2회	3회
1단계	바르게 앉으라고 말해도 바르게 앉지 않는다.			
2단계	바르게 앉으라고 말하면 마지못해 바르게 앉는다.			
3단계	바르게 앉으라고 말하면 곧바로 바르게 앉는다.			
4단계	주의를 주지 않아도 바르게 앉으려 한다.			
5단계	언제나 의자에 앉는 자세가 바르다.			

질서 5	공공장소에서 조용히 하기	1회	2회	3회
1단계	조용한 장소(도서관, 영화관)를 가리지 않고 떠든다.			
2단계	주의를 주어도 잠깐 동안만 조용하는 것이 가능하다.			
3단계	주의를 주면 곧바로 받아들이고 조용히 한다.			
4단계	주의를 주지 않아도 조용히 하려고 한다.			
5단계	항상 조용히 한다.			

(4) 사회성

사회성 1	어른을 만났을 때 인사하기	1회	2회	3회
1단계	가르쳐 주어도 인사를 하지 않는다.			
2단계	가르쳐 주면 마지못해 억지로 인사를 한다.			
3단계	가르쳐 주면 인사를 한다.			

4단계	가끔 스스로 인사를 한다.			
5단계	언제나 스스로 인사를 한다.			

사회성 2	친구를 만났을 때 인사하기	1회	2회	3회
1단계	가르쳐 주어도 인사를 하지 않는다.			
2단계	가르쳐 주면 마지못해 억지로 인사를 한다.			
3단계	가르쳐 주면 인사를 한다.			
4단계	가끔 스스로 인사를 한다.			
5단계	언제나 스스로 인사를 한다.			

사회성 3	장난감을 가지고 친구와 함께 놀기	1회	2회	3회
1단계	언제나 혼자 독점하여 가지고 논다.			
2단계	주의를 주면 마지못해 친구와 함께 가지고 논다.			
3단계	주의를 주면 친구와 함께 잘 가지고 논다.			
4단계	대체로 친구와 함께 잘 가지고 노는 편이다.			
5단계	항상 놀잇감을 친구와 함께 잘 가지고 논다.			

사회성 4	동식물 다루기	1회	2회	3회
1단계	주의를 주어도 동식물을 함부로 다룬다.			
2단계	주의를 줄 때만 괴롭히는 행동을 멈춘다.			
3단계	주의를 주면 잘 대한다.			
4단계	주의를 주지 않아도 잘 대하는 편이다.			
5단계	항상 스스로 동식물을 소중히 대한다.			

사회성 5	잘못한 일 사과하기	1회	2회	3회
1단계	전혀 사과하지 않는다.			
2단계	주의를 주면 마지못해 사과한다.			
3단계	가르쳐 주면 바로 사과한다.			
4단계	가르쳐 주지 않아도 사과하는 편이다.			
5단계	언제나 스스로 사과할 줄 안다.			

5. 발달장애 개선을 위한 접근 원리

힘찬 울음소리와 함께 나에게 온 천사, 꼬물거리는 것만 봐도 행복하고 감사한데 어느 날부터 아이의 행동이 조금씩 걱정이 되기 시작한다. 하루에도 몇 번씩 가슴을 쓸어내리며 스스로에게 말한다. "괜찮아, 아무 문제 없어. 없어야지. 없을 거야."

시간이 가고 아이가 커 가는 것이 조금씩 두려워지고, 이젠 정말 더 이상 지켜만 볼 수 없다는 생각에 병원을 방문했지만 내심 '아무것도 아니라고, 조금 느린 것뿐이다.'라는 결과를 기대하는 마음이다.

자폐스펙트럼장애가 의심되면 무엇부터 해야 할까?

첫째, 아이와 손잡고 함께 전진할 파트너가 필요하다. 하루 24시간 내내 아이와 함께 있으면서 아이에게 발달을 자극해 줄 놀이를 가르쳐 주고, 보여 주고, 기다려 주고, 뛰어 주고, 훈련시키고, 야단치고, 달래 주기도 할 부모, 가능한 엄마가 직접 개입하는 것이 좋다.

- 엄마가 직접 아이를 양육했던 경우는 그대로 엄마가 투입되어, 보다 전문적이고 구체적인 접근 방법을 배우며 적용한다.
- 직장모는 어떻게 해야 할까? 엄마는 계속 직장을 다녀야 하니 어렵고, 아이는 이제까지 키워 준 대리모(외할머니나 친할머니, 이모나 고모, 도우미 등)와 더 친하고 게다가 그 사람만 찾으니 엄마 대신 대리모가 낫다고 생각하는가? 절대로 그렇지 않다. 할 수만 있으면 엄마가 발 벗고 나서야 한다. 그래야 더 이상 시간을 낭비하지 않는다. 내 아이를 직접 내 손으로 키워야 아이에 대해 잘 알 수 있을 뿐 아니라 엄마가 아이와 맺어야 할 관계는 다른 사람이 대신 맺어 줄 수 없기 때문이다.

둘째, 아이의 뇌를 최대한 자극해 줄 수 있는 환경이 조성되어야 한다. 일반적으로 엄마는 아이의 행동에 대해 어떻게 다뤄야 할지 모르고, 또는 아이가 엄마의 통제를 전혀 받아들이지 않기 때문에 좋은 치료자를 찾아 맡겨야 한다고 생각할 수 있다. 물론 경험이 많은 치료자는 아이의 행동을 통제하는 방법을 잘 알고 있으며 효율적으로 다룰 수도 있다. 하지만 교육기관에서는 혼자 잘하는 아이로 변했다는데 집에서 엄마나 할머니 등 가족과 함께 있을 때는 하던 대로 행동하며 나아지는 것 같지 않다면 진정한 발달의 의미는 퇴색될 것이다. 교육기관에서 배운 것을 일반화시키기 위해서는 엄마 역시 일관성 있는 태도로 아이에게 접근하는 법을 배우고, 아이의 강력한 저항을 다룰 수도 있어야 하며, 아이가 힘들어할 때는 어떤 치료자보다 더 큰 사랑으로 수용해 주는 전문가로 바뀌어야 한다. 치료자는 고작 하루에 1~2시간 이내, 1주일에 많아야 두세 번 밖에 만날 수 없지만 엄마는 아이와 가장 많은 시간을 함께하며, 모든 일상생활을 지도해 주는 중요한 자원이기 때문이다.

셋째, 아이에게 도움이 된다는 교육기관 명단을 받기는 했지만 내 아이에게 가장 적합한 곳이 어디인지도 모르겠고, 모두 검증된 치료자인지도 궁금하다. 아이의 발달을 자극해 주고 내 아이의 발달수준에 적합한 교육기관을 찾으려면 어떻게 해야 할까? 우선 아이의 발달수준을 평가해야 한다. 아이의 발달평가는 빠를수록 좋다. 간혹 아이가 아직 너무 어리니 더 기다려 보라거나 아이가 너무 어려 지금 당장 시작할 수 있는 검사나 치료가 별로 없다고도 한다. 정상발달의 범주가 넓고 아이의 발달속도가 처음엔 조금 느리다가 어느 순간 따라잡는 아이도 물론 있다. 하지만 발달장애적인 문제로 인해 지연되고 있는 아이들은 엄마에 대한 의사소통 의도, 눈접촉, 엄마와 타인을 구별하여 반응하기, 사회적 참조행위 등 기본적인 상호성에서 질적 차이를 보이므로 적극적으로 관심과 자극을 주어야 한다. 통합유아발달놀이를 제공해 주면 애착형성과 함께 뇌자극에 도움이 되며, 이는 곧 발달장애적 요소를 제거해 주는 지름길이 된다.

넷째, 교육을 시작하되 발달평가를 기반으로 단계적으로 해야 한다는 것이다. 진단을 받은 후 대부분의 부모는 언어치료부터 시작하려고 한다. 아이가 말만 하면 모든 것이 해결될 것 같은 생각이 들어서이다. 하지만 아직 의사소통 의도를 보이지 않는 아이라면 본격적인 언어치료를 하기 전 의사소통 의도를 증진시키는 접근부터 해야 한다. 말을 못하는 두 아이가 있다고 가정해 보자. 말은 못하지만 상대방이 하는 말을 어느 정도 알아듣고, 자신의 의도를 알리려고 상대방을 쳐다보며 손짓, 발짓을 다하는 아이에게는 표현언어 교육이 들어가도 좋다. 반면

에 혼자 간단한 글자도 터득하여 읽을 수 있더라도 혼자 놀이에 몰두하고, 타인의 개입을 싫어하며 함께하는 것을 피한다면 이 아이는 언어치료를 시작할 것이 아니라 마음성장 애착놀이를 먼저 해야 한다. 타인과의 교류가 즐거운 일이라는 것을 체험하고 받아들이는 것이 먼저이기 때문이다.

다섯째, 부모들이 운영하는 카페나 블로그, 자조 모임 사이트 등에서 정보를 많이 얻는 것이 필요하다. 부모 자조 그룹은 앞서 경험한 부모들로부터의 성공담이나 실패담을 들을 수 있어 안내자 역할도 하고 서로 지지해 주는 힘이 된다. 무엇보다 중요한 것은 현재 내 아이에게 어떤 교육부터 할 것인지, 어느 기관, 어떤 치료자가 좋을지 등에 대한 객관적인 정보를 수집할 필요가 있다는 점이다.

가장 간단하게 기관을 선택하는 방법은 프로그램 구성을 살펴보아 신체활동 프로그램과 인지활동 프로그램의 비율을 보는 것이다. 신체활동 프로그램은 공놀이, 달리기, 오르기, 수영하기, 춤추기, 노래하기 등 주로 몸을 사용하여 활발하게 운동하는 프로그램을 의미하고, 인지활동 프로그램은 착석하여 그림 그리기, 책읽기, 이야기 듣기, 인형놀이 등 차분하고 집중적인 관계가 요구되는 프로그램을 말한다. 두 가지 영역의 활동 모두가 아이에게 필요하지만 아이의 발달수준에 따라 비율을 달리하면 좋다. 진단 초기에는 신체활동 프로그램이 인지활동 프로그램보다 더 높은 기관에서 최소 6개월~1년 정도 교육하고, 이후 신체활동과 인지활동이 1:1로 구성된 기관으로 이행하면 유치원, 초등학교에서의 적응이 보다 수월해진다.

여섯째, 우리나라의 교육기관은 생물학적 연령으로 교육과정을 구분하여 학년을 정해 놓고 위로 진급하는 방식이라 같은 나이 또래들로 구성되어 있다. 하지만 교육적 측면에서는 여러 연령대의 아이들이 섞여 있는 것도 필요하다. 그 안에서 다양한 역할을 배우고 실제로 수행해 볼 수 있기 때문이다. 다양한 연령대의 아이들이 함께 지낼 수 있는 곳은 바로 가정과 지역사회이다. 형제자매 간에 자연스럽게 상호교류가 일어나고 서열이 정해져 각자의 역할을 배울 수 있다. 싸우며 자기주장을 배우기도 하고, 희생하고 돌봐 주는 것도 경험하는 등 어디서도 배울 수 없는 사회적 상호작용이 가능한 곳이다. 하지만 요즈음 대부분의 가정은 자녀가 1명이나 2명인 데다 첫째 아이가 발달장애 문제를 가진 경우가 많아 부모는 한 번도 부모 역할을 해 보지 않은 상태에서 아이 양육이 버거워지고, 아이는 과보호 아래에서 나누고, 양보하고, 참고 기다리는 훈련이 부족한 상태가 된다. 이런 문제를 조금이라도 보완하기 위해 아이들이 친인척, 이웃들과 교류하며 경험하는 기회를 늘리면 혼자 놀이를 통해 획득하는 것보다 훨씬 더 많은 것을 얻을 것이다.

6. 아이 양육에 대한 Q&A

1) 편식은 뇌성장에 어떤 영향을 주나요?

영양분을 고루 섭취하면 최고의 뇌를 만들 수 있지만 편식은 불균형 식단으로 인해 영양분을 골고루 섭취하지 못하게 한다. 많은 아이가 영양실조는 아니지만 편식으로 발육에 필요한 영양소를 충분히 섭취하지 못하는데, 특히 DHA(다중불포화지방산)나 철분, 요오드와 같은 미네랄은 조금만 부족해도 뇌 발달을 저해한다.

DHA는 뇌를 구성하고 있는 전체 지방의 25%를 차지하고 있지만 체내에서 만들어지지 않아 외부에서 공급해야 하기 때문에 결핍되기 쉽다. 철분은 뇌의 수초생산 그리고 학습, 기억력과 집중력에 필요한 도파민 합성에 필요하며, 철분 결핍은 시냅스를 감소시킨다. 갑상선 호르몬을 만드는 주요 요오드는 항암작용과 중금속을 배출에 필요할 뿐 아니라 수초와 수상돌기 등의 신경 발달에 필요하여 요오드 결핍이 있을 경우 뇌손상과 지능 발달 저하가 올 수 있다. 이러한 중요 영양소를 충분히 공급하기 위해 평소 DHA가 많은 연어, 아보카도, 견과류, 씨앗, 올리브 오일과 철분이 많은 육류 살코기, 계란노른자, 소의 간, 푸른색 채소 그리고 요오드가 많이 함유된 생선, 미역, 다시마와 같은 해조류를 충분히 섭취하도록 한다.

2) 부모가 미리 알아서 해 주는 것이 왜 나쁘죠?

아이는 자신이 원하는 것을 얻기 위해 어른에게 신호를 보낸다. 그러나 아이가

표현하기도 전에 미리 알아서 먹을 것을 주고, 장난감을 꺼내 주고, 묻은 것을 닦아 주고, 젖은 옷을 벗겨 주는 식으로 해결해 주고 처리해 주는 것은 발달을 방해할 수 있다. 가장 큰 문제는 아이로 하여금 자신의 욕구를 알리려는 의사표현을 할 기회가 거의 없어 자폐적 양상을 키울 수 있다.

게다가 자신이 원하는 것을 얻기 위해 약하게나마 보내던 신호를 더 이상 보낼 필요성을 느끼지 못하므로 상호간 교류 원리를 터득하고 깨닫는 기회가 박탈될 위험도 있다.

마지막으로, 원하는 것을 주지 않는다고 칭얼대거나 울며 소리 지르기를 할 필요가 없으므로 입술이나 성대, 혀 등 발성기관을 거의 사용하지 않아 발음이 어눌해지고 둔해질 수 있다.

과잉보호를 받고 자란 아이는 무엇이든지 부모가 미리 알아서 해 주기 때문에 말할 필요를 느끼지 못하여 지연되고 있는 언어 발달이 더 정체될 수 있으며, 어른이 아이의 요구를 잘 알아듣지 못하거나, 잘못 이해하여 엉뚱한 것을 제공하면 무조건 짜증 내는 행동이 늘어나 행동(품행)장애로 발전할 위험도 있다.

3) 의지가 없어 보이는 아이 어떻게 해야 하나요?

돌이 되기 전부터 걷는 것을 익히기 위해서는 만 번을 넘어지고 다시 일어난다는 '일만 번의 원칙'처럼 아이가 새로운 운동기술을 발달시키는 유일한 방법은 오직 끊임없이 몸을 움직이며 연습하는 것이다. 수많은 시행착오를 거치면서 연결된 복잡한 신경회로를 통해 나중에는 걷는 것이 거의 천성처럼 되기 때문이다. 반면에 아이가 편안히 앉아 있거나 누워 있을수록 그만큼 경험하고 연습할 시간이 줄어든다. 외부 자극을 받아 신경가지를 분화시키고 뻗어 나가야 할 시기에 아무런 충동이 뇌로 들어오지 않으면 뇌는 그만큼 게을러지고, 늘어진 상태가 지속되어 발달이 지연될 수 있다.

이와 비슷하게 아이가 엄마에게 지나치게 의존하며 매달리게 만들어서도 안 된다. 늘어지고, 업히거나, 안겨 있기만을 원하게 되어 뇌는 외부의 자극을 오히려 버거워하며 회피할 수 있기 때문이다. 가장 효과적인 방법은 아이를 데리고 밖으로 나가는 것이다. 공원에 가서 걷기를 하는 것도 좋고, 자가용 대신 대중교통을 타고 여기저기 다니는 것만으로도 뇌를 깨우는 효과가 있다.

4) 걷기와 지적 능력이 관계가 있나요?

걷기 시작하면서 호기심에 따른 다양한 탐색은 지적 발달과 직접적인 연관이 있다. 아이의 걷는 시기가 늦었다면 지적 능력이 떨어질까? 이에 대한 대답은 '그렇지 않다.'이다. 큰 운동은 주로 뇌의 수질부라고 하는 깊숙한 부분과 더 관련이 있는 반면 지능은 주로 뇌의 피질부라고 하는 표면의 주름과 더 관련이 있기 때문에 큰 근육 운동 발달의 시기가 빠른지, 늦은지의 여부는 지능과 거의 관련이 없다. 이는 곧 운동 발달이 빠르다고 해서 아이의 머리가 좋다고 단정할 수 없으며, 운동 발달을 촉진한다고 해서 인지 발달이 촉진되는 것은 아니라는 것이다. 하지만 유의할 점은 걷기와 지적 능력이 직접 관련이 있는 것이 아닐지라도 유난히 겁이 많거나 몸이 무거운 경우 혹은 환경에 대한 흥미가 전혀 없는 경우에 운동기능이 떨어질 수 있고, 다양한 탐색행동이 적어서 인지 발달에 자극이 되지 않을 수 있다. 역으로 운동기능이 좋으면 자유롭게 환경을 탐색하고, 사회성이 증진되며, 이와 더불어 많은 경험을 할 수 있어 소근육 · 언어 · 인지 발달에 도움이 된다. 아이가 걸음마를 배울 때 신발을 신기는 것이 좋을까, 맨발이 좋을까? 아이에게 너무 서둘러 신발을 신기는 것은 뇌 발달을 저해할 수 있다. 걸음마를 배우는 초기에는 맨발로 걸음마를 배우는 것이 좋다. 맨발로 걸으면 바닥에 발가락을 착 붙여서 걸을 수 있고, 발과 발목을 최대한 자유롭게 움직일 수 있으며, 이러한 운동을 통해 근육이 곧아져 발과 발목을 똑바로 유지할 수 있다. 걸음마 연습이 시작되는 시기의 아이는 호기심을 충족시키기 위한 행동을 많이 한다. 물건을 입에 넣고 빨거나 바닥에 떨어뜨리는 등 다양한 시도를 하므로 던져도 부서지거나 깨지지 않는 물건, 즉 아이의 안전에 지장이 없는 튼튼한 놀잇감을 준비하여 깨끗하게 제공한다.

5) 까치발을 자주 해요

까치발이란 발끝으로 걷는 것을 말한다. 보행기의 높이가 높을 경우 발끝으로

바닥을 밟기 때문에 걷기에 중요한 역할을 하는 발바닥 근육의 발달에 불균형을 초래하여 까치발이 생길 수 있다. 까치발을 하더라도 걷기 시작하면 까치발은 대부분 서서히 없어지지만, 만일 까치발이 없어지지 않고 지속된다면 발목으로 서는 습관이 붙어서 걷기 자세가 계속 나빠진다.

까치발을 하는 것은 두 돌까지는 거의 정상으로 볼 수 있지만 단순한 습관이 아니라 아이의 몸이 지나치게 긴장되고 뻣뻣한 상태와 같이 실제로 운동장애가 있거나 근육의 이상 등 뇌성마비와 같은 뇌신경 문제일 수도 있으므로 빨리 병원을 찾는 것이 좋다. 까치발이나 팔자걸음, 한쪽 발로 뛰뛰기 하는 버릇 등이 이미 걸음걸이를 익힌 5세 이후 나타난다면 재미 삼아 하는 행동은 아닌지 잘 살펴보고 습관으로 굳어지지 않도록 해야 한다. 즉, 부모의 관심을 끌기 위한 행동이라면 그런 행동으로 얻을 것이 없다는 생각을 스스로 갖도록 어느 정도 무시하는 것도 하나의 방법이다. 드물게 선천적으로 아킬레스건이 짧은 아이도 까치발로 걷는데, 이는 성장하면서 교정될 수 있으므로 큰 문제가 아니다. 그러나 자폐스펙트럼장애가 있는 경우에도 까치발을 할 때가 많고, 게다가 없어지지 않은 채 오래 유지되기도 하므로 이에 대한 관리가 필요하다.

까치발을 없애기 위해서는 우선 양말을 벗겨 맨발로 걷게 함으로써 발바닥 근육을 발달시키는 것이 좋다. 그리고 일상생활 중 까치발로 걷는 기회를 줄이기 위해 약간 경사진 비탈길을 걸어 올라가거나 걸어 내려오기를 반복하면 도움이 된다. 경사진 길은 오르고 내릴 때 까치발로 균형 잡기가 어려워 대부분 발바닥을 바닥에 대고 걷는 기회를 늘려 주기 때문이다. 아이가 자유롭게 활동하는 데 약간 불편할 수 있지만 까치발을 줄이기 위해 발목까지 오는 부츠형 운동화나 구두를 신기면 효과를 볼 수 있다. 이런 부츠형 운동화나 구두는 까치발을 하기 어렵게 만들고, 까치발을 하더라도 오래 유지하지 못하여 빈도수가 현저히 줄어들 수 있다. 이러한 접근을 통해 꾸준히 걷기 훈련을 하는데도 까치발이 없어지지 않고 장기간 지속될 때는 정형외과를 방문하여 진료를 받는 것이 좋다. 신체 검진을 통해 까치발을 하지 못하게 실내용, 실외용 특수 신발을 제작하여 착용할 수도 있다.

6) 심각한 편식이 있는 경우 자폐스펙트럼장애인가요?

자폐스펙트럼장애가 있는 경우 특정 감각이 발달되어 한 가지에만 집착하는 행동으로 편식이 나타날 수 있다. 아이는 자신이 먹어 본 음식만 먹으려 하고 새로운 것은 거부한다. 음식의 종류만이 아니라 요리 형태, 온도, 제공되는 방식 등의 변화를 용납하지 않는다. 계란프라이는 먹지만 삶은 것은 싫어하는 것, 막 구운 갈비는 먹지만 식은 것은 먹지 않는 것, 매일 사용하던 컵이 아닌 다른 컵에 우유를 주면 끝까지 사용하던 컵을 찾는 행동 등은 단지 편식으로만 설명하기 어렵다.

이러한 반응은 모두 고집이 세어서라기보다 뇌가 새로운 것을 받아들이는 것이 어렵다는 것을 의미한다. 태어나서 지금까지 자신이 경험했던 것이 어느 날 다른 방식으로 요구되는 것을 받아들이기 어려운 것이다. 뇌가 새로운 것을 수용하는 데 시간이 걸리고, 게다가 중간 이행과정을 생략하면 뇌에서는 일단 거부반응을 먼저 보이게 되므로 단계적으로 접근하여 수용하기 쉽도록 제시하고, 다양한 경험을 통해 사물이나 현상에 대한 이해가 확장되면 변화에 대한 저항이나 고집은 현저히 줄어들게 된다.

더불어 생각해 볼 것은 아이가 새로운 것이 싫다며 짜증 내고, 소리 지르고, 발길질을 하는 등 분노발작을 했더니 어른들이 놀라서 결국 다시 예전 방식으로 돌아갔고, 한동안 이런 상호교류가 반복되면 그때부터 아이의 뇌는 무엇이든 자신이 싫어하는 것이 있기만 하면 예전보다 더욱 격렬하게 저항하는 방식이 생길 수 있다. 그렇다면 어떻게 접근해야 할까? 아이는 이제까지 자신이 알고 있고 경험했던 방식을 요구한다. 쭉 그래 왔으니까 당연히 그래야 한다고 생각하는 것은 당연하다. 그렇기 때문에 변화가 있으면 저항이 있을 것을 예상해야 한다. 대신 변화의 양이나 내용이 아이가 견디기 쉬워야 하고, 변했는지 또는 변하지 않은 것인지 혼동될 정도로 적은 양에서부터 시작하는 것이 좋다. 그리고 무엇보다 변화를 요구하는 대상자, 즉 엄마가 아이와의 애착형성을 통해 매우 친밀한 상태이면 아이는 훨씬 수월하게 받아들일 수 있다. 변화에 대한 저항을 해결하기 위해, 문제행동을 수정하기 위해 그리고 새로운 것을 아이가 수용하도록 도와주기 위해서는 무엇보다 먼저 친밀한 관계를 형성한 후 시도하는 것이 효과적이다.

7) 타인에게 관심을 보이지 않는 아이는 자폐스펙트럼장애인가요?

자폐스펙트럼장애가 있는 경우 아이가 보내는 신호가 매우 미약하고 양이 절대적으로 부족하여 엄마가 아이에게 즉각적이고 정확한 반응을 해 주는 것이 쉽지 않다. 이러한 악순환으로 인해 애착이 제대로 형성되지 않아 사람에게 관심을 보이지 않고, 이후 조망수용능력이나 사회인지능력 발달까지 지체될 수 있다.

자폐적 특성을 보이는 아이들은 타인에 대해 관심이 없고 사물에 대해 몰두하는 경향이 있어 엄마와의 애착형성이 어렵다. 그러므로 중요한 대상에게 애착행동을 보이지 않는 경우 자폐스펙트럼장애 때문인지 혹은 애착장애가 주 문제인지 확인할 필요가 있다.

"아기 때부터 업기만 하면 난리를 쳐서 업을 수가 없었어요. 그래서 업는 걸 싫어하는 줄 알았는데 마음성장 애착놀이를 한 후로는 오히려 너무 업어 달라고 해서 힘들 지경이에요." 애착형성을 위한 모아놀이를 할 때마다 많은 어머님으로부터 듣는 이야기이다. 그렇다면 아이는 왜 그토록 업는 걸 싫어하며 거부했을까? 어릴 때부터 감각통합장애가 있는 경우 아이는 촉감각 이상과 고유수용감각 및 전정감각의 통합장애로 인해 자신의 몸이 흔들리거나 불안정한 위치가 되었을 때 상상할 수 없을 정도로 극도의 두려움을 느낀다. 그래서 어른들은 아이를 업어 줄 엄두를 못 내고, 조심스럽게 다루면서 아이를 자극하지 않기 위해 노력한다. 업거나 안고 흔들어 주는 몸놀이를 거의 해 보지 않은 아이는 엄마에 대한 인식이 부족하여 엄마를 중요한 대상으로 받아들이는 데 어려움이 있다. 그런데 이제는 업고, 뛰고, 달리다 멈추는 등의 활달한 활동을 해 주었더니 아이가 너무 좋아한다. 생물학적 연령이 만 3, 4세 된 아이의 뇌는 갓난아기 때보다 성숙하여 좌우로 흔들어 주는 자극을 감당할 수 있게 된 것이다. 이제는 두렵기는커녕 뇌를 자극해 주는 매우 즐거운 활동으로 등록한다. 애착형성 놀이를 통해 개발되는 엄마의 민감성과 정서적 유용성은 아이가 보내는 신호를 해석하고 반응하는 것과 매우 밀접한 관계가 있고 모아 간 의사소통에 영향을 미쳐 자폐적 특성을 제거하는 데 유용하다.

8) 잘 울지 않고 눈접촉이 부족한 것은 자폐스펙트럼장애와 관련이 있나요?

일반적으로 아이들은 울음이나 눈접촉으로 부모와 의사소통하려고 한다. 엄마가 사라질까 봐 울고, 낯선 사람이 나타나면 엄마로부터 떨어질까 봐 두려워하며 달라붙는다. 또한 자신을 챙겨 달라고 간절한 눈으로 엄마를 쳐다보고, 엄마가 쳐다보지 않으면 엄마의 턱을 밀고, 뺨을 당기는 등 엄마의 얼굴을 자신 쪽으로 돌리게 하여 눈을 맞추려 한다.

그러나 엄마에 대한 인식이 부족한 경우 잘 울지 않을 뿐 아니라 관심이 없기에 눈접촉도 부족하다. 엄마와 헤어지는 것에 대한 분리불안이 없는 아이는 엄마를 찾으며 울지 않고, 낯선 사람이 접근해도 엄마에게 매달리며 위로를 구하지 않는다. 혼자서 몇 시간 동안이라도 잘 놀고, 심지어 잘 때도 엄마에게 재워 달라고 칭얼대지 않는다. 엄마가 아이를 불렀을 때도 돌아보지 않는다. 소리를 듣지 못해서가 아니라 '저 소리가 나를 부르는 것이니 반응해야겠구나.'라는 대인감정이 생기지 않아서이다. 반면, 좋아하는 TV 광고나 장난감 소리, 과자 봉지를 뜯는 등의 소리는 놀랄 만큼 빨리 알아듣고 찾아온다. 또한 세탁기나 청소기를 돌리는 소리 등 자신이 싫어하는 소리에는 얼굴을 찌푸리면서 귀를 막는 행동을 보인다. 결국, 청신경에는 문제가 없는데도 자신의 이름에 돌아보지 않는 것이다. 청신경에 문제가 있는지 확인하기 위해 이비인후과를 방문하나 청신경 반응에는 문제가 없고, 이름 부르는 것에는 반응하지 않으면서 다른 소리에는 잘 반응한다면 자폐스펙트럼장애와 관련된 면밀한 검사가 필요하다. 일부 집중력이 뛰어난 아이의 경우, 어려서부터 자신이 하는 일에 몰두하느라 주변에서 어떤 일이 벌어지는지 잘 지각하지 못하기도 하나 평소 아이의 행동은 자폐스펙트럼장애에서 보이는 양상과 구별된다.

울음은 언어 발달에 필수적인 발음기관의 운동을 촉진하고, 동시에 자신의 울음소리를 귀로 들음으로써 청각적 발달을 촉진한다. 따라서 잘 울지 않는 것 자체도 언어 발달에 있어 위험 신호이다. 그러므로 잘 울지 않는 아이에게는 우선적으로 사람에 대한 관심이 생기게 하는 것과 동시에 발성기관의 훈련이 선행되어야 한다. 얼굴에 물이 흘러내릴 때 숨 참기, 무거운 물건을 미느라 입을 다물고 배에 힘을 주기, 비눗방울을 불기 위해 코로 바람이 나가는 것을 멈추고 입술을

오므려서 바람을 모아 내보내기, 빨대로 빨기 등의 작업이 그것이다.

9) 대중교통을 이용하지 않고 자가용을 타는 것이 발달을 방해하나요?

외출할 때 아이를 자가용에 태우고 다니면 아이가 잠들어도, 시끄럽게 떠들어도, 울거나 짜증 내도, 대소변 실수를 하더라도 큰 어려움이 없다. 하지만 그만큼 사회에서 경험할 수 있는 자극이 없고, 배워야 할 규칙도 모르게 된다.

그에 비해 대중교통은 여러 종류가 있으며 경험하는 상황도 다양해서 그만큼 많은 것을 습득하는 기회가 되어 인지력 확장에 도움이 된다. 예를 들어, 버스를 타기 위해 줄을 서서 기다리고, 차가 들어오면 순서대로 올라가는 것, 빈자리가 있으면 앉을 수 있지만 그렇지 않으면 서 있어야 한다는 것 등과 같은 사회 규칙을 배울 수 있다. 버스에 올라타면 단말기에 카드를 대야 하고, 내리기 전에 다시 단말기에 카드를 대야 하는 등 일의 순서도 배운다. 몇 번 버스를 타면서 엄마의 행위를 본 아이라면 아이에게 카드를 주어 직접 해 보도록 기회를 줄 수도 있다. 버스를 타고 가다가 목적지에 가까워질 때, 미리 벨을 누르면 버스가 멈추고 문을 열어 주어 내릴 수 있다는 것도 알게 된다. 차를 타고 가다가 보고 싶은 것이 눈에 띄어도 목적지에 도착할 때까지는 내리면 안 되고, 자신이 불편해도 집에서와 같이 떼를 쓴다고 해결되지는 않기 때문에 참아야 하는 것도 배우게 된다. 지하철의 경우에는 초록색 화살표가 있는 곳에 카드를 대고 게이트를 밀고 들어가야 한다는 것, 빨간색으로 X 표시가 있는 곳으로는 나갈 수 없다는 것 등 통용되는 상징적 신호에 대해서도 인지하게 되어 뇌의 전 영역을 고루 사용하게 된다. 또한 지하철을 타는 경험 자체만으로도 뇌에 큰 자극이 된다. 아이들의 뇌는 아직 경험이 매우 적은 상태이므로 지하철의 빠른 속도를 처음 인지할 때 마치 롯데월드의 자이로드롭을 타는 것과 비슷한 속도감각자극이 뇌로 흘러들어 간다. 무엇인지 설명할 수 없는 이런 뇌의 느낌으로 아이는 긴장하며 무서워할 수도 있지만 두 번, 세 번 지하철을 탈 때마다 기존에 등록된 뇌 정보를 업그레이드함으로써 뇌를 성장시킨다. 버스는 지하철만큼 빠른 것은 아니나 많은 사람이 타고 내리는 것을 볼 수 있고, 차창 밖의 풍경을 감상하는 등 뇌세포 연결이 활발해진다.

자폐 양상이 있는 아이를 데리고 대중교통을 이용하는 것은 결코 쉽지 않은 일이다. 아이는 자신이 가고 싶은 대로 가려고 떼쓰거나, 보고 싶은 것에 매달려 가지 않겠다고 할 수도 있고, 대소변 처리를 해결하지 못해 곤란할 수도 있다. 아이를 억지로 데려가려 하면 큰 소리로 울고, 심하면 땅에서 뒹굴어 힘으로 통제하기 어려울 뿐 아니라 자동차가 달리는 곳에 뛰어드는 위험한 상황이 벌어지는 등 진땀을 뺀다. 한두 번 대중교통 이용을 시도했다가도 이러한 어려움 때문에 다시 자가용을 타는 것으로 돌아가는 경우가 많지만, 포기하지 않고 반복하여 가르치고 규칙을 말해 주었던 많은 부모님은 "처음에는 아이와 길을 나설 때마다 가슴이 두근거리고 진땀이 났지만 이제는 아이가 대부분의 규칙을 수용하고, 버스나 지하철 타는 일을 잘 터득해서 아이와 집을 나서는 게 즐거워졌어요."라고 말한다. 게다가 이를 통해 아이가 모든 면에서 일취월장하는 것을 경험할 수 있었다고 증언한다.

10) 아이가 자지 않으려고 해요

건강한 수면은 아이의 두뇌 발달과 성격 형성에 영향을 미치기 때문에 어려서부터 건강한 수면습관을 길러야 한다. 아이들의 수면의 양과 질은 낮 동안 아이의 활동량이나 성향과 관계가 많다. 활동량이 적당하고 주변 환경이 안정되어 있으면 잠을 잘 자지만, 활동량이 지나치게 많으면 오히려 각성되어 잠들기 어렵고, 활동량이 부족한 경우는 자주 늘어져 있어 낮과 밤의 구분이 없어져 수면이 불규칙해진다. 그리고 시끄럽고 자극이 많은 환경에 있으면 흥분된 상태가 되어 잠자리에 들지 않으려 하고, 잠이 들더라도 깊은 잠을 자지 못한다.

좋은 수면 위생을 위한 환경 전략은, 첫째, 침대 위치를 잘 고르는 것이다. 아이의 침대나 이부자리는 바람이 들거나 사람들의 출입이 잦은 창가나 문 쪽에서 떨어진 위치가 좋다.

둘째, 채광과 조명에 신경을 써야 한다. 아이는 잘 때 빛에 민감하게 반응한다. 낮에 잘 때는 두꺼운 커튼으로 빛을 차단하여 채광을 어둡게 하고 밤에는 은은한 조명을 위해 보조등을 준비한다.

셋째, 너무 덥거나 추운 곳, 공기가 건조해서 호흡하기 힘든 곳은 아이의 편안한 잠을 방해한다. 집 안에 온도계를 달아서 자주 체크하고, 습도조절이 가능한

공기 정화기를 사용하여 잠자기 좋은 환경을 만드는 것도 중요하다.

넷째, 우선 주변 환경을 안정시킨다. TV를 끄고 흩어져 있는 장난감을 치워 정돈하는 등 이제는 모든 활동을 중단하고 잠잘 시간이라는 것을 알게 한다.

다섯째, 배가 고파서 밤에 깨지 않도록 충분히 먹이는 것이 필요하지만 수면 중 소변 때문에 깨지 않도록 물이나 우유, 주스, 국물이 있는 음식 등의 섭취는 자제한다. 또한 잠자러 가기 직전 미리 화장실에 데려가 소변을 보도록 하는 것이 아이의 숙면을 돕는다.

여섯째, 잠자는 장소를 일정하게 하여 그 장소에 있는 것만으로도 잠을 자야 하는 것이라는 인식을 갖게 한다. 주의해야 할 것은 잠을 자는 곳에서는 조용한 자장가를 불러 주거나 잠들기 좋게 포근한 목소리로 동화책을 읽어 주는 등 잠드는 것에 도움이 되는 것 외에 다른 활동을 해서는 안 된다는 점이다. 잠자는 곳은 잠만 자는 곳으로 등록시켜 주어야 한다.

일곱째, 잠잘 시간을 미리 알려 주고 준비한다. 어른은 자지 않으면서 아이만 자야 한다고 하면 아이들은 이해하지 못한다. 갑자기 "잠잘 시간이야."라고 말하기보다 미리 "조금 있으면 자야 할 시간이야."라고 말해 주는 습관을 들인다. 집안의 불을 끄고 잘 수 있는 분위기를 만들어 주도록 한다.

여덟째, 아이들에게 잠자리는 무엇보다 편안하고 포근해야 한다. 잠이 들 때 엄마와 떨어지게 된다는 불안감을 강하게 느낄 수 있으므로 자면서 안정감을 느낄 수 있도록 잠들 때까지 옆에 있어 준다.

아홉째, 아이를 억지로 재우려 하지 말아야 한다. 아이의 수면리듬은 간단히 바뀌는 것이 아니므로 억지로 재우려는 것은 바람직하지 않다.

11) 물속에 들어가는 것을 무서워해요

모든 아이가 물을 좋아하고 물놀이에 잘 적응하는 것은 아니다. 물에 들어가는 것을 무서워한다면 물에서 편안함을 느낄 수 있도록 도와주어야 하므로 무엇보다 물에 적응시키기 위한 원칙을 주의 깊게 적용해야 한다. 수영장의 수온은 33~36도쯤으로 하여 체온과 비슷하게 준비한다. 아이를 물에 데리고 들어가기 전, 아이를 안고 수영장 주변을 한두 바퀴 돌며 분위기를 탐색하게 해 준다. 수영장은 물을 첨벙거리는 소리, 웃고 떠드는 소리 등으로 시끄러운 데다 소리가 울리기 때문에 이런 분위기에 먼저 적응이 되어야 한다. 아이가 조금 익숙해지면 바닥에 내려서 손을 잡고 다시 한두 바퀴 돈다. 바닥에 물기가 있어 축축한 것에 대한 적응도 필요하고, 미끄러져 넘어질 위험이 있으므로 필요하다면 양말을 신겨도 좋다. 물속에서는 어른이 아이를 안은 상태로 걸어 다닌다. 어른의 무릎을 살짝 구부려 아이의 다리가 물에 잠기는 경험을 시켜 준다.

아이 무릎 깊이의 유아풀로 이동하여 아이를 내려 서 있도록 한다. 어른의 손을 잡고 걸어 다니다 손을 잡지 않고 혼자 걸어 다닐 수 있을 만큼 연습을 한다. 얼굴에 물이 튀면 순간적으로 호흡이 되지 않아 무서워하므로 작은 물장구부터 큰 물장구로 서서히 적응시킨다. 페트병이나 우유팩 분수를 보여 주고 아이의 손, 발, 팔, 다리 그리고 머리 순으로 분수가 떨어지는 경험을 시키면 도움이 된다. 물놀이를 하다 보면 체온이 떨어지므로 물놀이 시간을 정해 놓아야 한다. 생후 2년 이내의 아기는 한 번에 20~30분 정도가 좋고, 2년 이상의 아이는 한 번에 30~40분 정도가 적당하다. 아이가 물에서 나오고 싶어 하기 전에 끝내야 물놀이에 싫증을 느끼지 않는다.

12) 물건을 물고 빨아요

대개 물건을 물고 빠는 행동은 돌 전후 아이에게서 가장 많이 나타난다. 이 시기의 아이들은 대부분 입으로 물건을 탐색하는 감각운동기이므로 병적인 증상과는 관련이 없다. 어른은 주로 보고 듣는 행위를 통해 감각을 얻는 반면, 아이는 보고 듣는 것과 함께 입을 통해서도 새로운 감각을 경험하고 싶어 하는 것이다. 따라서 손에 잡히거나 처음 보는 물건을 입으로도 가져가 확인하려는 것이므로 혼내거나 억지로 고칠 필요는 없다. 다만 위생상 문제가 있을 수 있으므로 아이가 가지고 노는 장난감을 청결하게 관리해 준다.

돌 이후에도 물건을 입으로 물어뜯거나 빠는 행동을 보이는 것은 아이와 함께 놀아 주는 사람이 거의 없거나 있어도 놀이가 다양하지 않은 경우, 또는 제시되는 장난감이 변화가 없어 심심해서이다. 이를 해결하기 위해 아이의 관심을 끌 만한 놀이를 제시하고 적극적으로 즐거운 관계를 유지하도록 한다.

아이를 돌보는 사람이 자주 바뀌는 것으로 인한 스트레스 때문일 수도 있는데, 이럴 때는 아이가 믿을 수 있는 어른과 함께 지내도록 따뜻하게 보듬어 주고 편안하게 지낼 수 있도록 돌봐 준다.

하지만 주위 사람들에게 관심을 끌고 싶어서라면 관심을 주는 것 때문에 물고 빠는 행동이 더 지속될 수 있으므로 물건을 입에 넣는 아이의 행동을 무시하고 반응해 주지 말아야 한다. 오히려 아이가 행동을 멈추자마자 관심을 준다면 스스로 중지하게 된다.

이미 돌이 지난 지 2~3년이 되었더라도 감각 수준이나 인지능력이 1세 이전인 경우는 물건을 입에 넣는 구강 탐색이 오래 지속된다. 이런 경우는 생물학적 연령보다 발달연령에 준해 다루어 주어야 하고, 억지로 못하게 하기보다 손으로 탐색하는 능력을 키워 주면 자연스럽게 없어진다.

13) 손가락을 자주 빨아요

손가락을 빠는 행동은 임신 28주경부터 나타나고, 일반적으로 생후 18개월에서 21개월 사이에 가장 많으며, 대부분 만 4세에 거의 없어지므로 만 4세까지는 정상으로 간주한다.

손가락을 빨지 못하게 하면 오히려 더욱더 그 행동에 집착할 수 있기 때문에 인내심을 가지고 대처해야 한다. 그렇다고 시도 때도 없이 틈만 생기면 입으로 손이 들어가는 아이를 그냥 두고 보라는 것은 아니다. 손가락을 계속 빨면 피부 자극으로 염증이 생길 수 있고 입안으로 더러운 것이 들어갈 수 있는데다 아래턱이 뒤로 밀리는 등 치아 및 구강 관리에도 좋지 않다.

손가락을 빠는 것은 스스로에게 위안을 주는 효과가 있어 만족감, 안정감 등 심리적 만족감을 느끼게 해 주지만 심한 경우에는 습관성 행동이 되기도 한다. 주로 피곤하거나 졸릴 때, 불쾌할 때 손가락을 빠는 행동이 자주 나타나고, 몸이 아프거나 심리적인 스트레스를 받을 때 더욱 심해진다. 손가락 빠는 행동을 줄이는 방법은 아이에게 손가락을 빨 수 있는 시간과 장소에 제한을 두고 약속한 것을 잘 지켰을 때 칭찬을 해 주거나 장난감이나 간식을 주는 등의 보상 방식이 효과적이다.

또 다른 방법으로 아이가 손가락을 빨 때 좋아하는 비디오를 잠깐 못 보게 한다든지, 장난감을 잠시 동안 만지지 못하게 하는 방법도 있다. 이때 마음의 상처를 받을 수 있으므로 토닥여 주고 달래 주어 사랑받고 있다는 확신을 심어 주어야 한다. 특히 정신적인 부담이나 스트레스가 손가락 빨기의 원인이라면 안정적이고 편안한 가정 분위기를 만들어 주는 것이 중요하다.

14) 거울놀이는 발달에 도움이 되나요?

거울놀이는 정상발달과정의 9개월에 권장되는 놀이로 이 시기가 되면 아이는 자신이 움직이면 거울 속에 비친 인물도 움직인다는 사실을 알게 되고, 그 인물이 바로 자신이라는 것을 아는 순간 뇌의 회로는 빠르게 움직이는 동시에 인지력이 확장된다. 거울놀이는 그만큼 아이의 성장에 도움이 된다.

아이가 거울 보는 것을 인식하고 스스로 놀이를 즐긴다면 문제가 없겠지만 아이에게 거울을 보여 주어도 별로 흥미를 느끼지 않는다면 어떻게 하면 좋을까? 우선 환경부터 준비한다. 집 안에서 아이가 가장 많이 머무는 장소를 찾아 아이의 키높이보다 크고 넓은 전신 거울을 준비하여 한쪽 벽에 붙인다. 아이는 금방 성장하므로 높이와 폭이 넉넉한 것이 좋다. 이러한 환경이 갖추어졌다면 아이의 일상생활, 즉 먹기, 놀기 등의 모든 활동을 거울이 있는 공간에서 한다.

아이 혼자 거울 앞에서 놀이를 하는 것도 도움이 되지만 거울 앞에 있을 때 엄마가 함께 있어 준다면 아이는 거울에 비친 자신과 타인을 더 빨리 인식할 수 있다. 이처럼 거울 앞에서 지내는 시간이 어느 정도 지난 후 본격적으로 거울 앞에서 하는 놀이를 시작한다. 거울 앞에서 모자를 써 보고, 옷을 갈아입고 거울을 통해 자신을 보는 것이다. 거울놀이는 인지와 언어를 증진시키는 매개체로도 훌륭하다. 거울을 함께 바라보며 "○○야(아이 이름), 어디 있어?"라고 묻고 손가락으로 짚거나 가리키기 놀이를 한다. 또한 거울을 통해 아이와 엄마가 눈접촉을 하는 기회가 늘어나 상호작용 형성도 촉진해 준다.

15) 변비가 심해 응급실에 갔어요

배변 훈련은 대소변 가리기를 배우는 것으로 이 시기의 많은 엄마와 아이는 배변 훈련에서 오는 갈등으로 스트레스를 겪는다. 보통 생후 36개월 이전에는 생리적인 반응에 대해 스스로 조절하기 어렵기 때문에 너무 일찍 배변 훈련을 시작하는 것은 권장하지 않는다. 규칙적인 배변 훈련이 중요하며, 방법은 하루 2~3회 식후 10~20분 사이에 5분 정도 변기에 앉도록 한다. 변기에 앉을 때는 양발이 바닥에 닿게 하여 복부에 압력을 줄 수 있도록 돕는다.

변비로 가스 배출이 안 되면 찌르는 듯한 통증을 견디기 어려워져 응급실을 찾게 된다. 평소 변비를 해결하기 위한 방법으로 쪼그려 앉아 변을 보게 한다. 변비는 근육의 미발달로 인하여 발생하는 것으로, 아이들은 배변을 위해 밀어내는 힘이 아직 미숙하다. 이런 경우 아이의 다리를 복부 쪽으로 구부려 배에 압력을 줄 수 있는 자세로 쪼그려 앉아 변을 보게 하면 좌변기보다 변 배출이 용이하다. 복부의 압력으로 밀어내는 원리를 터득하도록 연습시킨다.

성인은 변비가 있으면 어떻게든 변을 보기 위해 스스로 많은 노력을 하지만 아이들은 변을 참기 때문에 변비가 악화되고 만성화된다. 변을 참게 되는 이유는 변이 굵거나 단단해지면서 배변 시에 통증이 심하고 불편하기 때문이다. 변을 참는다는 것은 변의를 느끼는 순간에 정상적인 배변반응을 보이지 않고 외항문괄약근과 대퇴 및 엉덩이 근육을 수의적으로 강하게 수축시켜서 배변반사를 억제한다는 의미이다. 이런 아이는 소리를 지르고 울거나, 양다리를 붙이고 상체를 빳빳하게 세우고 힘을 주면서 얼굴이 벌겋게 되기도 한다. 부모는 아이의 이런 모습을 변을 보기 위해 노력하는 것으로 오인하기도 한다. 배변을 참게 되면 직장에 정체되어 수분이 흡수되면서 점점 더 굳어져 돌덩어리처럼 딱딱해지기 때문에 배변이 더 어렵게 되는 악순환이 되풀이된다. 정체된 변 제거를 위해 경구약, 관장, 좌약을 단독 또는 병행한다. 이런 관장으로도 해결이 안 되면 손가락으로 변을 파내야 하는 경우도 있다. 평소의 식습관으로 수분을 충분히 섭취하도록 하고, 곡식으로 된 시리얼, 야채, 과일 등을 충분히 먹게 하면 도움이 된다.

16) 음식을 삼키지 않고 입에 물고 있어요

음식을 주면 1시간 이상 뱉지도 않고 삼키지도 않고 입에 물고 있다 결국 거의 녹은 상태가 된다. 이런 일이 반복되면 치아 상태 불량으로 치과치료를 하는 등 악순환이 반복될 수 있는데, 아이는 왜 음식을 삼키지 않고 입에 물고 있을까?

아이가 음식을 삼키지 않는 가장 큰 이유는, 음식 자체를 먹고 싶어 하지 않을 때이다. 먹고 싶지는 않지만 엄마가 주니까 그냥 받기도 하고, 엄마가 줄 때 받지 않으면 계속 먹으라고 하여 입에 넣기는 했으나 넘기기는 싫어서 입에 음식을 담고 있는 것이다. 음식을 입에 담고 있으면 치아가 삭고 충치가 생기는 것도 문제이고, 입을 계속 다물고 있느라 말소리를 거의 내지 않는 것도 문제이다. 이럴 때 접근 방법은 입에 음식을 담고 있는 행동 자체를 줄여야 한다는 것이다. 일단 입에 물고 있는 것을 뱉도록 하고 구강을 청결하게 한다. 다음 단계로 먹지 않겠다고 하면 아예 주지 말아야 하고, 먹여야 하는 것이면 어떻게 해서든 삼키도록 한다.

또 다른 이유는 과일이나 물, 부드럽거나 작은 덩어리의 음식은 삼킬 수 있으나 음식이 조금만 크거나 단단해도 음식을 씹어 잘게 부수는 것을 하지 못해 덩어리째 입에 물고 있거나 씹다가 뱉어 내기도 한다. 해부학적으로 음식물이 내려오면 식도 맨 위의 후두개가 밀리면서 통과시키고 다시 닫히게 되는데, 평소 편도선이 자주 붓거나 감기에 자주 걸려 열이 나는 경우 음식을 씹을 때 목 부위에 열이 몰리면서 연하곤란이 생기므로 음식을 씹지 않으려 하고, 큰 덩어리를 삼키지 못한 채 입에 물고 있게 된다. 이처럼 삼킴장애로 인한 연하곤란이 있으면 먼저 후두개의 움직임을 정상적으로 만들어 주는 치료가 필요하다. 이런 치료 없이 아이에게 음식을 물고 있지 마라, 빨리 삼키라고 야단치는 것은 아이로 하여금 음식에 저항감을 갖게 한다. 씹기 근육을 강화시키기 위한 방법은 단계적으로 음식의 크기를 조정하고, 음식의 강도도 점차 증진시키는 것이다.

음식을 잘 먹던 아이가 갑자기 삼키지 않는다면 목이 부어서, 통증으로 삼키지 못하는 것이니 부어 있는 편도를 치료하고, 넘기기 쉬운 음식물 형태로 제공하며 탈수가 오지 않도록 병원에서 조치한다.

17) 자기 얼굴을 때리고 머리를 박기도 해요

아이가 떼를 쓰면 부모는 쩔쩔매게 된다. 아이는 자신이 원하는 것을 얻지 못하면 무조건 바닥에 뒹굴거나 자기 얼굴을 때리는 등 강력한 행동을 보이므로 부모는 두려운 마음에 대부분 아이가 원하는 대로 수용해 주게 된다. 부모가 제지하는 강도를 높여도 소용이 없다. 아이가 저항하는 강도는 더욱 세어져 머리를 박는 등 위험하게 느껴질 정도이기 때문이다.

아이는 부모에게 떼를 쓰면 자신이 원하는 것을 다 들어준다고 믿고 있고, 게다가 믿는 대로 되어야 한다고 생각한다. 믿는 대로 되지 않으면 나중에는 얻고자 하는 것에 상관없이 부모가 해 주지 않은 것 때문에 더 분하고 화가 난다.

부모는 분명 안 된다고 제지했다가도 아이가 엄청난 떼를 쓰면 할 수 없이 해 주게 되는 경우가 많은데, 아이는 이것을 어떻게 해석하고 받아들일까? 아이는 이것을 안 된다고 받아들이는 것이 아니라 '아하, 적어도 이만큼 떼를 써야 얻을 수 있구나~.'라고 이해하게 된다. 결국 더 떼를 쓰는 강도가 세어질 수밖에 없다. 부모도 처음부터 해 주는 것이 아니라 안 된다는 단호한 태도를 더 강하게 보이지만 결국은 아이의 반응에 물러서게 되는 악순환이 계속되며 이것이 오히려 아이의 행동을 더 강화시킨다.

이러한 행동 문제는 가능하면 빨리 관리해야 한다. 아이로 하여금 자신이 원하는 것을 표현하고 요구하는 것은 괜찮지만, 때리고 부수는 등의 위험한 방식으로는 아무것도 얻을 수 없다는 것을 인식시켜야 한다. 그러므로 평소 아이와 지킬 수 있는 약속만 하고, 안 된다고 한 것은 끝까지 허용해 주지 않는 것이 효과적이다. 아이가 원하는 대로 해 줄 거면 아이가 떼를 쓰기 전에 해 주는 것이 더 효율적이다. 아이가 말귀를 알아들을 수 있는 시기가 되면 설명해 주고 설득하는 것도 필요하지만 아직 말귀를 알아듣지 못하는 경우라면 이 원칙은 더욱 중요하다.

18) 불러도 돌아보지 않아요

청력에 이상이 없는데도 이름을 불렀을 때 아이가 돌아보지 않는 몇 가지 경우를 생각해 볼 수 있다.

아예 반응을 하지 않는 아이는 '나를 부르는 것'이라는 인식이 없어서일 수 있고, 누군가가 부르면 반응해야 한다는 상호성을 터득하지 못해서일 수도 있다. 불렀을 때 돌아보던 아이가 돌아보는 빈도가 줄어든 경우는 어른이 지나치게 많이 불러서일 수 있다.

아이 이름을 불렀을 때 반응하는 것을 늘리고 싶다면 반드시 부른 이유를 준비한 후 불러야 한다. 불러서 돌아보니 자신이 제일 좋아하는 장난감이 있거나 좋아하는 간식이 있는 등 아이가 돌아보았을 때 자신이 좋아하는 것을 얻을 수 있는 경험이 많을수록 부르는 것에 대한 반응이 빨라진다.

효과적으로 상호작용을 증진시키기 위해서는 아이 혼자 놀게 하지 말아야 한다. 혼자 잘 논다고 그대로 두면 아이의 반응 빈도가 현저히 줄어든다. 친구들과 자주 어울리게 해 주고 엄마가 옆에서 함께 놀아 주어 아이에 대한 반응이 많아질수록 아이의 상호성도 증가한다.

19) 아이와 놀아 주는 게 너무 어려워요

부모는 아이와 놀이할 때 아이가 원하는 대로 해 줘야 하는지, 아이의 행동을 통제해야 하는지, 어떤 놀이가 좋은지, 언제 놀이를 끝내야 하는지 등에 대해 알기를 원한다.

아이와 놀이 중 자연스럽게 아이의 주도성을 길러 주어야 하는데, 가장 좋은 방법은 아이의 놀이를 자유롭게 허용해 주는 것이다. "이렇게 해야지, 그렇게 하면 안 돼." 등과 같은 일방적인 지시는 아이의 주도성을 해치고 수동적인 아이로 만들 수 있으므로 자제해야 한다.

아이가 놀이를 잘 수행했을 때 즉시 칭찬을 해 주면 아이는 자신의 행동에 자신감을 갖게 된다. 놀이 도중 아이가 잘못 수행한 것처럼 보여도 제지하거나 야단을 치기보다 아이 스스로 끝낼 때까지 기다려야 한다. 아이는 놀이를 통해 창의성을 키우고 실패와 성공을 경험하기 때문이다. 아이가 떼쓰는 것을 달래기 위해, 혹은 신경 쓰기 힘든 경우에 장난감을 주는 것은 오히려 나쁜 버릇을 키울 수 있다. 장난감을 주는 부모의 의도는 순수해야 하기 때문에 장난감을 줄 때는 조건을 달지 않는 것이 좋다.

아이가 싫증 내는 장난감은 보이지 않게 치워 두었다가 잊을 만할 때 다시 내어 주어 새로운 관심을 갖도록 해 주거나 장난감의 기능을 새로운 용도로 확장하여 제시할 수도 있다. 예를 들어, 예전에는 자동차를 단순히 밀어 보내고 당기는 놀이를 했다면 이제는 인형을 태우거나 깃발을 꽂는 등 역할놀이로 전환하여 이야기를 만드는 것이다.

20) 자폐스펙트럼장애 어떻게 대처해야 하나요?

아이의 문제를 확인하기 위해 치료실을 방문하면 대부분 조기교육을 해야 한다는 말을 듣게 된다. 여기서 조기교육을 해야 한다는 의미는 지금까지의 자녀 양육 방식을 점검하여 수정해야 할 부분을 찾고, 현재 아이의 발달수준을 고려하여 추가로 적합한 교육을 적극적으로 투입하라는 의미이다.

그러나 막상 치료 · 교육을 시작하려고 할 때 걸림돌이 너무 많다. 발달장애 진단이나 검사를 받는 데 걸리는 기간이 너무 길고 비용 또한 만만치 않으며 국가적 교육체계의 한계로 수개월씩 대기하거나 개인이 운영하는 센터를 방문해야 한다. 게다가 치료 및 교육 기관 대부분이 수도권 중심으로 분포되어 있으며, 각종 치료가 난무하고 교육비 부담이 엄청난 것에 비해 검증된 치료자는 부족하다. 내 아이의 장애 진단으로 부모의 마음 또한 지옥과 같은 상태이다. 공공 교육기관에 들어가기 위해서는 장애 등급을 받아야 한다는 전문가의 권유에 어린 자녀에게 장애가 있다는 것을 확증하는 장애등급을 받을 수 없다고 생각한다. 맞벌이 부부이기에 어쩔 수 없이 아이를 다른 사람의 손에 맡겼던 죄책감이 크기에 무조건 직장을 그만두고 아이 교육에만 전념하지만 기대만큼 회복이 되지 않을 때는 좌절감과 우울감이 덮쳐 오기도 한다. 게다가 외벌이로 수입은 줄어들었는데 과중한 치료비 부담으로 점점 사기가 떨어진다. 어린 자녀를 둔 부모는 말 그대로 총체적 위기에 놓이게 되는 것이다.

조금이라도 어릴 때 많은 치료를 동시에 제공해 주면 발달장애를 극복할 수 있다고 믿고, 과중한 치료비를 지불하며 많은 프로그램을 시작하는 것은 그리 바람직하지 않은 결정이다. 아이가 어릴수록 기초를 다지는 데 시간이 걸리므로 한꺼번에 많은 자극을 준다고 발달속도가 당겨지는 것은 아니며, 오히려 아직 받아들일 준비도 되지 않은 상태에서의 지나친 자극은 아이를 더욱 위축시킬 수 있다. 그리고 이 시기에 너무 많은 비용을 지출하면 아이가 정작 발달확장기에 진입하여 다양한 교육을 투입해 주어야 하는 시기가 되었을 때 경제적 여건이 허락되지 않을 수 있다.

결론적으로 아이가 어릴수록 부모가 해 줘야 할 것이 많고 성장하면서 전문가 지원이 더 필요하다는 것을 고려한 총체적이며 체계적인 계획 수립이 필요하다.

통합유아발달놀이 개요

제 5 장 통합유아발달놀이 개요

1. 놀이 목표 설정
2. 놀이의 구조화

아이의 치료 · 교육을 위한 첫걸음은 될 수 있는 한 빨리 발견하여 조기치료를 시작하는 것이다. 유아의 뇌세포 탄력성(neural plasticity), 즉 신경세포가 서로 연결되는 방식을 변화시키는 능력은 적기에 적절한 자극의 지속적 투입으로 향상되므로, 양육자는 아이의 발달수준에 따른 맞춤 접근을 시도한다. 발달 전반에 걸친 문제를 가지고 있다면 영역별로 발달수준을 평가하되 교육은 통합적으로 접근해야 한다. 발달단계에 따라 차근차근 밟아 올라가는 것이 너무 시간이 걸리고 느리지만 뇌신경 네트워크 배선이 준비되면 연계된 영역들의 발달을 부추기며 속도가 빨라진다. 성급한 마음에 다지고 넘어가야 할 단계를 간과하면 오히려 발달이 엉키며 지지부진해질 수 있다. 그러므로 어떤 특정한 문제점만을 다루거나 특정한 방법에 의한다기보다 발달 전반에 걸쳐서 다각적이고, 다양한 접근 방법을 적용하는 것이 좋다. 예를 들어, 편식이나 행동 문제 등에만 집중하기보다 이것이 전체 발달에 미치는 영향, 이를 해결하기 위해 먼저 다루어 주어야 할 것이 무엇인지 등을 파악하는 것이다. 또한 감각통합치료, 인지나 언어 치료, 음악이나 미술 치료 등 다양한 접근 중 아이에게 긍정적이고 효과적인 접근을 찾아야 한다. 의학적인 접근과 함께 무엇보다 부모 자신이 개입하여 일상생활 중에도 지속적으로 계획되고 실행할 수 있어야 한다. 부모는 전문가들로부터 다양한 접근 방식에 대한 설명을 수십 번 들어도 직접 아이들을 데리고 시작하려 하면 무엇부터 해야 할지 막막하다. 그러나 부모는 누구보다 자신의 아이에 대해 잘 알고 있고, 어떤 치료자보다 열정적이고 헌신적이며, 가능한 모든 시간을 투자할 뿐만 아니라 항상 아이에게 접근 가능하다는 장점이 있다. 부모는 아이에게 제공하는 교육 내용을 지도받아 가정에서도 일관성 있게 수행하도록 이끄는 전문가가 되어야 한다.

이러한 취지를 바탕으로 만든 놀이가 바로 통합유아발달놀이이다. '아이가 무엇을 힘들어 할까?' '어떻게 접근해야 호기심을 갖고 스스로 문을 열고 한 발 나가고 싶게 만들 수 있을까?' '아이와 부모가 함께 즐기며 놀이에 참여하게 할 효율적인 방법은 무엇일까?' '아이의 자폐적 양상을 해결하려면 단계적으로 어떻게 제시하는 것이 좋을까?'라는 생각으로 통합유아발달놀이를 구상하였다.

통합유아발달놀이의 내용과 구성은 정상발달과정을 고려하여 순차적으로 구성하였다. 상호작용의 기초가 되는 마음성장 애착놀이를 집중적으로 시행한 후 뇌성장 몸놀이를 진행한다.

옷을 입을 때 가장 중요한 것은 첫 단추를 잘 끼워야 한다는 것이다. 그래야 다음 단추도 순리대로 끼울 수 있다. 아이의 발달도 마찬가지이다. 발달은 순서대로 일어나고 계단식으로 이루어지므로 앞서 발달한 능력을 기반으로 다음 단계의 발달이 가능하다. 현재 아이에게 있어 첫 단추가 무엇인지 발달 영역별로 평가하여 순서대로 채우고 세상을 향해 출발한다.

1. 놀이 목표 설정

통합유아발달놀이 목표의 우선순위는 아이의 발달수준을 향상시키기 위해 어떤 접근법을 적용할 것인가이다. 현재 아이가 가지고 있는 발달능력의 결함을 생물학적 연령 수준, 즉 또래 일반 아이의 발달능력 수준으로 올리려는 발달단계에 근거한 접근과 현재 아이의 생활에서 우선적으로 필요한 운동기능, 정서적 교감, 애착, 사회인지, 사회성, 언어 이해 및 의사소통 기술, 표현 언어를 가르치려는 기능적 접근을 적용한다. 마음성장 애착놀이는 아이가 실생활에서 타인과 관계를 맺고 정서적 교류를 경험하며 의사소통 및 사회적 관계를 하는 데 우선적으로 필요한 기술들을 먼저 습득하도록 구성하였다. 뇌성장 몸놀이는 뇌 회로 배선을 풍부하게 깔기 위한 접근으로 선행 단계가 습득되어야 더 높은 단계의 행동들을 배울 수 있다는 발달에 근거한 접근법을 적용한다. 자폐스펙트럼장애 아이의 경우 발달순서대로 훈련을 하다 보면 기능적인 기술에 도달하기 어려운 경우도 있으므로 일상생활에서 꼭 필요한 기술들을 먼저 적용하는 것이 효과적이다.

다음으로 치료목표가 달성되었는지의 준거를 어디에 둘 것인가이다. 여기에는 수직적 목표달성 전략(vertical goal attack strategy), 수평적 목표달성 전략(horizontal goal attack strategy), 주기적 목표달성 전략(cyclical goal attack strategy)이 있다. 수직적 목표달성 전략은 발달단계에 따라 한 목표가 달성되면 다음 단계의 목표를 설정하여 치료 및 교육하는 전략으로 통합유아발달놀이의 목표달성 기준은 가정에서 3회 이상 목표행동을 보이는 것으로 한다. 수평적 목표달성 전략은 한 회기 동안 두 가지 이상의 목표를 계획하여 시행하는 것으로, 예를 들어 엄마와의 애착 초기 단계에 있어 분리가 어려운 아이가 유치원을 다닐 경우 통합유아발달놀이에서의 밀접한 관계경험과 유치원을 통한 분리경험을 동시에 진행하는 것이다. 이 전략은 치료 및 교육 기간을 단축시키는 효과가 있지만 많은 아이에게 혼란을 가중시키므로 주의가 필요하다. 주기적 목표달성 전략은 목표를 바꾸는 기준을 아이의 반응에 두기보다 훈련 기간에 두는 것으로 여러 가지 목표행동을 순서대로 돌려 가며 반복시키는 것이다.

수직적 목표달성 전략은 한 단계 행동을 종료하고 다음 단계의 훈련을 하는 동안 이전 목표행동을 잊어버리거나 활용하지 못하는 단점이 있는 반면, 주기적 목표달성 전략은 짧은 기간 동안 많은 목표행동을 경험하게 되어 처음엔 느리게 습득하는 것처럼 보여도 점점 속도가 빨라져 더 많은 효과를 보기도 한다. 하지만 초기에 혼란스럽고 어렵게 느껴져 쉽게 짜증을 내고 좌절할 수도 있다. 영역별 교육은 일 단위, 주 단위로 수직적 목표달성 전략을 적용하고, 여러 영역의 발달을 총체적으로 평가할 때는 주기적 목표달성 전략으로 접근하는 것이 효율적이다.

2. 놀이의 구조화

놀이활동을 이끌어 가는 방법에는 치료자중심 접근법과 아동중심 접근법, 절충법이 있다. 치료자중심 접근법은 치료자가 목표를 설정하고 이를 달성하기 위해 환경 구성 및 도구, 강화물 등을 모두 치료자가 정하여 아이에게 적용하는 것으로 낭비하는 시간이 적어 효율적이다. 그러나 아이의 입장에서는 매우 침해적인 접근이어서 아이의 능동적 참여를 최소화시키므로 실생활에서 일반화하기 어렵다. 아동중심 접근법은 자연스러운 상황에서 아이의 흥미나 주도권을 따라가다가 학습의 기회가 주어질 때 개입하는 것이다. 학습이 되면 일반화가 잘되는 장점이 있지만 새로운 목표행동을 습득시키는 데 시간이 많이 걸리고 문제행동이 나타날 때 개입하기 어려운 단점이 있다. 이러한 두 접근법의 장단점을 고려하여 절충한 접근이 바로 절충법이다. 이것은 치료자가 설정한 목표를 달성하기 위해 초기에는 아동 주도적 접근으로, 관계 형성 후 과제 교육이 필요할 때는 치료자 접근으로 이끌어 가고, 아동이 과제를 익히게 되면 아동 주도적 접근을 허용해 주는 방식이다. 일차적으로 마음성장 애착놀이를 보여 주고 아이의 흥미를

유발하여 자발적으로 참여하게 한다. 처음에는 아이가 쉽게 받아들일 수 있도록 접근하고 점차 조금씩 어려운 단계로 이행한다. 아이가 보내는 신호에 대한 반응성을 증가시키고 놀이 상황에서 즐거운 상호작용 경험을 가질 수 있도록 마음성장 애착놀이를 선행하였다면, 이어서 신체접촉과 감각자극을 강조하는 뇌성장 몸놀이 프로그램을 적용한 절충적 접근법을 적용한 것이 바로 통합유아발달놀이이다. 가정에서의 활동 내용을 제공해 아이에게 필요한 마음성장 애착놀이, 뇌성장 몸놀이를 하는 것이다. 매일 아침 부모는 오늘 아이와 함께할 놀이를 정하고 어떤 놀이인지 알려 주는 그림 붙이기, 화이트보드에 쓰기, 종이에 써서 붙여 놓기 등 편한 방법을 택한다. 정해진 놀이를 하루 최소 세 번, 매회 5~10분 정도 시행하되 아이와 부모의 컨디션에 따라 조정한다. 이러한 치료구조화를 통해 얻고자 하는 것은, 부모의 민감성 증진과 상호작용 능력 확장, 부모와 아이 간의 애착증진 그리고 아이의 뇌성장이다.

아이와 놀아 주려면 먼저 아이의 주의를 끌어 눈맞춤을 한다. 언어자극과 함께 신체언어를 보여 주고(예: "세수하자."라는 말과 함께 두 손으로 세수하는 시늉을 보여 주는 것), 한 번 지시사항을 말한 것으로 끝내기보다 "지금 뭐 하자고 했지?"라고 질문하여 아이로 하여금 스스로 상기하여 기억하도록 자극해 주는 것이 좋다. 아이가 어른의 지시대로 수행하기 시작하면 "좋아, 잘했어." 등의 언어적 칭찬뿐 아니라 머리를 쓰다듬거나 어깨를 두드리는 등의 긍정적 신체 신호를 함께 제공한다. 언어지도를 할 때 유념할 것은 아이로 하여금 상대방이 말할 때 쳐다보며 주의 깊게 다 듣고 난 후 반응하도록 훈련시키는 것이다. 가능하면 아이가 흥미로울 만한 시각적 단서를 많이 동원하여 이해를 높인다. 어떤 경우이든 지나치게 반복해서 지시하지 말아야 한다. 어른이 같은 지시를 반복해서 요구하는 경우 오히려 주의를 기울이지 않는 습관이 생길 수 있으니 조심한다.

제시한 놀이에 대해 아이는 좋아할 수도 있고, 싫어할 수도 있기 때문에 어떤 놀이가 더 좋다고 말할 수는 없다. 그러나 놀이 시작 전 점검해야 하는 것은 놀이를 권하는 어른과 아이와의 관계이다. 애착상태가 어떠한지, 상호관계가 평등한지, 누가 주도권을 더 많이 가지고 있는지와 같은 관계로 이를 세밀하게 점검해야 하고, 그다음은 아이의 발달상태에 맞는 놀이를 선정했는지, 두 사람의 신체적

컨디션은 어떠한지 등도 중요하다. 몸 상태가 좋지 않을 때 놀이를 하자고 하거나 억지로 해야 한다고 하면 오히려 관계를 망칠 수 있다는 것을 명심한다.

놀이를 제시하고 아이의 반응부터 살피자. 놀이에 대한 아이의 수용 정도를 확인한다. 아이가 환호하며 좋아하는 적극적 수용인지, 차분한 수용인지, 소극적 수용인지를 먼저 확인한다. 그다음으로 놀이에 대한 아이의 거절 정도를 검토한다. 다소 두려워하며 소극적 거절을 하는지, 매우 두려워하는 적극적 거절인지, 놀이가 두려워서가 아니라 반항적 태도의 거친 저항을 하는지를 살펴야 한다. 아이가 보이는 반응에 따라 부모의 대처는 달라야 한다.

Key point ! **놀이에 대한 아이의 수용 정도**

- **적극적 수용:** 놀이의 시범을 보여 준 후 아이가 주도권을 가지고 진행해도 좋다. 그러나 아이가 지나치게 흥분하고, 정서적 통제가 과잉이 될 때는 어른이 개입하여 침착하게 행동하도록 조절해 주는 것이 필요하다.
- **차분한 수용:** 놀이의 시범을 보여 주고 아이가 참여하기 시작하면 어른이 아이의 기분을 약간 올려 줄 필요가 있다. 아이가 놀이를 완전히 파악하고 자신감을 가지게 되면 놀이 주도권을 아이가 갖도록 권유한다.
- **소극적 수용:** 놀이의 시범을 보여 주고 아이가 약간 긴장된 표정을 지으면 손뼉을 쳐 주며 칭찬해 준다. 놀이 중 균형을 잡아야 할 때 손을 잡아 주어 도와주고, 속도가 빠른 경우 속도를 줄여 주어 아이가 더 두려움을 느끼지 않도록 최대한 조심한다. 점차 놀이의 강도를 올려 아이 스스로 적응하도록 돕는다.
- **다소 두려워하며 소극적 거절:** 놀이의 시범을 보여 주고 해 보겠느냐고 권한다. 자신 없는 표정으로 거절하면 이를 허용해 주고 엄마가 다른 형제나 혹은 인형을 데리고 시범 보여 주며 설득한다. 같은 과정을 몇 번 더 반복하여 보여 주고 다시 아이에게 놀이를 권한다. 어른이 90% 도와주고 아이가 10% 참여하는 식으로 시작하여 서서히 아이의 참여를 늘린다.
- **매우 두려워하며 적극적 거절:** 새로운 상황에서 위축되거나 화들짝 놀라며 무조건 거절하는 아이에게는 새로운 경험을 서서히 제시하는 것이 좋다. 하지만 중요한 것은 적극적으로 거절한다고 해서 그대로 넘어가서는 안 된다는 것이다. 현재 제시한 놀이를 하지 않겠다고 해서 놀이를 끝내는 것이 아니라 놀이의 원리는 비슷하나 훨씬 쉬운 놀이로 바꾸어 한동안 경험시켜 주고 나중에 다시 시도

해 보는 것으로 조정한다. 아이에게 결국은 해야 한다는 것을 인식시킬 필요도 있다.

■ **반항적 태도의 거친 저항**: 어른이 시범을 보이고 설득하는 것만으로는 도저히 받아들이지 못하고 자학적 행동을 하거나, 타인을 공격하거나, 물건을 파괴하는 등 거칠게 저항하는 아이가 있다. 무엇이든 자기가 하고 싶은 대로 하겠다고 혹은 무엇이든 싫다고 하며 떼를 쓰는 경향이 있는 아이라면 너무 오랫동안 설득하고 기다려 주기보다 어른이 단호한 태도를 보이는 것도 필요하다. 모든 주도권을 아이에게 주기에는 아이가 배워야 할 것이 아직 많기 때문이다. 이럴 때는 일정 시간 동안 설득하고 기다린 후 알람을 설치해 놓고 "지금은 잠시 쉬어라. 그러나 자명종 소리가 나면 바로 놀이를 해야 한다."라고 말한다. 아이의 떼쓰거나 울기, 뒹굴기 등의 행동에 반응하지 않고 일관되게 무시하면 이 행동은 빠른 속도로 줄어든다.

아이가 소리 지르고, 울고, 떼를 쓰며 싫어하더라도 "놀이를 해야 해."라고 말하며 아이의 신체를 통제하고 재빠르게 놀이를 수행시킨 후 얼른 "끝~"이라고 말해 준다. 어른이 아이의 신체를 제어하려 했으나 아이가 보이는 거친 저항에 밀려 속수무책으로 진행하지 못하면 이후 아이의 저항 강도는 훨씬 더 강해질 수 있다. 역으로 아이가 강하게 저항하는데도 어른의 통제를 당할 수 없다고 느끼게 만들면 이후부터 저항은 현저히 줄어든다. 다만 어른의 통제를 짧은 시간 내에 종료하여 아이가 좌절하고 우울해지지 않도록 한다.

놀이를 제공할 때 아이에게 보내는 중요한 의사소통은 '어른이 하자고 하는 것은 안전한 거야.' '어른이 도와줄 거야.'라는 것으로 통합유아발달놀이의 목표는 아이의 발달이 정상 궤도로 진입하도록 돕는 것이다.

제 6 장 통합유아발달놀이 구성

1. 마음성장 애착놀이
2. 뇌성장 몸놀이

통합유아발달놀이는 마음성장 애착놀이와 뇌성장 몸놀이라는 2개의 프로그램으로 구성된 복합놀이이다.

마음성장 애착놀이는 엄마와 아이 간의 질적 애착을 증진시킴으로써 자기인식을 증진시키는 것은 물론 엄마와 안정된 애착을 형성하도록 이끌어 주고 인지 및 언어 발달과 함께 사회적 참조, 공동주시, 조망수용과 같은 사회인지능력을 획득하도록 도와준다. 마음성장 애착놀이는 Bowlby가 제시한 애착형성과정을 밟는 데 필요한 최적의 놀이 레퍼토리를 제공해 준다. 뇌성장 몸놀이는 아이의 뇌회로를 최대한 자극해 주기 위해 개발된 것이다. 아이의 촉감각, 고유수용감각, 전정감각과 같은 기본 감각을 자극해 주는 놀이 레퍼토리를 통해 뇌 회로 배선을 풍부하게 깔아 주고자 한다. 가정에서 엄마가 아이와 함께 실제 몸놀이를 통해 상호교류하면 뇌기능 발달을 가져오게 되고, 아이는 엄마를 장난감보다 더 재미있고 즐거운 대상으로 인식하여 안정된 애착을 형성하게 된다. 엄마 역시 아이의 행동 단서를 빨리 알아차리는 민감성을 기르게 되어 양육 자신감을 갖게 된다. 신체적 놀이와 접촉, 노래 등의 활동을 통해 자연스러운 감정 발산이 이루어지도록 한다. 부모가 함께 놀이에 참여하여 안아 주고, 말을 걸어 주고, 흔들어 주고, 노래를 불러 주고, 책을 읽어 주는 등 엄마와의 놀이를 통해 아이는 세상을 배우고 성장 발달의 기초를 다진다. 또한 흥미 있고 안전한 환경 제공으로 아이 역시 세상에 대해 자신감을 갖는다.

요약하자면, 통합유아발달놀이는 아이의 발달자극을 위해 개발된 구조화된 프로그램으로, 목표달성을 위해서는 짧게는 6개월에서 길게는 1~2년이 걸린다. 통합유아발달놀이는 부모에게 신뢰를 느끼고 상호성을 형성해 주는 마음성장 애착놀이와 아이의 뇌 능력을 개발해 주는 뇌성장 몸놀이를 벽돌을 쌓아 올리듯 단계적으로 실시하는 기법이다. 통합유아발달놀이의 장점은 아이의 생물학적 연령뿐 아니라 발달수준을 고려하여 단계별로 적용하도록 구성하였기 때문에 아이의 늦어진 발달영역을 채울 수 있다는 것이다. 무엇보다 특별한 점은 부모가 함께 참여하여 주도적으로 개입함에 따라 아이 양육에 대한 자신감을 획득하고, 경험한 각 단계의 프로그램을 가정에서도 적용할 수 있다는 것이다.

1. 마음성장 애착놀이

1) 마음성장 애착놀이 개발 배경

영아들은 태어나면서 자신을 돌봐 주는 사람에게 사랑을 느끼도록 프로그래밍되어 있다. 엄마 목소리는 신경세포를 거쳐 뇌의 청각피질에 신경회로를 형성할 뿐 아니라 엄마와의 밀접한 상호작용을 통해 정서, 인지, 언어와 사회성을 비롯한 다방면의 모든 기초 공사가 일어나므로 생후 3년 동안의 경험은 아이의 성격, 인지, 재능 등 일생에 영향을 미친다. 영아는 엄마로부터 느끼는 안정적 애착을 스펀지처럼 빨아들여 신뢰감, 긍정적 자아, 자긍심, 자발적 동기 등을 만들어 간다. 그러므로 엄마가 사랑스러운 눈길과 손길로 아이를 대하는 것은 아이 성장의 디딤돌을 만들어 주는 것이다. 어린 시절 엄마의 안정된 양육 제공, 즉 질적으로 우수한 엄마의 접촉은 스트레스로 인한 손상으로부터 뇌를 보호해 주고, 아이의 뇌신경 형성력, 감정조절 그리고 애착까지 증진시켜 준다.

영아는 애착대상과의 긍정적 접촉을 통해 애착을 형성하고 자신에 대한 느낌과 가까운 관계에 있는 주 양육자에 대한 기대를 형성한다. 영아기 애착의 질은 사회적 관계에 대한 가치를 형성하고, 타인을 신뢰하며, 자신을 관심과 애정을 받을 만한 가치 있는 존재로 인식하고, 친밀한 사람에 대해 긍정적인 기대를 갖게 한다. 애착은 양육자에 의해 세대 간 전이가 될 수 있으며, 양육자가 영아의 심리상태를 알고 적절한 반응을 해 주면 영아는 안정 애착을 형성하고 타인의 마음을 이해하게 된다. 생후 1년까지 영아가 보이는 엄마에 대한 사회적 참조 빈도는 엄마와 영아의 애착관계와 관련이 있다. 안정 애착을 형성한 영아는 회피 애착을 형성한 영아에 비해 사회적 참조행동이 더 많고, 불안정 애착 영아보다 유아기 때 사회적 상호작용 기술을 많이 사용한다.

아이에게 애착을 형성하는 것이 얼마나 중요할까? 이는 자동차가 힘차게 달리기 위해 기름을 가득 주유해 주는 것과 같은 이치이다. 아무리 좋은 자동차라도 기름이 없으면 굴러갈 수 없는 것처럼 아이들에게는 애착이라는 에너지이저가 없으면 효율적으로 성장하지 못하거나 충분히 자신의 능력을 발휘할 수 없으므로 애착은 아이의 성장에서 가장 중요한 발달 동력이다. 애착이 증진되기 위해서는 엄마와 아이가 함께 마음성장 애착놀이를 통해 상호간 활발한 교류가 일어나야 한다. 엄마가 단지 같은 공간 안에 함께 있는 것을 마음성장 애착놀이라고 말할 수 없다. 아이는 엄마를 장난감보다 더 재미있는 대상으로 인식함으로써 안정애착이 형성되며, 엄마는 아이의 욕구를 빨리 알아차리는 민감성을 기르고 아이의 요구에 대한 즉각적인 반응성을 증진시킴으로써 엄마 역할에 자신감을 갖게 된다.

2) 마음성장 애착놀이 요소

주요 놀이 수단은 엄마가 아이를 껴안고 토닥여 주는 등 밀접한 신체접촉을 해주는 것이다. 이러한 활동은 아이를 성장시키는 중요한 호르몬을 분비하도록 대뇌를 자극해 주게 되고, 음악에 일찍 노출되어 대뇌신경회로의 재배선을 도와준다. 체계적으로 구조화된 마음성장 애착놀이를 제공해 주는 것은 아이의 신체지각 및 뇌를 최대한 자극해 주는 것은 물론이고 감각자극을 통해 엄마를 인식하도록 돕는다. 엄마와의 밀접한 신체접촉은 기본 감각자극 투입과 지각능력을 향상시키고 질적인 애착형성을 가져온다.

마음성장 애착놀이를 통한 애착형성의 첫 번째 원리는 아이들의 신체 및 뇌 성장에 필수적인 '신체접촉'이라는 영양소를 제공해 주는 것이다. 만져 주고, 안아주고, 업어 주고, 함께 뒹구는 신체접촉은 실제 신체 발달을 증진시키고 면역체계도 건강해질 뿐 아니라 무엇보다 자신을 돌보는 사람에 대한 인식을 증진시킨다. 이후 자신의 양육자를 타인과 뚜렷하게 구별함으로써 생후 6개월에 분리불안 반응 및 낯갈이를 생기게 한다. 특히 애정 어린 질적 신체접촉은 영아의 스트레스와 정서적 고통을 감소시키며, 애착형성에 중요한 역할을 한다. 엄마와의 신체접촉은 어린 영아가 세상을 느끼고 이해할 수 있게 해 주는 1차적인 도구이며 향후 인지 및 언어, 사회성 발달의 기초 공사이다. 외부 세계와 관계를 맺어 가는 영유아기에 양육자와 감정적으로 친밀한 관계를 형성하면 새로운 세계에 대한 아이의 적응력이 좋아지고 지각 및 인지 발달을 이끌어 주는 효과도 있다. 또한 신체접촉의 첫 관문인 피부는 '노출된 뇌'와 같으며, 마음으로 통하는 통로이므로 다양한 촉감각, 뇌와 마음, 신체의 감각을 제대로 키우는 데 매우 유용하다.

두 번째 원리는 눈접촉을 증가시키는 것이다. 아이가 자신의 감각자극에 몰입해 있고 주변에서 일어나는 자극에 반응할 준비가 되어 있지 않을 때는 눈접촉이 적다. 다시 말해, 주변에서 제공해 주는 자극이 아이가 좋아하여 찾는 감각, 추구하는 감각보다 약한 자극이기 때문에 쳐다보지 않는 것이다. 그렇다면 자기 자극에 몰두해 있던 아이라도 도저히 무시할 수 없는 그런 자극이 무엇일까? 바로 엄마와의 신체접촉놀이로 아이는 놀이를 제공해 주는 엄마를 인식하게 되고, 쳐다보는 행동이 늘어나게 된다. 아이의 눈접촉을 증진시킬 수 있는 구체적인 방식은 아이가 원하는 것을 얻기 위해 자신의 의지를 보일 때마다 즉시, 충분히 반응해 주는 것이다. 이때 아이에게 "엄마/아빠 쳐다봐야지." 혹은 "쳐다봐야 해 줄 거야."라는 식의 지시적 요청을 하지 않는 것이 좋다. 아이가 의사를 표현하기만 하면 즉시 해결해 주고 도와주는 것이 1순위 접근 방법이다. 그렇게 되면 아이가 어른을 찾기 시작하고, 붙어 있으려 하는 밀월기가 온다. 밀월기가 오는 시기는 아이마다 다르다. 아이의 요구에 철저히 일관성 있게 즉시 반응해 주면 비교적 빨리 밀월기가 오지만 들쑥날쑥 반응했다면 거의 성과가 없거나 매우 늦게 온다. 정상발달과정에서는 엄마와 영아와의 밀월기가 일반적으로 생후 6개월부터 시작되어 점점 강해지고, 9~12개월에는 절정을 보인다. 밀월기에 있는 영아는 늘 엄마를 찾고, 잠시만 보이지 않아도 불안해하며, 엄마에게 딱 붙어 있으려 한다. 아직 엄마가 눈에 보이지 않아도 존재한다는 것을 알지 못하기 때문이다. 대상영속성을 갖고 있지 않은 7개월 무렵까지 영아는 눈에 보이지 않으면 없다고 생각하기 때문에 이 무렵부터 영아는 까꿍놀이를 통해 점차 대상영속성을 갖게 되고 9개월쯤에는 절정에 달한다. 대상영속성을 가진다는 것은 마음속으로 표상화할 수 있는 능력을 갖게 된다는 것을 뜻하며, 마음속에 그리는 이 영상이 바로 '내면의 세계'로 들어서는 첫걸음이 된다. 자신이 직접 보고 듣지 못해도 어떤 사람, 사물이 존재한다는 것을 아는 것은 정신적 사고기능을 가능하게 하고, 이것이 가능해야만 시간, 공간, 인과관계에 대한 개념까지도 이해하게 된다. 그러므로 정상발달과 달리 2~3세가 되었는데도 아직 밀월기를 보이지 않은 아이라면 마음성장 애착놀이를 빨리 시작하는 것이 좋다. 마음성장 애착놀이를 통해 빠른 변화를 가져오고 밀월기가 온다면 매우 다행스러운 일이다. 밀월기를 제대로 경험하는 것은 이후의 성장과정에 계속 영향을 미치기 때문이다.

밀월기가 충족되면 아이는 이제 눈앞에 보이지 않아도 엄마가 존재한다는 것을 서서히 인지하게 된다. 이후부터는 엄마가 잠시 보이지 않아도 예전처럼 불안해하지 않고 어딘가 있다고 믿으며, 엄마를 찾아 나서지 않아도 엄마의 목소리만 듣고도 해결이 된다. 엄마 역시 아이를 대하는 태도를 변화시켜야 한다. 아이의 요구를 즉시 해결해 주던 것에서 조금씩 반응을 지연시킨다. 그러면 아이는 상대방의 눈을 쳐다보지 않고 손만 끌어가던 행동 대신 고개를 들어 어른을 쳐다보는 행동이 늘어난다. 이때를 놓치지 말고 눈이 마주치는 순간 "아, 이걸 해 달라고?" 하며 반응을 보여 주면 아이는 '아, 쳐다보아야 하는 거구나.' 하는 것을 깨닫게 되며 이후 눈접촉이 폭발적으로 늘어나게 된다.

세 번째 원리는 엄마가 보내는 자극에 대해 아이가 보이는 반응적 행동을 늘리는 것이다. 어른이 아이의 놀이에 개입할 수 있는 가장 좋은 방법은 바로 아이의 허락을 받거나 초대를 받는 것이다. 그러므로 아이의 놀이에 성급히 개입하기 전에 아이가 무엇을 가지고 놀고 있는지, 어떻게 놀고 있는지 관찰한다. '아이가 반복하는 저 놀이는 별로 도움이 되지 않아. 저 놀이를 못하게 할 방법은 없을까?' '인지와 언어를 자극해 줄 수 있는 좋은 방법은 없을까?'라고 생각하기보다 '저 놀이는 무엇 때문에 좋아하는 걸까?' '어떻게 하면 저 놀이를 더 재미있게 만들어 줄 수 있을까?' '내가 개입했을 때 방해받는다고 생각하기보다 함께 해서 더 즐겁다고 느끼게 하려면 어떻게 해야 할까?' 등의 마음으로 관찰해야 방법을 찾을 수 있다. 그런 마음으로 아이에게 접근해 주면 아이는 어른이 놀잇감을 치울까 봐 불안해하지도 않고, 어른이 오는 것을 알아차리면 놀잇감을 챙겨 다른 곳으로 가버리는 방어적 태도를 갖지 않는다. 반대로 자신이 좋아하는 것을 어른이 빨리 알아주고, '어른이 자신의 놀이를 방해하는 것이 아니라는 것'을 인식하며 친밀감을 갖게 된다. 아이는 점차 어른 주변에서 놀게 되고, 혼자 하다가 잘 안 되는 것이 있으면 어른의 손을 끌거나 얼굴을 쳐다보며 소리 내기 등의 행동으로 확장된다.

3) 마음성장 애착놀이 구성

(1) 전래놀이

전래놀이는 조상 대대로 내려오는 놀이로 영아기 때 부모의 정서를 전달해 주

는 통로이다. 마음성장 애착놀이에서 사용하는 활동 구성은 주로 전래놀이 음조를 기본으로 하는데, 그 이유는 한국적 리듬인 4.4 율조가 누구나 즐겁게 읊조릴 수 있고 쉽게 따라 할 수 있기 때문이다. 전래동요를 부를 때 반복되는 후렴구와 리듬은 엄청난 즐거움과 함께 유아의 정서적 안정에 도움을 주며, 주고받는 흥겨운 소리의 반복은 공격적인 감정과 적대감을 승화시켜 또래와 놀이적 관계로 확장된다.

마음성장 애착놀이는 구전되어 오는 전래놀이를 많이 차용하고 있는데, 전래놀이에서 부르는 전래동요는 이야기의 구성과 표현이 극도로 정선되어 있어 전래동요를 부르는 엄마와 아이 모두에게 상호 호환의 즐거움을 주는 동시에 언어발달에 기여한다. 전래놀이 중 동요의 노랫말을 신체표현으로 연결시켜 신체지각 및 운동지각을 향상시킬 수 있는 것을 고른다. 엄마가 아이를 업고 놀이를 진행하는 동안 신체접촉, 전정감각, 고유수용감각 등의 감각통합이 증진된다. 전래놀이 특유의 반복적 유형은 유아의 기억력과 이해력을 확장하고 즐거움도 제공하며 쉽게 배울 수 있어 자신감을 가지고 주도적으로 놀이에 참여하게 된다. 전래동요에는 신체적인 협응과 인간 상호간의 접촉을 요구하는 협동적인 놀이가 많이 포함되어 있어 신체접촉과 눈접촉, 반응성, 사회성을 증진하는 마음성장 애착놀이의 주된 레퍼토리이다. 엄마와의 상호교류 경험이 또래들과의 놀이로 적용될 수 있어 사회성 확장에도 기여한다.

전래놀이가 아이들의 성장 발달에 주는 영향을 살펴보면 다음과 같다. 첫째, 전래놀이는 신체의 성장 발육에 뛰어난 효과가 있다. 아이를 가볍게 흔들어 주는 단순한 동작에도 성장과 발달을 촉진하며 온몸으로 거침없이 놀이해 봄으로써 신체적으로 단단해진다. 이러한 신체적인 자극은 균형적인 발달로도 이어져 신체 균형을 잡기 위해 몸을 가누는 동작을 통해 뇌중추가 자극을 받게 된다.

둘째, 전래놀이는 애착형성과 함께 자신감을 길러 준다. 아이는 어릴 때부터 부모와 신체적 접촉을 활용한 전래놀이를 하면서 서로 밀고 당기고, 숨고, 뒹구는 등 신뢰를 바탕으로 한 즐거운 정서를 공유하므로 자신감을 갖게 된다.

셋째, 전래놀이는 언어 발달을 촉진해 준다. 전래놀이는 유희적인 언어놀이를 통해 한국인의 정서를 심어 주는 가장 기초적인 문화활동으로 한국적 정서를 담은 노랫말을 배울 수 있다.

넷째, 전래놀이는 또래들과 어울려 규칙에 따라 활동함으로써 자신의 생각과 행동을 조절하고 공동체 의식을 길러 준다. 아이는 자기 마음대로 하는 것이 아니라 규칙을 따르는 과정에서 상호의존성과 양보, 존중의 가치를 자연스럽게 알게 된다.

다섯째, 전래동요의 어휘에서 오는 언어적 재미와 반복적 리듬감은 유아의 기억력과 이해력을 돕고 즐거움을 주며, 주고받는 노랫말의 반복은 언어의 속성을 터득하게 해 주어 언어자극에도 유용하다. 전래동요는 놀이를 주제로 하거나 놀이하면서 부르는 노래가 많아 집단놀이를 증진하고 신체표현력을 향상하는 데도 도움이 된다.

이러한 다양한 효과가 있는 전래놀이를 바탕으로 개발한 마음성장 애착놀이는 엄마가 아이를 안고 흔들어 주거나 주무르기, 업고 걷거나 달리기 등 역동적인 활동이 많다. 엄마가 아이를 안거나 업고 전래동요를 부르며 신체접촉을 할 수 있는 모든 방법을 동원하므로 애착형성, 뇌성장, 정서적 안정 등에 효과적이다.

애착형성을 최대한 끌어올리기 위한 전략은 품에 꼭 끌어안기, 쓰다듬어 주기, 손잡고 토닥여 주기, 껴안기와 같이 신체접촉이 많은 활동을 하는 것이다. 피부접촉은 아이 뇌의 영양소나 비타민 역할을 하므로 신체접촉을 강화한 마음성장 애착놀이가 아이의 타인에 대한 반응적 행동을 증진시키고 상호작용도 극대화한다.

어른이 아이와 어떻게 접촉하고 놀아 주는지는 아이의 성장에 결정적인 영향을 준다. 무엇보다 가정에서 할 수 있는 마음성장 애착놀이는 쉽고 재미있으며 실용적이어서 누구나 쉽게 활용할 수 있다는 장점이 있다. 부모는 아이와 자연스러운 눈접촉을 많이 하고, 등이나 엉덩이를 토닥여 주며, 아이를 부모의 몸에 꼭 끌어당겨 붙이듯이 껴안는다. 아이가 보내는 신호를 놓치지 않고 반응해 주면 아이는 부모를 다른 사람과 구별하여 인식하기 시작하고 애착이 형성된다.

놀이의 양과 빈도는 아이가 정하게 하는 것이 좋으나 아이에게 끌려가기보다 미리 놀이할 횟수를 정해 놓고 더하고 싶은 아쉬움을 남기고 멈추는 것이 좋다. 그러면 아이는 '다음에는 또 무엇을 할까?' 하며 기대하고, 자발적으로 상호작용하려는 의도가 생긴다. 만약 정해진 횟수를 마쳤는데도 자신의 욕구를 채우지 못한 것을 표현한다면 한 번 혹은 두 번 정도 더 해 준다. 아이와 놀이할 때 지켜야

할 가장 중요한 원칙은 '아이가 지금 몇 개월(세)이 되었으니 이런 놀이를 해야 한다.'가 아니라 '아이가 이런 행동을 보이니까 이런 자극이 도움이 된다.'라는 식으로 아이 중심 맞춤 자극이 좋다.

(2) 마음성장 애착놀이 접근과정

마음성장 애착놀이는 양육자가 직접 프로그램에 참여하여 아이를 업거나 안아 주는 등 신체접촉을 제공해 줌으로써 양육자와 아이 간에 질 높은 정서적 교환이 이루어진다. 아이에게 안정 애착과 연관된 우뇌기능의 발달을 자극해 주고 신체 협응이나 조정이 필요한 감각운동놀이를 제공함으로써 두뇌 발달을 촉진해 주는 것은 앞으로 성장하는 데 최적의 발달 효과가 있다.

영유아 시기에 엄마가 제공해 주는 즐거운 몸놀이는 초기 애착형성과 뇌의 성장에 기여한다. 부모 역시 아이와의 긴밀한 교류를 통해 진정한 엄마가 되고, 아빠가 되는 전환과정을 밟게 된다. 마음성장 애착놀이는 아이에게 어떤 놀이를 적용하는 것이 적합한 것인지를 정하는 것으로 아이와의 놀이를 시작하기 전 항상 마음성장 애착놀이 원칙을 확인하고 적용하는 것이 필요하다.

먼저, 애착수준 단계를 분류하고, 각 단계의 애착을 증진해 주는 필수 관련 요인을 확인한다. 그다음 각 단계의 필수 관련 애착 요인을 증진할 놀이활동을 찾아 배치된 놀이활동의 적용 순서를 정한다. 정해진 순서대로 배치된 놀이의 시행 방법 및 규칙을 세우고 계획된 대로 매일 진행한다.

4) 마음성장 애착놀이 단계

영아는 본능적으로 발달과 삶에 있어 중요한 역할을 하는 애착을 얻기 위해 엄마에게 젖 빨기, 매달리기, 따라다니기, 울기, 미소 짓기와 같은 '애착행동'을 한다(Bowlby, 1958). 영아가 보이는 애착행동은 애착대상과의 근접성이 더욱 증가하도록 유도하는 행동들로 이러한 행동들은 엄마로 하여금 영아를 돌보게 하고, 동시에 엄마와 영아의 역동적인 상호작용을 촉진한다. 이처럼 애착은 아이와 엄마 모두가 특정 애착대상에게 형성한 지속적인 속성이고, 애착행동은 애착대상에 대한 당시의 상황적 반응행동이다. 따라서 애착행동은 애착관계의 성격을 파악하는 중요한 단서가 된다. 아이가 보이는 애착행동의 수준에 따라 마음성장 애착놀이의 단계를 애착잠재기, 애착싹트기, 애착형성기, 애착확장기로 분류한다.

(1) 애착잠재기

이 시기는 사람을 구별하는 능력이 제한되어 있어 중요 양육자에 대해 아직 일관적인 선호를 보이지 않는 무분별 애착을 보인다. 주 양육자에 대한 애착이 형성되기 전으로 엄마는 아이의 활동을 관찰하고, 아이가 관심을 가지고 집중하는 것에 참여하여 도와주기는 하되 지나치게 개입하지는 않아야 한다. 엄마가 계획한 대로 아이의 주의를 끌기보다 아이가 가지고 노는 물체나 현재 참여하고 있는 활동에 엄마가 개입하는 것이므로 아이 입장에서 자신의 놀이가 방해받는다는 느낌을 갖지 않도록 하는 것이 좋다.

아이가 엄마의 개입을 수용해 주면 조금씩 엄마가 참여하여 다른 활동을 같이 하는 것으로 발전시킨다. 예를 들어, 아이가 비눗방울을 불고 있을 때 엄마도 같이 비눗방울을 불다가 손가락으로 하나씩 터트리는 모습을 보여 주는 것이다. 아이가 엄마의 개입을 잘 받아들이도록 하기 위해 엄마는 아이의 활동에 적극적으로 관심을 보이면서 칭찬을 많이 해 주면서도 가르치거나 시키려는 태도는 지양한다. 아이가 관심을 갖는 사물에 대해 엄마도 관심을 보이고 말과 함께 행동으로 표현해 주면 효과적인 자극제가 된다. 자폐스펙트럼장애가 있는 경우 아이는 자신의 행동이 다른 사람에게 영향을 미친다는 인식이 적다. 그러므로 가정에서 엄마는 아이가 하는 행동을 주시하다가 아이가 의사소통적인 의도를 보일 때 즉시 반응해 주어야 한다. 예를 들어, 아이가 컵을 가져오면 즉시 "물이 먹고 싶구나."라고 하며 물을 따라 주는 것이다. 아이의 의사소통적 의도를 나타내는 행동들이 쌓이면 다음 단계로 넘어갈 수 있다. 주의할 점은 아이가 자신의 의도를 어떤 식으로든 행동으로 보이기 전에 엄마가 미리 해결해 주어서는 안 된다는 것이다. 그렇게 되면 아이에게 자신의 의도를 표현하려는 싹트기 행동이 자라기 어렵다. 아이가 목마를 것을 예상하여 엄마가 미리 물을 주면 아이는 자신이 물을 먹고 싶다는 생각이 들어도 이를 표현하려는 어떤 행동도 보이지 않게 된다.

애착잠재기에 있는 많은 아이가 물체를 목적에 맞게 사용하지 못한다. 몸을 씻기 위해 비누칠을 해 주며 거품놀이를 유도해도 거품을 맛보려 하고, 자동차 주

고받기 놀이를 하는 것보다 엎어 놓고 바퀴만 돌리는 등의 무분별한 행동 도식들을 보인다. 아이의 인지적 상태에 따라 무분별적 행동을 분별적인 행동으로 다양하게 확대해 나가기 위해 엄마는 분별적인 행동을 재미있게, 흥미 있게 보여 주고 제시하는 역할을 한다. 이것을 인지적 도식의 발판 구축하기(scaffolding for cognitive schemas)라고 한다. 자동차 바퀴를 손으로 쳐서 돌리는 행동에 몰두한 아이에게 자동차를 치우기보다 아이가 좋아하는 보상물(과자)을 자동차에 실어서 밀어 보내 주면 아이가 과자를 꺼내 먹고 다시 엄마에게 자동차를 밀어 보내 주도록 유도함으로써 주고받기 도식을 넣어 주는 것이다.

(2) 애착싹트기

청각적 · 시각적 자극에 대한 변별력이 생기면서 친숙한 대상을 선호하고, 애착잠재기보다 적극적인 접근 추구와 접촉유지 행동을 보이는 시기이나 아직 특정 개인에 대한 완전한 애착형성이 되지는 않았다. 아이의 행동에서 의사소통적인 의도가 보일 때 즉시 반응해 주어 아이로 하여금 자신의 내적 의도를 외부로 표출하는 데 확신과 자신감을 갖도록 한다. 아이의 행동에 대한 어른의 즉각적 반응은 아이로 하여금 자신의 행동이 외적 환경에 영향을 미친다는 것을 강력하게 경험시켜 주는 것이다. 아이 스스로 자신의 내적 힘을 키워 줄 뿐만 아니라 자신의 행동과 환경 사이에 작용하는 관계에 대해 인식함으로써 아이는 더 이상 섬처럼 혼자 있는 것이 아니라 서로가 연결된, 보이지 않지만 마음으로 이어지는 다리가 생기게 된다.

자폐스펙트럼장애인 경우 타인을 잘 쳐다보지 않고 공동주의 결함을 보이는 등 사회적 참조행동이 부족하다. 다른 사람의 접근에 대해 거의 반응하지 않거나 최소한으로 반응하는 등 정서적 상호교류의 부재로 양적 · 질적인 사회적 손상을 보이므로 의사소통 의도를 확장하는 것이 필요하다. 어른은 1차적으로 아동과의 눈맞춤 기회를 많이 만들고, 아이의 행동을 잘 관찰하여 의사소통 의도를 확장시키며, 이와 동시에 현재 기능하고 있는 수준보다 조금 더 높은 단계의 의사소통 수단을 배우도록 이끌어 준다. 다음은 아이의 의사소통 의도를 늘릴 수 있는 놀이의 예시이다. 엄마는 아이 앞에 앉아 아이가 가장 좋아하는 간식을 말없이 먹으며 아이의 행동을 살핀다. 아이가 스스로 어른을 찾아와 간식을 쳐다보거나 어른을 쳐다보기, 손을 잡고 끌고 가기 등 의사소통 의도를 보일 때 얼른 간식을 주어 아이 스스로 자신의 의도를 표현하도록 이끌어 준다. 아이의 비의도적인 행동이나 말을 의사소통 수단으로 바꾸어 줄 수도 있다. 예를 들어, 엄마가 들고 있는 과자를 아이가 잡아당기면 엄마는 아이의 두 손을 잡아 '주세요'를 하게 만든다. 혹은 높이 있는 과자나 장난감 등을 쳐다보며 팔을 뻗고 있다면 어른이 검지손가락으로 가리키는 동작을 보여 주고, 아이에게 똑같은 동작을 만들어 준 후 내려주는 것이다. 아이의 초보적인 수준의 의사소통 행동을 조금 더 확장하는 방법은 아이가 엄마 손을 끌어갈 때 아이를 쳐다보고 물건을 가리키는 것을 두세 번 반복한 후 물건을 내려 준다. 아이가 원하지 않는다며 고개를 돌리거나, 손으로 밀어낼 때 "싫어." 혹은 "안 해." 등을 말하면서 동시에 고개를 가로젓는 것을 반복하여 보여 준다.

(3) 애착형성기

아이는 자신의 필요와 욕구에 잘 응해 주는 대상에게 가장 빠르게 애착을 형성한다. 엄마를 안전기반으로 하여 환경을 탐색하며, 곤경에 빠졌을 때 엄마를 먼저 찾는다. 애착이 점점 강해지면 애착대상을 제외하고 낯가림이 나타나기 시작한다. 애착대상에게 형성해 놓은 도식과 어긋나는 낯선 대상에 대해 불안해하며 엄마에 대한 분리불안을 보인다.

상호작용 초기에는 아이 자신이 놀이를 시작해야 한다는 것을 잘 알지 못하므로 어른이 먼저 놀이를 시작하고 아이가 따라오고 이를 반복하면 아이가 놀이 규칙을 숙지하게 되어 상호작용 놀이가 혼자 놀이보다 더 재미있다는 것을 깨닫는다. 혼자 노는 아이들이 기다리기나 차례 지키기, 주고받기를 이해하기 어려운 이유는 다른 사람의 입장에서 생각하는 것을 알지 못하기 때문이다. 자신이 하고 싶은 마음이 들면 그냥 하면 된다고 생각하고, 하다가도 하기 싫거나 더 재미있는 것이 생기면 뒤도 돌아보지 않고 내팽개친다. 그러므로 마음성장 애착놀이 과정을 통해 상대방이 준비될 때까지 기다리기, 준비가 끝난 후 원하는 것을 해 주겠다는 신호를 보고 얼른 반응하기, 상대방의 동작이 끝나면 자신이 다음 동작을 해야 한다는 것 등을 배울 수 있다. 예를 들어, 노 젓기를 할 때 어른과 아이가 순서대로 밀고 당기기를 한다. 이때 어른이 당긴 후 다시 아이가 끌고 가기를 기다

려 주어야 한다. 기다리지 않고 어른이 아이를 뒤로 밀면 아이가 주도성을 배우기 어렵다. 자동차 주고받기 놀이도 어른과 아이가 번갈아 차례를 지키도록 지도한다. 이렇게 다양한 놀이행동을 통해 주고받기를 경험했다면 소리를 내거나 말을 할 때도 같은 원리를 적용한다. 아이에게 어려운 활동을 가르치려고 하기보다 아이가 즐거워하고 더 하기 원하는 쉬운 활동이 있다면 오히려 이런 활동이 상호작용을 배우는 데 더 도움이 된다. 특히 놀이 주도권을 아이가 갖게 하기 위해서는 아이 스스로 놀이를 터득하여 자신감이 생겨야 하므로 간단한 활동이 좋고, 아이가 흥미를 보이는 놀이인지 수시로 체크해야 한다. 놀이의 수준은 단순한 것에서 모방놀이, 상징놀이로 확장해 간다. 상징놀이를 즐겨 하면 이해력과 표현력을 키우는 데 도움이 된다. 아이의 언어 인지 도식을 늘리는 방법은 아이가 하는 말을 따라 말해 주면서 1개의 낱말을 첨가하는 식으로 단어 습득의 기회를 확장해 준다. 아이가 관습적으로 보이는 행동에 언어, 말주머니를 채워 주고 반복하도록 이끈다. 예를 들어, 아이가 "버스 가." "강아지."라고 말할 때 엄마가 "파란 버스 가." "강아지 멍멍."이라고 말해 주며 시범 보여 준다면 아이의 인지 도식뿐 아니라 언어 확장에도 도움이 된다.

(4) 애착확장기

엄마와 안정 애착이 형성되면 아이는 엄마가 반드시 돌아올 것이라고 믿기 때문에 엄마와의 분리를 받아들인다. 이 시기의 유아는 엄마의 행동을 예측하기 시작하고, 엄마의 행동에 대한 목표를 이해하여 엄마와 동반자적 관계를 형성한다.

애착확장기는 아이가 호혜적으로 상호작용하는 시기이므로 엄마는 아이의 말을 막지 말고, 아이의 말이 끝나기를 기다렸다가 즉시 반응해 주어야 한다. 또한 엄마가 말하고 있는 중간에 아이가 말하려 하면 엄마의 말이 끝난 후 하도록 요청한다. 이와 관련해 주의할 점은, 초기에는 서로 말을 주고받는 연습을 해야 하므로 짧은 문장으로 말하며 반드시 상대방의 말이 끝난 후 말하도록 한다. 그러기 위해서는 엄마도 아이가 말하는 중간에 말하지 말고 끝날 때까지 기다리는 것을 지켜야 한다. 아이와 간단한 동요를 돌림 노래로 해 보는 것도 좋다. 예를 들어, 엄마가 "큰북을 울려라."까지 부르고 기다리면 아이가 "둥둥둥"이라고 하며 노래하고, 이어서 엄마가 "작은북을 울려라."라고 하면 아이가 "동동동"이라고 번갈아 가며 부르는 것이다. 물론 엄마와 아이가 노래 부르는 차례를 바꾸어도 상관없다. 아이가 원하는 것이 무엇인지 살펴보고 그에 따라 반응해 주면 더욱 좋다.

애착확장기에는 풍부한 언어자극을 위해 아이가 일상생활 중 빈번히 접하는 것부터 말해 주고, 실제 몸으로 탐색하는 것 위주로 시작하여 점차 범위를 확장해 나간다. 예를 들어, 손을 씻을 때는 "쏴아~물이다." "매끈매끈 비누로 문질러."라고 말해 주고, 사과를 먹을 때는 "빨갛고 둥근 모양이네." "아삭아삭 소리가 나네."라고 말해 주는 것이다. 엄마의 개입에 대해 아이가 관심을 가지고 좋아할 만한 활동을 흥미롭게 소개하여 관심을 유도한다. 이때 아이의 작은 행동에도 엄마가 크게 놀라는 시늉을 하거나 약간 높거나 낮은 목소리 톤으로 말하는 등 과장된 반응을 보이는 것이 좋다.

2. 뇌성장 몸놀이

1) 뇌성장 몸놀이 개발 배경

뇌성장 몸놀이는 아이가 자신의 몸을 실제로 사용해 봄으로써 배우는 운동감각적 학습이다. 아이의 발달 프로필을 잘 파악하여 뇌를 자라게 할 감각, 운동놀이를 설계하고 적용하여 아이의 잠재력을 최대한 성장시키는 전략이다. 감각경로란 보고, 듣고, 만지고, 냄새를 맡는 경험으로 이는 대뇌 신경세포 연결을 촉진하는데, 그중에서도 경험을 통해 이미 알고 있는 감각이 들어오면 그 효과가 더 크다. 운동경로는 감각정보를 받아 처리하기 위해 뇌 밖으로 나가는 경로로, 많이 움직이고, 소리를 내고, 손이나 발을 사용할 기회를 많이 제공하면 이 경로가 튼튼해진다.

뇌성장 몸놀이의 핵심은 두뇌 형성에 결정적인 영향을 주는 양질의 운동감각 자극을 공급해 주는 것이다. 이 경로의 반복 사용은 대뇌의 사고영역에서 운동영역까지 전달하는 신경회로와 근육을 움직이는 신경까지 나아가는 신경회로를 강화시켜 준다. 그리고 발달단계에 맞는 놀이를 제공해 아이의 두뇌 배선 연결을 촉진한다. 발달단계에 맞는 놀이란 아이의 생물학적 연령에 상관없이 아이가 흥

미를 보이는 놀이로 아이는 자신의 발달단계보다 늦거나 빠른 놀이에는 관심을 갖지 않는다.

하나 또는 그 이상의 무해한 감각자극에 대하여 방어 또는 회피를 보이는 아이가 있다. 이는 감각방어의 증후로 모든 감각에 대하여 더듬이를 세우고 예민하게 감지하는 신경체계를 가지고 있음을 의미한다. 새로운 감각투입에 대해 회피나 과잉추구, 공포, 불안 등을 보이므로 삶의 모든 영역에서 영향을 받을 수 있다. 그러므로 감각방어를 보인다면 어떤 감각에 대한 방어인지 평가하여 적절한 중재를 제공해 주어야 한다. 뇌성장 몸놀이는 정상발달과정에 있는 아이의 감각을 자극하여 뇌신경 발달을 자극해 줄 뿐 아니라 감각방어를 해결하기 위해서도 매우 유용한 접근이다. 감각방어를 치료하면 감각방어로 인해 감추어져 있던 아이의 기능을 활성화시킬 수 있고, 적극적으로 환경을 탐색하게 해 뇌를 더욱 견고하게 만들어 준다.

발달은 계단식으로 이루어지므로 다음 단계로 올라서기 위해서는 충분한 자극을 투입시키는 반복 경험이 필요하다. 또한 아이에게 현재 수행 가능한 감각, 운동 단계보다 약간 더 높은 단계를 경험할 기회도 필요하다. 여러 가지 다른 감각에 노출시키는 것은 아이 자신과 아이를 둘러싼 세계에 대한 자각심을 넓혀 주는 효과가 있다.

2) 뇌성장 몸놀이 요소

아이들 중에는 감각자극에 대하여 과소반응을 보이거나 심하면 전혀 반응을 하지 않기도 하고, 역으로 과잉반응으로 지나치게 매달리거나 혹은 강하게 거부하는 등 종잡을 수 없는 반응을 보일 때가 있다. 이것은 감각정보처리 과정에 문제가 있기 때문인 것으로 알려져 있으며, 이러한 중추신경계의 역기능으로 인해 아이는 엄마가 업거나 안아 주려고 할 때 신체적 접촉을 거부하게 되고, 이는 애착형성장애를 초래한다. 그러므로 감각, 인지, 언어 등 발달을 도모하기 위해 무엇보다 엄마와 함께 마음성장 애착놀이를 진행하는 동시에 혹은 순차적으로 감각자극을 병행하는 것은 아이의 발달에 자물쇠와 열쇠 같은 역할을 한다.

아이의 신경학적 상태에 맞게 설계하기 위해서는 1차적으로 시각, 청각, 촉각의 세 가지 감각경로를 자극하는 놀이를 많이 제공해 주어야 한다. 밤에 조명등을 켜 놓아 벽에 그림자가 생기도록 하고, 손으로 그림자를 만들어 보는 등 그림자놀이를 한다. 모빌이나 부딪힐 때 소리가 나는 풍경 등을 달아 놓아 아이의 청각을 발달시켜 준다. 손으로 만지는 것을 통해 다양한 촉감각 정보가 뇌로 흘러 들어 가게 한다. 마르고 고운 모래, 촉촉하게 젖은 고운 모래, 물기가 있는 굵은 모래 등 같은 모래여도 어떤 형태를 쓰느냐에 따라 아이의 뇌는 다르게 지각하므로 다양한 재료를 제공해 주는 것이 중요하다. 아이가 매일 입는 옷의 질감을 바꾸는 것도 효과가 있다. 아토피가 있어 주의를 요하는 경우가 아니라면 털이나 면, 비닐과 같은 다양한 촉감의 옷을 입혀 주어 몸에 닿는 감각을 열어 준다. 그 외 후각자극으로 서로 다른 냄새를 맡게 하는 것도 좋다. 집 밖의 공원이나 꽃시장 등에 데리고 가서 냄새를 맡게 하되 너무 많은 자극을 한꺼번에 주지 않도록 한다.

신체적 감각자극으로 발끝으로 깡충거리거나 경사를 오르내리는 것은 뇌에 직접적인 자극을 주어 발달을 촉진한다. 또한 소리가 나는 장난감이나 타악기에 맞추어 몸을 흔드는 것은 아이의 뇌를 자극하고 언어 발달을 자극해 준다. 숟가락을 잡는 것, 단추나 작은 콩을 줍기, 집짓기 놀이나 블록 쌓기 등으로 아이의 손끝 감각을 훈련하는 것은 뇌를 자극해 준다. 견과류, 말린 오징어나 다시마, 멸치처럼 많이 씹어야 하는 음식을 주어 집중력을 키워 줄 수 있다. 씹는 것은 뇌의 발달을 촉진하기 때문이다. 아이가 단어나 노랫말을 이해하든 이해하지 못하든 리드미컬하게 들려주는 것은 대뇌를 노크하여 문을 열게 하는데, 음조 섞인 말을 많이 해 주고 노래를 자주 불러 주는 등의 요소들을 첨가하여 놀이로 개발한 것이 바로 뇌성장 몸놀이이다.

역으로 감각자극 입력이나 감각통합을 방해하는 뇌 상태도 있다. 어렸을 때부터 아이의 손을 지나치게 깨끗하게 닦아 주고, 기저귀가 조금 젖어도 바로 갈아 주는 식으로 항상 뽀송뽀송하게만 키우면 물감 묻는 것, 풀 만지는 것, 모래 만지는 것 등을 어려워한다. 자신의 손에 모래가 묻어 있는 것을 받아들이지 못해 만지는 것을 질색하고 모래놀이 자체를 거부하는 경우도 많다. 자폐스펙트럼장애가 있기 때문에 손에 묻는 것을 싫어하고, 입었던 옷만 입으려 하고, 먹었던 음식만 고집하는 것일까? 아니라고 말할 수는 없지만 그렇다고 발할 수도 없다. 왜냐

하면 실제로 아이들과 함께 활동하면서 확인할 수 있었던 것은 아이 입장에서는 자신이 이제까지 경험하던 것과는 다른 것이어서 받아들이기 힘든 부분이 훨씬 더 크기 때문이다. 오히려 경험이 부족했기 때문에 두려워하는 것이다. 그러므로 자연스럽게 받아들이게 하기 위해서는 어른이 먼저 아이 앞에서 모래를 가지고 다양하게 놀이하는 모습을 보여 주는 것이 우선이다. 손바닥으로 모래를 퍼서 사르르 뿌리기, 숟가락으로 퍼서 옮기기, 손 전체를 모래 속에 파묻고 두드리는 두꺼비집 등의 다양한 놀이를 통해 모래의 촉감을 느끼고 모래의 성질을 이해하는 작업이 필수 코스이다. 이처럼 놀이의 레시피에 따라 활동하는 뇌성장 몸놀이는 아이의 뇌를 깨우고, 시동을 걸고, 달리고, 마침내 자유롭게 성장할 수 있도록 펼치게 해 준다.

3) 뇌성장 몸놀이 구성

(1) 감각통합

감각통합은 뇌가 주위 환경으로부터 들어오는 다양한 감각을 조직화하여 효율적으로 사용할 수 있도록 하는 신경학적 과정으로 뇌성장 몸놀이는 감각통합을 놀이적으로 구조화한 활동이다. 우리가 느끼는 시각, 촉각, 청각 등의 각종 감각자극을 수용하고, 입력된 감각자극을 연합, 통합하여 상황에 적절하게 대처할 수 있게 한다. 신체의 균형을 유지하고 근육 및 관절을 눌러 주는 등 고유수용감각을 자극해 주며, 새로운 물건을 만져 보면서 촉각과 청각 등 다양한 감각기관 및 운동능력을 자극해 준다.

감각통합의 기본 감각으로는 전정감각, 고유수용감각, 촉각이 있고, 심화 감각으로는 청각과 시각이 발달한다. 아이는 새롭고 낯선 감각자극을 단계적으로 반복하여 경험함으로써 자극에 대한 저항을 줄이고, 동시에 뇌신경세포 연결을 촉진, 강화한다. 또한 고유수용감각기관을 자극해 주는 운동을 계속 반복하면 대뇌의 사고영역에서 운동영역까지 전달하는 신경회로, 근육을 움직이는 신경으로 나아가는 신경회로를 강화해 준다. 특히 노래와 율동은 대뇌 배선을 촉진하는 데 이바지한다. 그러므로 엄마가 유아를 업고 뛰어 주는 감각통합운동놀이는 최상의 뇌자극을 제공해 주는 뇌성장의 필수 비타민이다. 중력의 움직임을 감지하는 전정감각과 근육과 관절에서 오는 정보를 지각하는 고유수용감각을 통합하여 신체의 위치와 움직임에 주의를 기울이게 하고, 자세 유지에 필요한 근긴장도와 신체의 평형을 인식하며, 머리를 움직이는 동안 눈동자의 안정을 유지할 수 있게 한다. 감각통합장애가 있는 경우 무해한 자극인데도 기피하고 방어적인 반응을 보이거나 또는 과도하게 반응하는 감각방어를 보인다. 뇌성장 몸놀이는 이러한 감각방어를 줄이는 데 효과적이다.

아이의 감각방어를 확인하는 절차는 다음과 같다. 우선, 어떤 감각에 방어가 있는지를 알기 위해 종류별로 조사한다. 감각방어를 보이는 양상이 특정 연령에 국한된 것인지, 출생 후 지금까지 계속 나타나고 있는지 알아본다. 일반적인 각성 수준을 조사하고, 하루 중 특정 시간 또는 환경적 자극과 관련된 각성 수준의 변화를 확인한다. 마지막으로, 백화점, 음식점, 시장 등 특정 장소에서의 행동에 관한 정보를 수집하고, 가족 모임, 음악회, 연극/영화 관람, 놀이동산, 수영장 등 특정 상황에서의 반응도 조사한다.

(2) 뇌성장 몸놀이 접근과정

- 놀이기구를 탐색시키기 위해 다양한 환경의 놀이터에 간다.
- 아이를 놀이기구에 태우기 전에 다른 아이들이 놀이기구를 타며 즐겁게 놀고 있는 모습을 여러 번 보여 준다. 하지만 아이가 타고 싶어 하면 바로 시작한다.
- 겁을 내는 아이는 엄마가 안거나 업고 놀이기구를 탄다. 아이가 좋아하면 계속 타도 좋지만 싫어한다면 내려온다.
- 아이가 몇 번의 경험을 통해 더 이상 무서워하지 않으면 혼자 경험하도록 내려놓고 엄마는 나온다.
- 아이가 자신감이 생겨 스스로 놀이기구를 탐색하기 시작하면 익숙해질 때까지 반복하도록 한다. 어른은 아이가 탐색하는 동안 옆에서 지켜보며 반응해 준다.
- 감각통합장애로 놀이를 중단한 아이는 비슷한 원리가 적용된 다른 놀이로 안내하고 이후 다시 시도한다.

이처럼 아이에게 뇌성장 몸놀이를 제공해 주면 뇌의 감각경로와 운동경로를

열어 주는 효과가 있다. 또한 아이에게 가장 부족한 영역을 채워 주어 자신감을 충전시켜 준다.

4) 뇌성장 몸놀이 단계

뇌성장 몸놀이는 감각방어에 대한 치료적 접근으로 신체에서 필요한 영양소를 얻기 위해 하루 세 번 음식물을 먹는 것처럼 감각식이(sensory diet)를 단계적으로 제공해 주도록 고안하였다. 뇌성장 몸놀이를 제공해 주는 교육학습 원리는 아이의 관심과 상태를 고려하여 진행하는 개별화 원리와 아이의 눈을 맞추며 놀이하는 상호작용 원리이다. 아이의 욕구가 충족될 때까지 반복적으로 실시하며 마음성장 애착놀이와 함께 통합의 원리를 적용한다. 예를 들어, 한 가지 접근 방법에 치우치는 것이 아니라 전정감각 및 고유수용감각, 시각, 청각, 촉각 등의 자극들을 순차적으로, 통합적으로 그리고 적절한 수준으로 제공한다. 뇌성장 몸놀이는 뇌깨우기, 뇌시동걸기, 뇌달리기, 뇌펼치기의 과정으로 전개한다.

(1) 뇌깨우기

태어날 때 아이의 뇌는 매우 미숙한 상태이다. 아직 신경가지가 발달되지 않은 상태이므로 작은 움직임에도 놀라고 위축된다. 이런 뇌의 상태를 깨우기 위해서는 전정감각자극과 고유수용감각자극이 필요하다. 중력의 움직임을 감지하는 전정감각 발달은 아이의 신체 발달과정에서 1차적으로 통합되어야 하는 요소이다. 전정감각통합에 장애가 있어 중력불안을 보이는 아이는 신체의 자세와 균형을 잘 유지할 수 없고, 움직이는 물체를 따라 보거나 한 지점에서 다른 지점으로 눈을 움직이는 데 어려움을 보인다. 또한 신체 양쪽을 모두 사용해야 하는 놀이활동에 참여하는 것을 꺼리거나 계단 오르기를 두려워하기도 한다. 머리 위치 또는 머리 움직임의 변화에 대하여 공포를 보이고, 바닥에서 발이 떨어질 때(예: 자전거 탈 때), 머리가 뒤쪽 또는 아래쪽으로 될 때(예: 철봉놀이, 거꾸로 시계놀이 등) 매우 무서워한다. 중력불안과 유사한 자세불안은 자세 조절의 어려움 때문에 움직임 자체를 두려워하고 회피하는 것으로 신체의 균형을 잃는 것에 대해 두려움을 갖고 있기 때문이다. 따라서 전정감각기능을 활성화시키는 놀이를 뇌깨우기 레시

피의 초기 단계 놀이로 담았다.

고유수용감각놀이는 관절에 주어지는 자극에 저항하는 뇌에 새로운 활동을 등록하여 신체와 뇌의 연결을 견고하게 만들어 주는 놀이이다. 다리를 구부렸다 폈다 하는 활동을 통해 무릎 관절이 자극을 받고, 발끝으로 깡충거리는 것, 경사를 오르내리게 하는 등의 고유수용감각놀이는 뇌에 직접적인 자극을 주어 발달을 촉진한다. 작은 것을 손가락으로 집거나 포개는 동작, 뚜껑을 덮는 것과 같이 손이나 손가락 관절을 움직이는 것도 뇌의 발달을 촉진하는 고유수용감각자극이 된다. 고유수용감각활동으로 아이에게 숟가락을 잡게 하거나 작은 콩을 줍게 해서 집중력을 키우고, 집 짓기 놀이나 블록 쌓기 등으로 손끝 감각을 키워 주는 것이 좋다.

자폐스펙트럼장애에서 흔히 보이는 고유수용 감각방어는 기어가기나 걷기가 늦고, 뛰는 것이 미숙하여 넘어질까 불안해 보인다. 고유수용감각방어가 있으면 제자리 뛰기, 뛰어넘기, 고무줄 넘기 등과 같은 활동을 가르치기 어렵다. 따라서 다리체조와 같이 고유수용감각을 자극할 수 있는 놀이 목록을 설정하여 매일 조금씩 수행하는 것이 좋다.

(2) 뇌시동걸기

아이의 뇌가 전정감각자극과 고유수용감각자극으로 깨어나면 드디어 뇌는 외부 환경으로부터의 자극에 흥미를 느끼고 스스로 탐색하려는 욕구가 커지게 되어 뇌활동에 시동을 걸게 된다. 다양한 촉감각자극의 경험은 뇌를 가동시키는 촉매제로서 자동차에 비유하면 달릴 준비를 하는 것과 같은 양상이다. 그러나 영유아 시기에 부모가 지나치게 깔끔하게 키우면 뇌의 작동이 위축되어 미숙한 뇌 상태를 벗어나기 어려워질 수 있다. 또는 손을 잡거나 안아 주는 등의 접촉에 놀라거나 싫어하는 것처럼 촉각방어를 많이 보이기도 한다. 부모가 아이를 놀라게 하지 않으려는 의도로 모든 자극을 미리 제거해 버리면 미숙한 뇌 상태가 지속되기도 한다. 어떤 이유에서건 촉각방어가 있으면 다른 사람과의 접촉을 피하기 위해 재빠르게 이동하는 데 온 정신을 쓰고, 백화점이나 음식점 등 사람이 많은 곳에서 불안해한다. 이 외에도 그리기, 풀칠하기, 모래놀이 등을 할 때 손으로 만지는 것을 피하거나 혹은 안거나 업는 등 신체접촉을 피하고, 세수나 손톱 깎는 것

을 싫어하며, 음식이나 목욕물 온도에 지나치게 민감하다. 반면, 지나치게 자극을 추구하는 과민반응을 보이기도 하는데, 이러한 과민반응이 자극을 차단하게 되어 뇌 발달을 지연시키게 된다. 모든 촉감각장애는 일상생활에서 매우 불편할 뿐 아니라 위축되고 자신감을 상실하게 한다. 뇌시동을 위한 촉감각 자극놀이는 마사지를 포함하여 아이의 촉감각 수준을 고려한 다양한 놀이로 뇌성장을 증진하는 데 기여한다.

(3) 뇌달리기

전정감각자극과 고유수용감각자극 그리고 촉각자극을 충분히 경험한 뇌는 경기장의 출발선에 서서 뛸 준비가 된 것과 같이 뇌가 발달할 수 있는 인프라가 구축된 것이다. 아이의 뇌는 스펀지에 비유될 만큼 보고 듣고 느끼는 것을 온몸으로 흡수한다. 따라서 아이에게는 같은 자극이라도 질 좋은 자극이 효과적이다. 그러나 아무리 질 좋은 자극이라도 이것을 흡수하는 경로가 탄탄하지 않으면 아무 소용이 없다. 자극을 받아들이는 신경회로가 잘 발달되어 있어야 하는 이유이다.

뇌성장 몸놀이의 뇌달리기는 아이들에게 눈과 손의 협응이 필요한 놀이를 체계적으로 구성하여 '반복적'으로 경험하도록 배치하였다. 같은 자극을 반복적으로 경험하면 자극을 받아들이는 경로를 확실하게 구축하고, 이는 곧 새로운 경험을 받아들이는 발판이 되기 때문이다.

아이들 중에는 빛에 민감하여 눈을 잘 뜨지 못하기도 하고, 마주 보고 있는 사람과 눈맞춤이 어려워 눈동자를 굴리거나 시각적 산만함으로 인해 한곳을 쳐다보기 곤란한 시각방어를 보이는 경우가 있다. 혹은 주변의 시각자극 중 특별히 주의를 끄는 자극에 몰두하여 앞을 보지 않고 걷다가 다치기도 한다. 길에서 맨홀을 볼 때마다 뛰어가 구멍을 들여다보고, 지하철이나 음식점 등의 환기를 위해 돌아가고 있는 송풍기나 미용실/이발소 앞에 돌아가는 빨강, 파랑, 흰색의 삼색등을 하염없이 쳐다보기도 한다. 벽돌 건물의 선, 공사장에 쳐 있는 줄, 일렬로 서 있는 물건 등을 옆으로 흘겨보며 빠른 속도로 왔다 갔다 반복하는 등 과잉 시각자극을 추구하기도 한다. 아이가 보이는 이러한 시각방어나 과잉시각추구를 중재하기 위해 각성 수준을 정상화하고 지나친 민감성을 감소하기 위한 놀이를 제공한다.

눈은 아이가 세상을 이해하는 중요한 창이다. 시각 발달 놀이를 해 주면 시각과 함께 뇌의 발달도 촉진할 수 있다. 시각을 통해 얻어진 풍부한 정보는 아이의 두뇌를 효과적으로 자극하기 때문이다. 아이가 자신의 환경에 대해 알아차리는 것을 배울 때 시각기능이 더욱 좋아진다. 이런 특성을 이용해 아이가 보는 앞에서 장난감을 집어서 보여 준 다음 살짝 감추거나 부분적으로 아이에게 보이지 않게 엄마가 의자나 문 뒤에 숨긴다. 없어진 물건이나 엄마를 찾으려고 이리저리 살펴보면서 자연스럽게 시각이 발달하게 된다. 다양한 색상으로 구성된 그림책을 자주 보여 주면 시각 발달에 큰 도움이 된다. 비슷한 물건을 서로 모아 둔 다음 같은 것을 찾아내는 놀이를 하면 아이의 관찰력을 발달시킬 수 있다. 엄마가 먼저 시범을 보인 후 아이에게 짝지어 보도록 한다. 비슷한 모양을 찾으려고 쳐다보면서 사고력과 시각 발달이 자연스럽게 이루어진다. 움직임이 점차 많아지면 밖에서 놀이를 해 주는 것이 좋다. 집 앞 놀이터나 근처 공원에 나가 아이와 함께 땅바닥에 일자나 동그라미를 그려 본다. 정확하게 그리지 못해도 그림을 그리려고 애를 쓰면서 집중력과 변별력, 시각이 발달한다.

(4) 뇌펼치기

뇌성장 몸놀이의 청각자극놀이는 아이 스스로 다양한 소리를 추구하여 즐거운 뇌로 성장하고, 청각방어가 있더라도 잘 견딜 수 있게 하며, 점차 편안하게 받아들이는 뇌로 성장하게 하는 놀이이다.

특정 소리에 과민반응을 보이는 경우 청각방어가 있다고 하며, 선풍기나 청소기, 냉장고, 세탁기 등 기계가 돌아가는 소리, 오디오에서 나오는 시끄러운 음악소리, 공사장의 기계 소리 등 환경에서 발생하는 소리를 받아들이는 데 문제가 있다. 동요를 틀어 놓고 율동을 할 때 귀를 막느라 손을 잡기 어렵고, 청소기만 돌리면 울다가 끄면 울음을 멈추는 등 일상생활의 자극조차 견디기 어렵다. 그러나 뇌펼치기 단계에서는 환경에서 오는 온갖 소리에 귀가 열려 이것을 확인하고 미소 짓는 아이의 얼굴을 볼 수 있다. 주변에서 아이의 뇌로 흘러들어 가는 다양한 청자극은 아이의 신경망을 잘 연결시키고, 튼튼하게 만들어 준다. 스스로 물건을 던졌을 때 나는 부딪치거나 깨지는 소리를 듣고 싶어 하고, 악기를 두드렸을 때 나는 소리를 즐긴다. 이렇게 스스로 소리를 만들어 내며 자신감을 쌓아 간다.

자폐스펙트럼장애 아동은 의사소통 발달의 가장 초기 단계에서부터 함께 주의하고, 알려 주고, 시작하는 것과 같은 사회적으로 상호작용을 하기 위한 의도적인 의사소통에 심각한 문제를 보인다.

정상 아동은 대화를 시작할 때 상대방의 이름을 부르거나 시선을 맞추어서 자신에게 집중하게 하지만, 자폐스펙트럼장애 아동은 대화를 하려면 먼저 상대방의 주의를 끌어야 한다는 의사소통 규칙에 대한 인식이 부족하거나 또는 언제 상대방의 주의가 자신에게 집중되어 있는지를 인식하는 능력이 부족하므로 뇌펼치기 활동을 하기 전에 애착확장기 활동을 먼저 수행해야 한다.

제3부

통합유아발달놀이 실제

제7장 마음성장 애착놀이

1. 마음성장 애착놀이 개요
2. 마음성장 애착놀이 운영 실제

1. 마음성장 애착놀이 개요

초기의 뇌 발달은 유전자와 경험의 상호작용에 의해 신경 성장과 연결성이 왕성하게 이루어진다. 그러나 양육자의 부재 혹은 아이의 발달장애와 같은 초기 발달의 어려움은 정보처리 과정에 지속적인 결핍을 일으켜 신경망 사이의 통합적인 신경처리 과정을 파괴할 수 있다. 아이가 보내는 신호를 빨리 알아차리고 해결해 주는 엄마의 민감성, 생물학적 항상성을 위한 엄마의 정동조절, 안전한 기지가 되어 주는 신체 마사지 등으로 구성된 마음성장 애착놀이의 목표는 신경세포의 성장, 신경망의 통합을 촉진해 주어 다양한 신경망 사이의 조화를 만들어 내거나 회복시키는 것이다.

마음성장 애착놀이는 아이가 엄마를 장난감보다 더 재미있는 대상으로 인식하여 안정된 애착을 형성하도록 도와주는 놀이이다. 마음성장 애착놀이를 통해 엄마는 아이의 몸짓이나 움직임 등과 같은 행동 단서를 빨리 알아차리는 민감성을 기르게 되고, 아이는 혼자 노는 것보다 함께 놀이하는 것이 더 즐겁다는 것을 알게 된다. 마음성장 애착놀이는 엄마와의 몸놀이로 특별한 도구가 필요 없다. 언제 어디서나 엄마와의 몸놀이를 통해 신체지각을 최대한 활성화하고 뇌기능을 자극해 줄 수 있다. 엄마가 직접 신체놀이를 해 주느라 처음에는 힘들다고 느낄 수 있지만 폭발적으로 좋아하는 아이의 반응은 엄마에게 새로운 활력을 제공해 준다.

영유아 시기에 엄마가 제공해 주는 즐거운 몸놀이는 초기 애착형성과 뇌의 성장에 기여한다. 부모 역시 아이와의 긴밀한 교류를 통해 진정한 엄마가 되고, 아빠가 되는 전환과정을 밟게 된다.

2. 마음성장 애착놀이 운영 실제

마음성장 애착놀이 적용 순서를 정하기 위해서는 먼저 애착수준의 단계를 분류해야 한다. 무분별 애착관계, 변별된 애착관계, 접근 추구 애착관계, 목표 수정적 애착관계로 나뉘며 각 단계에 따라 애착수준 목표를 설정하고 목표를 달성하

기 위해 유용한 마음성장 애착놀이를 배치하기 위함이다. 예를 들어, 아직 엄마에게 전혀 눈접촉을 보이지 않고 안기려고 하지 않는 아동에게 상호작용이 있어야만 가능한 놀이를 제공할 수는 없다. 반면, 엄마와의 애착이 형성된 아이는 주변 사람들과의 상호작용을 통해 교류의 범위를 넓히는 놀이를 제공하며 이어서 또래와 함께 할 수 있는 놀이로 단계를 높여 간다.

1) 마음성장 애착놀이의 단계별 놀이 목록

애착잠재기		애착싹트기		애착형성기		애착확장기	
1	콩쥐팥쥐 1	1	콩쥐팥쥐 2	1	콩쥐팥쥐 3	1	콩쥐팥쥐 4
2	새 신 1	2	새 신 2	2	새 신 3	2	새 신 4
3	맴돌기 1	3	맴돌기 2	3	맴돌기 3	3	맴돌기 4
4	물레방아 1	4	물레방아 2	4	물레방아 3	4	물레방아 4
5	어깨동무 내 동무 1	5	어깨동무 내 동무 2	5	어깨동무 내 동무 3	5	어깨동무 내 동무 4
6	잠자리 꽁꽁 1	6	잠자리 꽁꽁 2	6	잠자리 꽁꽁 3	6	잠자리 꽁꽁 4
7	둘이 살짝 1	7	둘이 살짝 2	7	둘이 살짝 3	7	둘이 살짝 4
8	노젓기 1	8	노젓기 2	8	노젓기 3	8	노젓기 4
9	동대문놀이 1	9	동대문놀이 2	9	동대문놀이 3	9	동대문놀이 4
10	발자전거 1	10	발자전거 2	10	발자전거 3	10	발자전거 4
11	담요그네 1	11	담요그네 2	11	담요그네 3	11	담요그네 4
12	깜박과 반짝	12	퐁당퐁당 1	12	퐁당퐁당 2	12	퐁당퐁당 3
13	걷고 걷고 1	13	걷고 걷고 2	13	걷고 걷고 3	13	걷고 걷고 4
14	김밥말이 1	14	김밥말이 2	14	입김불기 1	14	입김불기 2
15	고개넘기 1	15	고개넘기 2	15	고개넘기 3	15	고개넘기 4
16	비행기놀이 1	16	비행기놀이 2	16	주먹놀이 1	16	주먹놀이 2
17	어깨보따리	17	거울놀이 1	17	거울놀이 2	17	거울놀이 3
18	다리치기	18	잼잼콩콩 1	18	잼잼콩콩 2	18	잼잼콩콩 3
19	무릎타기	19	스카프 까꿍 1	19	스카프 까꿍 2	19	스카프 까꿍 3
20	꼬마신랑 1	20	꼬마신랑 2	20	머리어깨무릎발 1	20	머리어깨무릎발 2
21	안마놀이 1	21	문지기놀이	21	손잡고 구르기 1	21	손잡고 구르기 2

22	안마놀이 2	22	다리미끄럼	22	어디까지 갈래	22	여우야 여우야
23	땅꼬마놀이	23	꼬마야 꼬마야 1	23	꼬마야 꼬마야 2	23	꼬마야 꼬마야 3
24	무쇠팔 1	24	무쇠팔 2	24	꼬리잡기 1	24	꼬리잡기 2
25	하늘로 번쩍 1	25	하늘로 번쩍 2	25	마술놀이 1	25	마술놀이 2
26	그대로 멈춰라 1	26	그대로 멈춰라 2	26	그대로 멈춰라 3	26	그대로 멈춰라 4
27	엄마랑 나랑 1	27	엄마랑 나랑 2	27	엄마랑 나랑 3	27	친구랑 나랑
28	엄마 손은 약손	28	담요썰매 1	28	담요썰매 2	28	담요썰매 3
29	방아야 방아야	29	말등타기	29	강강수월래 1	29	강강수월래 2
30	시소놀이	30	우리집에 왜 왔니 1	30	우리집에 왜 왔니 2	30	우리집에 왜 왔니 3

2) 마음성장 애착놀이의 단계별 핵심 관련 요소

마음성장 애착놀이를 통해 증진시켜야 할 단계별 핵심 요인은 신체접촉, 요구표현, 눈접촉, 긍정적 정서공유, 신뢰감, 안정감, 상호성, 일체감의 8개 항목이며, 앞 단계에서 획득한 핵심 요인은 다음 단계에 지속적으로 포함되며 질적으로 우수해진다.

	신체접촉	요구표현	눈접촉	긍정적 정서공유	신뢰감	안정감	상호성	일체감
애착잠재기								
애착싹트기								
애착형성기								
애착확장기								

마음성장 애착놀이를 제공하는 원칙은 다음과 같다. 첫째, 재미있어야 한다. 둘째, 신체접촉놀이를 우선적으로 실시한다. 셋째, 상호작용을 강화해 주는 놀이를 단계적으로 적용한다.

(1) 애착잠재기

아이의 애착수준이 무분별 애착관계 단계에 있어 아이가 아직 어른에게 반응해 주지 않는 시기이다. 사람보다 장난감이나 물건에 더 몰두하는 시기이므로 아

이가 즐거워할 신체놀이를 배치하고 전적으로 어른이 놀이를 제공해 주어야 한다. 놀이 운영 방식도 아이의 협조가 없이도 할 수 있으면서도 아이가 즐거워하는 놀이여야 하며, 엄마 주도로 놀이를 제공해 주는 형태로 신체접촉과 요구표현 확장에 도움을 줄 수 있는 놀이여야 한다.

(2) 애착싹트기

이제 조금씩 타인을 인식하기 시작하는 변별된 애착관계 단계이나 아직 엄마여야만 하는 수준은 아니다. 모아 간 밀접한 접촉이 유지되는 활동을 제공하여 신체접촉과 요구표현과 함께 눈접촉도 증진되는 효과가 있다. 동시에 아동이 자발적으로 엄마에게 놀이를 요구할 수 있도록 이미 배운 놀이를 배치하여 자신감을 향상시켜 준다.

아이가 어른과의 신체접촉을 받아들이고, 스스로 놀이를 더 해 주기를 요청하는 등 자발성이 싹트는 시기이므로 아이가 좋아하는 신체놀이를 제공해 주되 엄마의 주도성을 조금씩 줄인다. 그러나 아이의 요구를 민감하게 알아듣고, 아이의 요구에 즉시 반응해 주는 것은 계속 필요하다. 아이와 엄마 상호간의 애착을 공고히 하기 위한 신체접촉, 요구표현, 눈접촉 증진을 기반으로 긍정적 정서를 공유하는 데 도움이 되는 놀이를 풍부하게 제공한다.

(3) 애착형성기

이제 아이는 접근 추구 애착관계를 구축해야 하는 것을 목표로 하는 애착형성기에 있다. 아이가 자신의 엄마를 타인과 구분하고, 엄마에게 적극적으로 신체놀이를 요구하는 단계이므로 아이가 놀이를 요구할 때마다 반응해 주되, 이제까지는 아이가 요구하는 것에 즉시 반응해 주었던 것을 10초, 20초 그리고 1분 후 반응해 주는 식으로 지연시켜 아이의 주장능력을 키우고, 동시에 손을 끌거나 몸을 밀치는 등의 신체요구 표현에서 눈을 쳐다보고, 소리를 내는 등 세분화된 의사소통 표현을 끌어내도록 한다. 아이는 이제까지 획득한 애착의 기본 요소, 즉 신체접촉, 요구표현, 눈접촉, 긍정적 정서공유를 기반으로 한 신뢰감과 안정감을 성취함으로써 사회적 관계를 맺는 데 필요한 기본기를 다지게 된다.

(4) 애착확장기

목표 수정적 애착관계를 확립해야 하는 애착확장기는 엄마나 다른 어른들과 함께 했던 모든 놀이를 또래와 할 수 있도록 구성한다. 아이는 이제까지 어른들과 함께 놀이 방식이나 노래 등을 충분히 숙지하였기 때문에 친구와 함께 놀이를 해야 하는 상황이 되었을 때 거부하기보다 용기를 내어 참여하는 행동이 점차 많아지게 된다. 애착을 공고히 하는 데 필요한 애착형성기 놀이를 친구들과의 상호작용으로 확장할 수 있도록 한다. 어른들이 주로 이끌어 주던 것을 아이 스스로 주도권을 가지고 놀이에 개입하게 함으로써 타인의 욕구를 알아차리고, 상호협조하며, 기다리는 등의 상호성, 일체감을 강화시킨다.

마음성장 애착놀이를 진행할 때 기억해야 할 것은 어떤 단계에서 시작하더라도 항상 아이의 이름을 부르고, 자연스러운 눈맞춤을 최대한 끌어올리는 것이다. 눈맞춤을 최대한 끌어올리는 방식은 아이에게 엄마의 눈을 보라고 요구하는 것이 아니라 아이가 눈접촉을 목적으로 하지 않고 단순히 엄마의 얼굴 방향으로 쳐다볼 때를 포함하여 언제든 눈맞춤을 할 수 있도록 엄마가 준비되어 있어야 한다는 것을 의미한다. 아이와 함께 노는 어른의 목소리는 기본적으로 부드럽고 따뜻함이 묻어나야 한다. 아이의 신체를 접촉할 때 거칠게 다루지 않으며 자주 안아주고 쓰다듬어 준다. 또한 아이의 자발적 참여 및 협조에 대해 즉시 칭찬해 주며, 해가 되는 것이 아니라면 무엇이든 아이가 요구하는 것에 즉시 반응해 주어야 한다. 무엇보다 아이가 신체적 접촉을 원할 때 즉시 수용해 주어 자신이 표현하면 상대방이 반응해 준다는 것을 알게 해 준다.

3) 마음성장 애착놀이의 단계별 일정표

가정에서 쉽게 활용할 수 있도록 마음성장 애착놀이 일정표를 제시하였다. 정해진 순서대로 배치된 놀이를 시행하되 아이가 더 하기를 원하는 것은 시간을 늘릴 수도 있고, 원하지 않는 것은 짧게 끝내는 등 아이의 기분상태와 환경에 따라 조절한다. 놀이는 1주일 단위로 구성하며 매주 6개의 놀이를 배치한다. 매주 월요일에 시작하여 토요일에 완료하며, 일요일은 그 주의 활동을 종합놀이로 반복

한다. 월, 수, 금요일에 두 가지 새로운 놀이를 시도하는 것은 이미 배운 놀이를 충분히 인식하고 즐기는 수준까지 이끌기 위해 반복하는 것이다. 새로운 놀이가 추가될 때 반드시 이미 배워 익숙해진 놀이를 먼저 하고 나서 덧붙여 주면 훨씬 수월하게 받아들인다. 하나의 놀이에 충분히 익숙해질 정도로 제공해 주고 나서 새로운 놀이를 하나씩 추가해도 좋다.

(1) 애착잠재기 일정표

아이가 엄마와의 애착에 전혀 관심이 없이 혼자 놀이를 많이 하는 시기로 엄마는 전적으로 자신을 몸을 아이의 놀이대상으로 제공한다. 장난감을 가지고 혼자 놀이를 하고 있는 아이에게 엄마라는 장난감이 다른 어떤 장난감보다 더 재미있고 즐겁다는 것을 느끼게 해 주면 아이는 장난감보다 엄마를 더 찾게 된다. 아이들은 피부접촉을 통해 자신이 사랑받는 존재라는 걸 더 느끼게 되므로 제시된 30개의 애착놀이를 일정표에 따라 진행한다.

	1주	2주	3주	4주	5주
월요일	• 콩쥐팥쥐 1	• 둘이 살짝 1	• 걷고 걷고 1	• 무릎타기	• 하늘로 번쩍 1
화요일	• 새 신 1	• 노젓기 1	• 김밥말이 1	• 꼬마신랑 1	• 그대로 멈춰라 1
수요일	• 맴돌기 1	• 동대문놀이 1	• 고개넘기 1	• 안마놀이 1	• 엄마랑 나랑 1
목요일	• 물레방아 1	• 발자전거 1	• 비행기놀이 1	• 안마놀이 2	• 엄마 손은 약손
금요일	• 어깨동무 내 동무 1	• 담요그네 1	• 어깨보따리	• 땅꼬마놀이	• 방아야 방아야
토요일	• 잠자리 꽁꽁 1	• 깜박과 반짝	• 다리치기	• 무쇠팔 1	• 시소놀이
일요일	• 종합놀이	• 종합놀이	• 종합놀이	• 종합놀이	• 종합놀이

(2) 애착싹트기 일정표

이제 아이는 자신의 엄마와 타인을 구별하여 엄마를 확인하고, 따라다니고, 찾고, 매달리는 행동이 나타나기 시작하므로 엄마가 지칠 수 있다. 10kg 미만의 아이라면 업고 뛰는 데 크게 힘들지 않지만 체중이 15~17kg 이상이어서 힘들고 지칠 수 있다. 그럼에도 아이 입장에서는 이제 애착이 싹트기 시작하는 시기이므로 가능한 엄마가 아이의 요구를 수용해 주어야 한다. 엄마를 의미 있는 대상으로 인식하고 애착이 시작되는 초기여서 아이는 엄마로부터 떨어지지 않으려는 분리불안이 생기고 처음으로 자기에게 중요한 사람이 생기는 거의 혁명과 같은 일을 겪고 있는 중요한 시기라는 점을 염두에 두어야 한다. 엄마는 아이가 안정된 애착을 형성하도록 돕기 위해 아이와 함께 있는 시간을 늘리고, 아주 잠깐 아이를 떠나야 할 때조차도 항상 알리는 것이 좋다. 또한 아이가 엄마를 찾을 때는 바로 목소리를 들려주어 안심시켜 주어야 하고, 가능하면 즉시 모습을 보여 주는 것이 좋다. 엄마가 늘 아이 주변에 있다는 확신을 가져야 불안해하지 않는다. 이런 점들을 고려하여 이 시기의 애착놀이는 신체적 요구 표현이 많은 놀이를 배치하고 몸에 붙이는 놀이를 강화해 줌으로써 엄마에 대한 인식을 공고히 해 나가도록 돕는다.

	1주	2주	3주	4주	5주
월요일	• 콩쥐팥쥐 2	• 둘이 살짝 2	• 걷고 걷고 2	• 스카프 까꿍 1	• 하늘로 번쩍2
화요일	• 새 신 2	• 노젓기 2	• 김밥말이 2	• 꼬마신랑 2	• 그대로 멈춰라2
수요일	• 맴돌기 2	• 동대문놀이 2	• 고개넘기 2	• 문지기놀이	• 엄마랑 나랑 2
목요일	• 물레방아 2	• 발자전거 2	• 비행기놀이 2	• 다리미끄럼	• 담요썰매 1
금요일	• 어깨동무 내 동무 2	• 담요그네 2	• 거울놀이 1	• 꼬마야꼬마야1	• 말등타기
토요일	• 잠자리 꽁꽁 2	• 퐁당퐁당 1	• 잼잼콩콩 1	• 무쇠팔 2	• 우리집에 왜 왔니 1
일요일	• 종합놀이	• 종합놀이	• 종합놀이	• 종합놀이	• 종합놀이

(3) 애착형성기 일정표

이 시기는 드디어 아이가 엄마를 확실히 내재화하여 엄마가 보이지 않아도 존재한다는 것을 인식하기 시작하는 중요한 시점이다. 아이는 엄마가 보이지 않으면 예전처럼 불안해하며 무조건 울기보다 엄마를 찾아 나서고, 엄마를 찾으면 회심의 미소를 지으며 엄마에게 달려가 엄마의 얼굴을 바라보며 눈을 맞추고 웃어 주는 행동을 보인다. 애착형성기의 핵심은 아이가 엄마를 확실한 안정 애착기지로 인식하는 것이다. 아이는 엄마와의 놀이 시 깔깔거리고 엄마가 해 주는 놀이를 모방하여 자신이 엄마에게 해 주기도 한다. 엄마와의 상호작용을 통해 익숙해진 놀이는 엄마가 아닌 다른 사람과 시도해 보도록 기회를 주고, 놀이가 끝난 후

얼른 엄마에게 돌아가도록 하는 방법은 애착을 강화해 주는 좋은 시도이다.

<table>
<tr><th></th><th>1주</th><th>2주</th><th>3주</th><th>4주</th><th>5주</th></tr>
<tr><td>월요일</td><td rowspan="2">• 콩쥐팥쥐 3
• 새 신 3</td><td rowspan="2">• 둘이 살짝 3
• 노젓기 3</td><td rowspan="2">• 걷고 걷고 3
• 입김불기 1</td><td rowspan="2">• 스카프 까꿍 2
• 머리어깨무릎발 1</td><td rowspan="2">• 마술놀이 1
• 그대로 멈춰라 3</td></tr>
<tr><td>화요일</td></tr>
<tr><td>수요일</td><td>• 맴돌기 3</td><td>• 동대문놀이 3</td><td>• 고개넘기 3</td><td>• 손잡고구르기 1</td><td>• 엄마랑 나랑 3</td></tr>
<tr><td>목요일</td><td>• 물레방아 3</td><td>• 발자전거 3</td><td>• 주먹놀이 1</td><td>• 어디까지 갈래</td><td>• 담요썰매 2</td></tr>
<tr><td>금요일</td><td rowspan="2">• 어깨동무 내 동무 3
• 잠자리 꽁꽁 3</td><td rowspan="2">• 담요그네 3
• 퐁당퐁당 2</td><td rowspan="2">• 거울놀이 2
• 잼잼콩콩 2</td><td rowspan="2">• 꼬마야 꼬마야 2
• 꼬리잡기 1</td><td rowspan="2">• 강강수월래 1
• 우리집에 왜 왔니 2</td></tr>
<tr><td>토요일</td></tr>
<tr><td>일요일</td><td>• 종합놀이</td><td>• 종합놀이</td><td>• 종합놀이</td><td>• 종합놀이</td><td>• 종합놀이</td></tr>
</table>

(4) 애착확장기 일정표

목표 수정적인 협력관계를 보이는 단계에서 아이는 사회인지능력과 언어능력의 발달로 애착욕구와 탐색욕구 사이의 균형을 이룰 수 있다. 이제 아이는 자신의 목표뿐 아니라 양육자의 목표에도 주의를 기울여서 자신의 행동을 계획하고 조정 · 수정하는 상호성, 일치성 등이 발달한다. 엄마뿐 아니라 또래와의 상호작용에서 타인에게 협력하는 상황을 설정하고, 상황 인지를 통한 타협이나 조정 등의 역할을 연습할 수 있는 놀이를 배치한다. 애착잠재기, 애착싹트기, 애착형성기를 단계적으로 이행하면서 엄마와 함께 했던 놀이를 또래와 반복함으로써 자신감을 획득하도록 돕는다.

<table>
<tr><th></th><th>1주</th><th>2주</th><th>3주</th><th>4주</th><th>5주</th></tr>
<tr><td>월요일</td><td rowspan="2">• 콩쥐팥쥐 4
• 새 신 4</td><td rowspan="2">• 둘이 살짝 4
• 노젓기 4</td><td rowspan="2">• 걷고 걷고 4
• 입김불기 2</td><td rowspan="2">• 스카프 까꿍 3
• 머리어깨무릎발 2</td><td rowspan="2">• 마술놀이 2
• 그대로 멈춰라 4</td></tr>
<tr><td>화요일</td></tr>
<tr><td>수요일</td><td>• 맴돌기 4</td><td>• 동대문놀이 4</td><td>• 고개넘기 4</td><td>• 손잡고구르기 2</td><td>• 친구랑 나랑</td></tr>
<tr><td>목요일</td><td>• 물레방아 4</td><td>• 발자전거 4</td><td>• 주먹놀이 2</td><td>• 여우야 여우야</td><td>• 담요썰매 3</td></tr>
</table>

<table>
<tr><td>금요일</td><td rowspan="2">• 어깨동무 내 동무 4
• 잠자리 꽁꽁 4</td><td rowspan="2">• 담요그네 4
• 퐁당퐁당 3</td><td rowspan="2">• 거울놀이 3
• 잼잼콩콩 3</td><td rowspan="2">• 꼬마야꼬마야3
• 꼬리잡기 2</td><td rowspan="2">• 강강수월래 2
• 우리집에 왜 왔니 3</td></tr>
<tr><td>토요일</td></tr>
<tr><td>일요일</td><td>• 종합놀이</td><td>• 종합놀이</td><td>• 종합놀이</td><td>• 종합놀이</td><td>• 종합놀이</td></tr>
</table>

제 8 장 마음성장 애착놀이 활동: ❶ 애착잠재기

- 콩쥐팥쥐 1
- 새 신 1
- 맴돌기 1
- 물레방아 1
- 어깨동무 내 동무 1
- 잠자리 꽁꽁 1
- 둘이 살짝 1
- 노젓기 1
- 동대문놀이 1
- 발자전거 1
- 담요그네 1
- 깜박과 반짝
- 걷고 걷고 1
- 김밥말이 1
- 고개넘기 1
- 비행기놀이 1
- 어깨보따리
- 다리치기
- 무릎타기
- 꼬마신랑 1
- 안마놀이 1
- 안마놀이 2
- 땅꼬마놀이
- 무쇠팔 1
- 하늘로 번쩍 1
- 그대로 멈춰라 1
- 엄마랑 나랑 1
- 엄마 손은 약손
- 방아야 방아야
- 시소놀이

콩쥐팥쥐 1

✎ 목적

- 몸놀이를 통한 즐거움 경험
- 전정감각자극 증진
- 눈접촉을 통한 애착증진

♬ 노래

콩----쥐 팥----쥐, 콩-콩-콩 콩----쥐, 팥-팥-팥- 팥----쥐

놀이 방법

1. "콩쥐팥쥐 놀이하자."라고 말하며 아이를 품에 안는다.
2. "콩~"을 늘여서 말하며 엄마의 상체를 아래로 충분히 구부린다.
3. "쥐~" 하며 상체를 일으켜 세운다.
4. "팥~"을 늘여서 말하며 엄마의 상체를 아래로 충분히 구부린다.
5. "쥐~" 하며 상체를 일으켜 세운다.
6. "콩콩콩" 노래와 동시에 통통통 튀듯이 제자리에서 뛴다.
7. "쥐~" 하며 상체를 일으켜 세운다.
8. "팥팥팥" 노래와 동시에 통통통 튀듯이 제자리에서 뛴다.
9. "쥐~" 하며 상체를 일으켜 세운다.

key point

- 아이가 무서워하는 경우 속도를 천천히 진행하고, 흔들어 주는 것도 최소로 한다.
- 아이가 웃기 시작하고 미소를 띠면 놀이 방식을 이해한 것이니 조금 더 빠르게 진행하면 즐거움이 배가 된다.
- 밀접한 신체접촉과 눈접촉을 통해 애착이 증진된다.

새신1

목적

- 전정감각자극 증진
- 자연스러운 신체접촉 증진
- 타이밍에 맞춘 발 구르기 인식 증진

노래

새 신을 신고 뛰어 보자 팔짝,
머리가 하늘까지 닿겠네

놀이 방법

1. 아이를 업은 상태에서 “새 신을 신고 뛰어 보자”까지 부르는 동안 한 음절마다 엄마의 무릎을 굽혔다, 폈다 한다.
2. “팔짝”에서 위로 한 번 뛰어오르고,
3. “머리가 하늘까지 닿겠”까지 부르는 동안 엄마의 무릎을 굽혔다, 폈다 한다.
4. 마지막 “네”에서 다시 뛰어오른다.

key point

- 아이가 엄마의 어깨를 잡지 않으면 몸놀이가 어렵기 때문에 아이의 양손을 엄마 양쪽 어깨에 올려놓아 엄마의 어깨를 잡도록 한다. 처음엔 잡지 않던 아이도 위아래로 흔들고 뛰어오르면 아이 스스로 잡게 되는데, 이는 상황에 대한 인식과 함께 자기주도적 행동의 시초가 된다.
- 아이가 무서워하면 흔들림을 적게 하다 점차 의도적으로 많이 흔들어 준다.
- 아이가 계속 잡지 않으면 놀이를 지속하기 어려워 중단하는 경우가 많은데, 이럴 경우 어부바 띠를 사용하여 묶은 후 놀이를 진행한다. 이는 뇌에서 놀이의 즐거움을 먼저 인식시켜 주기 위함이다.

맴돌기 1

목적

- 자연스러운 신체접촉 증진
- 놀이경험을 통한 순서 개념 인식
- 회전 및 균형 감각 증진

♬ 노래

아버지는 나귀 타고 장에 가–시고
할머니는 건넌 마을 아저씨 댁–에
고추 먹고 맴맴 담배 먹고 맴맴
고추 먹고 맴맴 담배 먹고 맴맴

놀이 방법

1. 아이를 업고 노래 두 소절("아버지는 나귀 타고 장에 가시고 할머니는 건넌 마을 아저씨 댁"까지)을 부르며 천천히 걷는다.
3. 마지막 낱말("–에")을 길게 부르며 그 자리에 멈추었다가(순간 정적이 흐른다)
4. "고추 먹고 맴맴 담배 먹고 맴맴"을 부르며(두 소절 연속) 빠르게 뛰다가 마지막 "맴"에서 그 자리에 정지한다.

key point

- 처음 두 소절에서는 노래를 천천히 부르며 천천히 걷는다.
- 마지막 소절에서는 최대한 달리다가 서면 즐거움이 최대화된다.
- 느리게 걷다 빠르게 달리기, 빠르게 달리다 정지하기와 같은 속도 변화는 뇌 작동을 최대한 활성화해 주는 활동이다.

 물레방아 1

✎ 목적

- 음률 리듬감 향상
- 의태어 반복을 통한 언어자극
- 상호신뢰성 증진 및 두려움 극복

♬ 노래

쿵-덕쿵 쿵-덕쿵 물-레방아 돌-아라
쿵-덕쿵 쿵-덕쿵 밥쌀 떡쌀 찧-어라

🗁 놀이 방법

1. 아이를 업고 들썩이며 흥겹게 노래를 부른다.
2. "쿵"에 무릎을 굽혔다가 "덕"에 반동으로 뛰고 다시 "쿵"에 내려오는 동작을 빠르게 이어서 한다.
3. "물-레방아 돌-아라"를 부르며 제자리에서 천천히 한 바퀴 돈다.

key point

- 돌 때 너무 빨리 돌면 어지러우니 천천히 돈다.
- 아이가 스스로 엄마 어깨를 삽는 협력석 태도가 증진된다.

 어깨동무 내 동무 1

✎ 목적

- 음률 리듬감 향상
- 심폐기능 활성화
- 신체접촉을 통한 상호작용 증진

♬ 노래

어깨동무 내 동무 미나리 밭에 앉았다

놀이 방법

1. 엄마가 아이를 업는다.
2. "어깨동무 내 동무 미나리 밭에"까지 부르며 뛴다.
3. "앉았다"에서 푹 꺼지듯 빠른 속도로 무릎을 접어 앉는다.
4. 일어나 한 번 더 반복한다.

key point

- 노래와 동작이 단순하면서도 극적 변화가 있어 아이들이 매우 좋아한다.
- 걸어서 이동할 때 이 놀이를 하면 효율적이다.

- 엄마에게 업힌 상태에서 뛰다가 갑자기 앉는 동작은 뇌를 최대한으로 자극해 준다.
- 엄마와 함께 놀이하는 것의 즐거움을 느낀다.

잠자리 꽁꽁 1

✎ 목적
- 유연성 증진
- 균형감각 증진
- 음률의 리듬감 증진

♬ 노래

잠자리 꽁꽁 꼼자리 꽁꽁
잠자리 꽁꽁 꼼자리 꽁꽁~

🗁 놀이 방법

1. 아이를 업는다.
2. "잠자리"에서 상체를 앞으로 살짝 숙이며 엄마의 무릎을 약간 구부린다.
3. "꽁꽁"에서 상체를 세우고 선 자세로 동시에 두 번 발을 구른다.
4. 한 번 더 반복하는 것이 한 세트이다.

key point

- 아이가 무서워할 수 있으므로 처음엔 조심스럽게 뛴다.
- 아이의 표정을 살펴 좋아하면 조금 더 활기차게 뛰어 준다.
- 언어를 끌어내기 위해 엄마가 "잠자리"까지만 하고 기다리면 아이가 "꽁꽁" 이라고 말을 하며 다음 단계 놀이를 해 주기를 원하기도 한다.

둘이 살짝 1

목적

- 자연스러운 신체접촉 증진
- 회전 및 균형 감각 증진
- 타인과의 협응 증진

노래

둘이 살짝 손잡고 오른쪽으로 돌아요
둘이 살짝 손잡고 왼쪽으로 돌아요

놀이 방법

1. 엄마가 아이를 업고 선다.
2. "둘이 살짝": 오른발을 45도 대각선 앞으로 한 걸음 이동하고 왼쪽 발이 따라붙는다.
3. "손잡고": 왼발을 45도 대각선으로 앞으로 한 걸음 이동하고 오른쪽 발이 따라붙는다.
4. "오른쪽으로 돌아요": 오른쪽으로 한 바퀴 돈다.
5. 2, 3번을 반복하고 마지막 소절에서 왼쪽으로 한 바퀴 돈다.

key point

- 노래를 부르며 반시계 방향으로 음에 맞추어 우아하게 전진한다.
- 업고 춤출 때 리드미컬하게 움직여 아이가 안정감과 행복감을 느끼게 해 준다.
- 빠른 곡으로 춤을 추거나 느린 곡으로 천천히 움직이는 것을 번갈아 변화시켜 보는 것은 리듬감을 느끼게 한다.

노젓기 1

목적

- 자연스러운 눈접촉 증진
- 자발성 증진
- 타인과의 협응력 증진

노래

마이클 노를 저어라 할렐루야

마이클 노를 저어라 할렐루야

놀이 방법

1. 엄마는 책상다리를 한 후 마주 보는 자세로 아이를 품에 안는다.
2. 전주곡이 나오는 동안 좌우로 몸을 흔든다.
3. 노래를 함께 부르며 아이를 안은 채 앞뒤로 리드미컬하게 움직인다.

key point

- 아이를 가슴에 포근하게 안는다.
- 앞으로 몸을 굽힐 때 초기에는 아이를 꼬옥 품에 안고, 익숙해지면 품에서 떨어뜨리고 눈맞춤을 한다.

동대문놀이 1

목적

- 타인과의 즐거운 놀이 공유
- 규칙에 대한 인식 증대
- 타인과의 협응 증진

♫ 노래

동동 동대문을 열어라
남남 남대문을 열어라
12시가 되면은 문을 닫는다

놀이 방법

1. 문지기 두 사람이 서서 손을 높이 맞잡아 문을 만든다.
2. 엄마가 아이를 업고 일렬로 줄을 선다.
3. 노래를 부르며 뛰며 문을 통과한다.

key point

- 노래의 빠르기를 조절하여 천천히 걷기도 하고, 빠르게 달리기도 한다.
- 문을 통과한 선두는 8자 모양으로 달려서 다시 문을 통과한다.
- 집단놀이를 하면 즐거움이 더 커지고 함께한다는 개념을 인식하게 된다.

발자전거 1

✎ 목적

• 신체지각 향상
• 율동적인 상호교류 경험
• 타인과의 협응 증진

♬ 노래

따르릉 따르릉 비켜나세요
자전거가 나갑니다 따르르릉
저기 가는 저 사람 조심하세요
우물쭈물하다가는 큰일 납니다

놀이 방법

1. 엄마가 바닥에 앉고 앞에 아이를 눕힌다.
2. 아이의 양말을 벗기고 양쪽 손으로 아이의 발목을 잡는다.
3. 아이의 양쪽 발목을 잡고 마치 자전거를 타듯이 굴려 준다(어른 주도).

key point

- 아이의 주도성 정도에 맞추어 도움을 준다.
- 서로 마주 보는 자세이므로 눈접촉이 최대한 증진된다.
- 아이의 무릎을 무리가 가지 않도록 천천히 돌려서 굴려 주면 신체 인식을 돕는다.
- 노래 부르며 아이의 발을 자전거 페달처럼 앞으로, 뒤로 굴릴 때 아이가 발에 힘을 주어 스스로 밟으려고 하는지 파악한다.

 담요그네 1

목적

- 신체 균형감각 기르기
- 자연스러운 눈접촉 증진
- 흔들림에 대한 균형감각 증진

노래

옆에 옆에 옆에 옆으-로 옆에 옆에 옆에 옆으-로
위로 아래로 위로 아래로 위로 아래로 위로 아래로

놀이 방법

1. 바닥에 담요를 깔아 놓고 아이를 담요 위에 똑바로 눕힌다.
2. 아이와 눈맞춤할 수 있는 위치에 엄마가 서고 반대쪽에 보조자가 선다.
3. 노래를 부르며 담요를 위아래, 좌우로 밀고 당긴다.

key point

- 눕는 것에 문제가 없으면 엄마는 아이와 눈이 마주치는 곳에 담요를 잡고 앉는다.
- 아이가 눕는 것을 거부하면 엄마 가슴에 아이를 딱 붙여 안고 엄마의 상체를 충분히 숙여 내려놓는다.
- 아이가 계속 일어서려고 하면 담요를 다른 사람들이 잡고 있고, 엄마는 담요에 누워 있는 아이의 손을 잡아 준다.
- 담요 흔드는 속도를 아이에게 맞춰 조정한다. 아이가 적응되어 좋아하면 힘차게 흔들어 주어도 좋다.

깜박과 반짝

✎ 목적

- 자연스러운 신체접촉 증진
- 어른 주도적 눈접촉 증진
- 음률감각과 리듬감의 발달
- 전정감각기관 기능 향상

♬ 노래

새---- 눈은 깜박

우리 아기 눈은 반짝

🗁 놀이 방법

1. 엄마가 아이를 업는다.
2. "새 눈은"에서 위아래로 흔들며 추스르다가 "깜박"에서 껑충 뛰며 동시에 고개를 돌려 아이를 쳐다본다.
3. 동작을 연결하여 "우리 아기 눈은"에서 위아래로 흔들며 추스르다가 이번엔 "반짝"에서 처음과 반대쪽으로 고개를 돌려 아이를 쳐다본다.

key point

- 아이가 시선접촉을 잘하는 쪽으로 고개를 마주친다.
- "깜박"이나 "반짝"에 맞추어 서로 고개를 내밀고 바라보는 자세(각도)를 잘 유지하는 것이 눈접촉 증진에 도움이 된다.
- 업고 있는 아이의 몸을 눈접촉하는 방향으로 기울인다.

걷고 걷고 1

목적

- 자연스러운 신체접촉 증진
- 속도의 차이 인식 증진
- 타인에 대한 협응력 증진

노래

걷고 걷고 걷고 걷고 높이 뛰어라 높이 뛰어라
빨리 빨리 달려 빨리 빨리 달려 멈춰라 멈춰라

놀이 방법

업고서

1. 아이를 업고 선다.
2. "걷고 걷고 걷고 걷고": 노래를 부르며 씩씩하게 걷는다.
3. "높이 뛰어라": 제자리에 멈춰서 무릎을 구부렸다가 최대 높이로 뛴다(두 번 연속).
4. "빨리 빨리 달려": 노래를 부르며 빨리 달린다(두 번 연속).
5. "멈춰라": 제자리에 멈춰서 무릎을 구부렸다가 최대 높이로 뛴다(두 번 연속).

key point

- 걷다가 뛰고 달리고를 순서대로 지각하며 뇌자극이 최대한 증진된다.
- 엄마와의 밀접한 신체접촉을 통해 애착이 증진된다.

김밥말이 1

목적

- 회전 및 균형감각 자극
- 자연스러운 눈접촉 증진
- 의태어 반복을 통한 언어자극

노래

떼굴 떼굴 떼굴 떼굴 도토리가
어디서 왔니------
단풍잎 곱게 물든 산골짝에서 왔지---

놀이 방법

1. 푹신한 이불을 깔고 그 위에 아이를 눕힌다.
2. "뒹굴뒹굴"이라고 말하면서 아이를 옆으로 굴려 주고 이불 끝까지 연속 굴리기를 해 준다.
3. 노래에 맞추어 엄마가 아이를 안고 이불 위에서 몸을 굴리기 시작한다.
4. 아이가 혼자 굴리기를 할 수 있는 경우 아이를 눕히는 것만 엄마가 해 주고 나머지는 아이가 시작하도록 기다려 본다.

key point

- 푹신한 이불 위에서 빙글빙글 굴러갈 때 재미있어하는지, 무서워하는지 파악하여 조심스럽게 다룬다.
- 엄마와 바싹 안고 굴러가게 되므로 엄마의 시선을 매우 가깝게 느낄 수 있고, 굴러가는 동안 즐거움을 함께 경험하게 되므로 피하지 않는다.
- 구르기 기술을 알려 주는 것이 목적이 아니라 엄마와 안고 구르기를 즐기도록 하는 게 이 놀이의 목적이다.
- 신체 구르기는 아이의 균형감각을 자극한다.

고개넘기 1

✎ 목적

- 수 개념 익히기
- 언어와 동작의 일치성
- 의태어 모방 증진

♫ 노래

한 고개 넘어서 아이고 다리야

두 고개 넘어서 아이고 다리야

세 고개 넘어서 아이고 다리야~~

놀이 방법

1. 아이를 업고 출발선에 선다.
2. "한 고개"에서 오른발을 한 발 앞으로, "넘어서"에서 왼발을 한 발 앞으로 나간다.
3. 두 발을 모은 후 "아이고 다리야~"라고 하며 무릎을 구부린다.
4. "두 고개" "세 고개"도 똑같이 시행한다.

key point

- "한 고개" "두 고개" "세 고개" 노래 가사를 통해 수 개념을 익힌다.
- 후렴구 반복으로 의태어를 즐겁게 모방한다.

비행기놀이 1

목적

- 신체접촉을 통해 친밀감 형성
- 자연스러운 눈맞춤 증진
- 타인과의 협력 증진

노래

떴--다 떴--다 비행기 날아라 날아라
높--이 높--이 날아라 우--리 비행기

놀이 방법

1. 아이와 마주 보고 선다.
2. 어른이 바닥에 누운 상태에서 두 다리를 공중으로 올린다.
3. 공중에 떠 있는 발목 위에 아이를 앉힌다.
4. 〈떴다 떴다 비행기〉 노래를 부르며 무릎을 위아래로 흔들어 준다.
5. 무릎을 쭉 펴서 아이 몸이 앞으로 쏠리게 하면 눈접촉을 유도할 수 있다.

key point

- 발목에 편안하게 앉아 있도록 한다.
- 아이가 흔들어 주는 것에 적응하면 조금 더 거칠게 흔들어 주어도 좋다.

- 노래가 끝나면 아이를 내려 주고 아이가 더 해 달라고 요구하는지 기다린다.
- 즐거운 신체접촉으로 뇌의 신경전달물질 분비를 증진시킨다.

✪ 어깨보따리

목적

- 전정감각자극 증진
- 자연스러운 눈접촉 증진
- 음악의 속도와 크기에 맞춘 동작 훈련

노래

다양한 속도, 음색의 음악

놀이 방법

- 아이를 보따리처럼 어깨에 걸치고 음악에 맞춰 움직인다.
  - 천천히 흐느적 걷기(안정되고 평화로운 음악)
  - 약간 빠른 속도로 어깨를 흔들며 걷기(왈츠곡)
  - 빠르게 달려가다가 방향 바꾸기(행진곡)

key point

- 이 활동을 충분히 한 후에 아이를 내려놓고 함께 손잡고 시도한다.
- 손을 잡지 않고 아이 스스로 음악에 맞춰 움직이는 것을 시도한다.
- 균형활동으로 익힌 엎드린 자세에서 놀이로 연결한다.

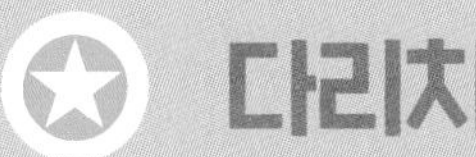

다리치기

목적

- 의도적인 시선접촉 증진
- 고유수용감각 증진
- 순서에 대한 이해 증진

노래

옆집 개가 밥을 먹다 목에 걸려 켁~

놀이 방법

1. 엄마와 아이가 마주 보는 자세로 바닥에 앉는다.
2. 엄마와 눈을 마주칠 수 있는 위치에 아이를 눕힌다.
3. 엄마의 검지손가락을 세워 아이에게 보여 준다.
4. 노래 부르며 한 음절마다 아이의 몸 여기저기를 손가락으로 꾹꾹 찌른다.
5. 마지막 소절 "걸려~"를 충분히 길게 늘이고, 이때 엄마는 아이를 간질이겠다는 의도로 두 손을 들어 준비하며 아이를 쳐다본다.
6. 아이와 눈이 마주치는 순간 "켁~"이라고 말하며 아이의 배, 사타구니를 간지럽힌다.

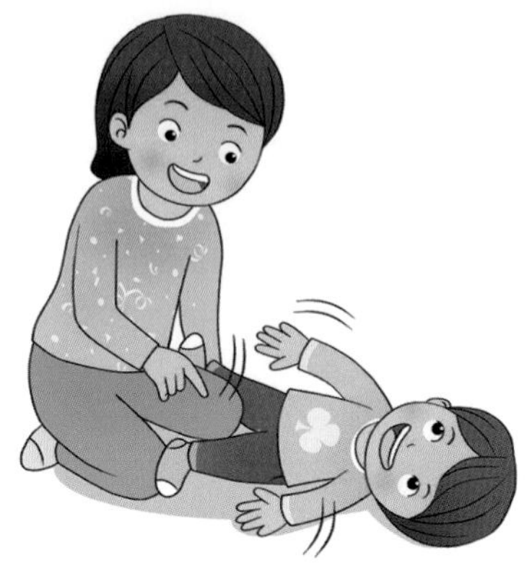

key point

- 아이가 눕는 것을 거부하면 앉아서 해도 좋다.
- 아이가 검지를 세울 수 있으면 "이티(ET)~"라고 하며 엄마의 검지와 만나는 놀이도 한다.
- 간지럼을 많이 타는 아이에게는 즐거운 놀이가 아니라 견디기 힘든 일이 될 수 있으므로 간지럼 태우는 수준을 조절한다.
- 눈이 마주치는 순간의 공동주시를 통해 상호교류가 많아진다.

무릎타기

✎ 목적

- 전정감각기관 자극
- 엄마와의 일체감 느끼기
- 규칙에 대한 이해 증진

♬ 노래

흔들흔들 흔들흔들 엄마 무릎 위에서

흔들흔들 흔들흔들 엄마 무릎 타요~
하나, 두울, 셋 퐁당

놀이 방법

1. 엄마는 바닥에 앉아 두 다리를 나란히 뻗는다.
2. 엄마의 무릎 위에 아이를 앉히고 아이의 다리도 나란히 뻗게 한다.
3. 엄마는 아이의 양쪽 겨드랑이에 손을 넣어 잡는다.
4. 노래를 부르며 다리를 위아래로 흔들면서 동시에 아이의 상체를 오른쪽, 왼쪽으로 흔들어 준다.
5. 마지막 소절의 "하나, 두울": 아이를 위아래로 흔든다.
6. "퐁당": 구령과 함께 엄마의 다리를 살짝 벌려 아이를 바닥에 떨어뜨린다. 이때 너무 세게 떨어지지 않게 겨드랑이를 잡은 손으로 힘 조절을 해 준다.

key point

- 거울이 있는 곳에서 놀이를 하면 더 즐겁다.
- 아이의 상체를 흔들어 줄 때 엄마의 무릎을 번갈아 가며 약간 올려 주면 더 리드미컬하여 흥이 난다.
- "퐁당" 하고 떨어뜨릴 때 아이의 겨드랑이를 지지해 주어 떨어지는 속도를 조절한다.
- 무서워하는 아이는 부드럽게 떨어지도록 도와준다.

꼬마신랑 1

✎ 목적
- 놀이의 즐거움 인식
- 모험심 증대
- 신체적 균형 잡기 향상

♬ 노래

꼬—마 신—랑 나가신다 길을 비켜라
꼬—마 신—랑 나가신다 길을 비켜라

놀이 방법

1. 아이를 업는다.
2. 흥겹게 노래를 부르며 앞으로 경중거리듯 걸어 나가다 "길을 비켜라"에서 제자리에 멈춘다.
3. 앞소절과 같은 노래와 동작을 반복한다.

key point

- 걸어갈 때 아이의 엉덩이에 손을 받치고 아이가 들썩들썩 하도록 흔들어 주어도 좋다. 단, 아이가 싫어하는 경우에는 자제한다.

• 걸어갈 때도 엄마의 몸을 상하좌우로 흔들어 주며 신나고 경쾌하게 걷는다.

안마놀이 1

✎ 목적

• 신체접촉 증진
• 근육의 긴장이완
• 음률감각 발달

♬ 노래

[노래 1] 잼잼잼잼 치키치키치 잼잼잼잼 치키치키치
어깨춤을 추면서 손 흔들어 모이자 앞사람을 안마합시다
쿵쿵 치자 가볍게 쿵쿵 치자 가볍게
쿵쿵쿵쿵 살살살살 쿵쿵쿵쿵쿵
쿵쿵쿵쿵 살살살살 다시 또 한 번

[노래 2] 주무르자 양쪽 어깨를 두 손으로 가벼웁게
어깨부터 허리까지 리듬에 맞춰서 즐거웁게 안마합시다
쿵쿵 치자 가볍게 쿵쿵 치자 가볍게
우리들은 사이좋은 어깨동무들
아침저녁 모이면 서로 도와요

🗁 놀이 방법

1. 엄마의 양반 다리 위에 아이를 앉힌다.
2. 노래를 부르며 아이의 어깨를 가볍게 주무르고 등을 두드려 준다.
3. 아이의 반응을 살피며 좋아하는 수준으로 자극을 준다.

key point

- 신체접촉에 민감하면 자극을 견디지 못해 거부할 수 있다.
- 아이가 편안해하는 수준에 맞추어 안마해 주는 것이 좋다.
- 머리를 꾹꾹 누르거나 양손을 쥐었다 폈다 하기 등 아이가 좋아하는 자극을 찾는다.

안마놀이 2

목적

- 눈접촉 증진
- 모방행동 증진
- 자발성 증진

노래

안마놀이 1과 동일

놀이 방법

[1단계]

1. 엄마가 바닥에 앉은 상태에서 아이는 엄마 등 뒤에 선다.
2. 노래가 나오면 아이가 엄마의 어깨를 주무르고 등을 두드려 준다.

[2단계]

1. 엄마와 아이가 마주보고 양반다리로 앉는다.
2. 엄마와 아이의 다리 위에 인형을 앉힌다.
3. 노래를 부르며 인형의 어깨를 가볍게 주무르고 등을 두드려 준다.
4. 안마놀이 중 눈접촉을 시도한다.

key point

- 안마놀이 1을 충분히 경험하면 아이가 먼저 엄마에게 안마놀이를 해 주기도 한다.
- 안마놀이가 끝나면 엄마는 아이를 칭찬하며 간식 등 좋아하는 것으로 보상을 해 주어도 좋다.
- 2단계 인형에게 안마놀이 해 주기를 지속적으로 시도하여 형제나 친구와 함께 할 수 있는 단계로 발전시킨다.
- 상호작용이 향상된 아이는 자신이 엄마에게 안마를 해 주겠다는 자발성을 보인다.

땅꼬마놀이

✎ 목적

- 균형감각 기르기
- 위치감각에 적응하기
- 주도성 기르기

♬ 노래

땅꼬마 올라간다 슝~ 땅꼬마 내려온다~ 슝~

땅꼬마 올라가서 슝~ 또다시 내려온다~ 슝~

🗁 놀이 방법

1. 엄마는 바닥에 앉아 두 다리를 곧게 앞으로 뻗는다.
2. 그림과 같이 엄마의 무릎 위에 아이를 앉히고 양쪽 겨드랑이에 손을 넣어 상체를 세우도록 지지해 준다.
3. "땅꼬마 올라간다": 약간 늘여 부르며 엄마의 무릎을 위아래로 가볍게 흔들어 준다.
4. "슝~": 다리를 최대한 끌어당겨 무릎을 세운다.
5. "땅꼬마 내려온다": 무릎을 높이 올린 상태로 유지한다.
6. "슝~": 빠른 속도로 다리를 뻗으면 아이가 뚝 떨어지는 느낌을 받으며 매우 즐거워한다.
7. 다음 소절 노래를 부르며 3, 4, 5, 6번 동작을 반복한다.

key point

- 빠른 속도로 올라가고 내려오는 것을 무서워하는 아이는 속도와 높이를 조절해 준다.
- 위에서 잠시 멈추어 있는 동안 아이 스스로 뚝 떨어지는 경험을 기억하고 예측하는 능력이 향상되며, 엄마와의 일치성을 느꼈을 때 매우 좋아한다.

무쇠팔 1

목적

- 대상자에 대한 인식 증진
- 공간지각력 향상
- 회전과 균형 감각 증진

노래

빙빙빙 빙빙빙 선풍기가 돌아요
빙빙빙 빙빙빙 헬리콥터 돌아요
빙빙빙 빙빙빙 세탁기가 돌아요
빙빙빙 빙빙빙 바람개비 돌아요 요요 요요요
빙글빙글 빙글빙글 요후~~
빙글빙글 빙글빙글 이히~~ 돌아가네요

놀이 방법

빙빙 돌려 주기

1. 엄마가 아이 뒤에 선다.
2. 엄마가 아이의 양쪽 겨드랑이에 손을 넣어 잡은 후 들어 올린다.
3. 노래 부르며 아이를 천천히 빙빙 돌려 준다.

key point

- 놀이해 주는 엄마에 대한 인식이 증진된다.
- 노래와 동작을 통해 빙빙 돌아가는 것의 의미를 이해한다.

하늘로 번쩍 1

목적

- 상호신뢰 증대
- 신체 균형감 향상

노래

쓰리, 투, 원 화이어~

슈퍼 슈퍼 슈퍼 슈슈(세 번 반복)

놀이 방법

1. 엄마와 아이가 서로 마주 본다.
2. "하늘로 번쩍 로켓놀이하자~"라고 말하며 엄마가 아이의 겨드랑이에 손을 넣

는다.

3. "쓰리, 투, 원 화이어" 하는 노래와 함께 엄마와 눈을 맞출 수 있는 높이로 아이를 번쩍 들어 올린다.
4. 엄마가 고개를 젖혀 아이와 눈을 마주친다.
5. 엄마가 입술을 모아 쭈욱 내밀며 "뽀뽀"라고 말하면서 아이를 끌어당겨 뽀뽀하고 내려 준다.
6. 다시 아이를 하늘로 번쩍 추켜올려 눈을 마주치는 자세를 만든다.
7. 이번에는 코를 내밀며 "코코코"라고 말하면서 아이를 끌어당겨 서로 코를 문지르고 내려 준다.

key point

- 아이를 올리고 내리는 일이 힘들면 책상 위에 아이를 올려놓고 놀이를 해 주어도 좋다.
- 힘이 센 아빠가 많이 해 주면 매우 좋아한다.
- 아이 몸무게가 적게 나가는 경우 어른이 앉아서 하는 것이 가능하나, 힘든 경우 일어서서 해준다.
- 앉아서 충분히 놀이하였다면 일어서서 더 높이 번쩍 올라가는 것에 적응시킨다.
- 흥겨운 음을 반복하며 음률감을 익힌다.

그대로 멈춰라 1

목적

- 신체접촉 증진
- 유능감 형성
- 놀이 규칙 이해

노래

즐겁게 춤을 추다가 그대로 멈춰라
즐겁게 춤을 추다가 그대로 멈춰라
서 있지도 말고 웃지도 말고 울지도 말고 움직이지 마
즐겁게 춤을 추다가 그대로 멈춰라

놀이 방법

1. 아이를 업고 혼자 할 수도 있고 집단으로 함께 해도 된다.
2. 음악이 시작되면 아이를 업은 상태에서 마음대로 뛰어다니다가 "멈춰라"에 맞추어 동작을 멈추고 다시 음악이 나올 때까지 기다린다.
3. 노래가 끝날 때까지 반복한다.

key point

- 아이는 업고 뛰어 주는 것도 좋아하고, 뛰다가 갑자기 멈추는 것은 더욱 좋아한다.
- 놀이를 통해 움직이는 것과 멈추는 것의 차이를 확실히 인지한다.
- 개별적으로 하는 것도 좋으나 집단으로 할 때 효과가 크다.

엄마랑 나랑 1

목적

- 일치성 인식
- 음률감 발달

노래

통통통통 엄마랑 나랑
통통통통 발을 굴러요

놀이 방법

1. 엄마가 바닥에 앉아 무릎을 세운다.
2. 엄마 앞에 아이를 앉혀 아이 무릎을 세운다.
3. 엄마 발 위에 아이의 발을 올려놓고 노래 부르며 발을 구른다.
4. 아이 발이 떨어지면 아이 스스로 올려놓도록 기다려 주고, 기다려도 올리지 않으면 엄마가 올려 준다.
5. 계속 아이 발이 떨어지면 엄마가 아이 발이 떨어지지 않게 잡고 굴린다.

 key point

- 아이의 발을 잡고 해 주다 중간에 손을 놓아 아이가 스스로 이어서 계속하는지 관찰한다.
- 아이 스스로 시작하면 칭찬해 준다.

✪ 엄마 손은 약손

✎ 목적

- 자연스러운 시선 접촉 유도
- 신체접촉 증진
- 예측능력 향상

♫ 노래

엄마 손은 약손, ◯◯(아이 이름) 배는 똥배

엄마 손은 약손이고, ◯◯(아이 이름) 배는 똥배다~

놀이 방법

1. 앉아 있는 엄마와 눈을 마주칠 수 있는 위치에 아이를 눕힌다.
2. 아이의 배를 걷거나 옷 속으로 엄마의 손을 넣는다.
3. "엄마 손은 약손, ◯◯(아이 이름) 배는 똥배": 엄마 손바닥으로 아이 복부(배)를 오른쪽에서 왼쪽으로 둥글게 마사지한다(두 번 반복).
4. 두 번째 소절의 "◯◯(아이 이름) 배는"의 마지막 "는~": 동작을 멈추고 뜸을 들인다.
5. "똥배다~": 큰 소리로 "똥배다~"를 외치며 엄마의 손가락을 움직여 배를 간지럽힌다.

key point

- 놀이를 하기 전에 엄마의 손을 따뜻하게 비빈다.
- 아이가 신체접촉에 민감하면 엄마의 손 움직임을 최소한으로 하거나 옷 위로 마사지해 준다.
- 마지막의 "똥배다~"를 하기 전에 충분한 시간을 기다리게 해 아이가 언제 간지럽힐지 예측하고 기다리게 하며 동시에 눈접촉을 늘린다.
- 아이의 배에 입을 대고 뿌뿌놀이를 해 주면 좋아한다.

 방아야 방아야

✎ 목적

- 시선접촉 증진
- 신체 인식 증진

♬ 노래

방아야 방아야 잘--도 찧는다
방아야 방아야 누구네 방아니
◯◯네(아이 이름) 방아지
잘--도 찧는다 쿵--쿵 찧어라
쿵쿵 살살 쿵쿵쿵 살살살
쿵쿵 살살 쿵쿵쿵 살살살~

놀이 방법

[사전 놀이]

1. 엄마와 눈이 마주치는 자세로 아이를 눕히고 양말을 벗긴다.
2. 본격적으로 놀이에 들어가기 전에 발바닥을 문질러 주기, 꾹꾹 눌러 주기, 바람 불어 주기 등의 놀이를 먼저 한다. 오른발이 끝났으면 왼발도 똑같이 해 준다.
3. 아이의 두 발을 모아 쥐고 발바닥으로 엄마의 눈을 가린다.
4. 엄마가 "하나, 둘, 셋" 한 후에 두 발을 살짝 열어 아이의 눈과 엄마의 웃는 눈이 마주치게 하며, 동시에 "까꿍"이라고 말하는 것을 여러 번 반복한다.

[활동단계] 양쪽 발목을 모아 쥐고서

1. 사전 놀이가 끝난 후 처음과 같은 준비 자세를 취한다.
2. 아이의 양쪽 발목을 잡고 쭉 뻗게 한다.
3. 처음 두 소절을 부르며 리듬에 맞춰 아이의 다리를 시계추처럼 좌우로 흔든다.
4. "누구네 방아니"의 "방아니": 아이의 발바닥으로 엄마의 두 눈을 가린다.
5. "◯◯네 방아지": 아이의 발을 벌려 아이와 까꿍놀이를 유도한다.

6. "쿵쿵": 아이의 양쪽 발바닥을 서로 마주 보게 하여 두 번 쳐 준다.
7. "살살": 두 발바닥을 맞대고 문질러 준다.
8. 마지막의 "살살살~"을 길게 빼며 아이가 쳐다보기를 유도한 후 엄마의 두 손을 들어 '간지럼을 태울 거야.'라는 신호를 보내며 눈접촉 후 즉시 간지럼을 태운다.

key point

- 아이가 바닥에 눕지 않으려 하면 엄마가 먼저 누워 아이 스스로 엄마 옆에 눕도록 유도한다.
- 불안해하는 경우 엄마가 안고 거의 함께 눕듯이 숙여 천천히 적응시킨다.
- 아이의 양말을 벗기고 발바닥을 조물조물 만져 주거나 입김을 불어 주어 감각을 느끼게 한다.

시소놀이

✎ 목적

- 상호성 증진
- 눈접촉 증진
- 자세 유지 및 균형감각 증진

♬ 노래

시소 시소
올라가면
푸른 하늘
내려오면 꽃동네
재미나는 시소

놀이 방법

1. 엄마가 반듯하게 누워 가슴과 배 위에 아이를 태운다.
2. 엄마가 아이의 양쪽 손을 잡은 상태로 상체를 올리며 "안녕하세요."라고 인사하기, 엄마의 몸을 좌우로 움직이기, 아이의 손을 위로 뻗어 만세를 시키기 등 다양한 방법으로 놀이해 준다.
3. 아이의 손을 끌어당기면 아이의 상체도 자연스럽게 엎드리는 자세가 되는데, 이때 엄마와 아이의 눈접촉이 증진될 수 있다.
4. 노래를 부르며 몸을 좌우로 흔들어 준다.

key point

- 아이가 무서워하면 천천히 시도한다.
- 이 놀이를 통해 아이와의 신체접촉이 많아지고, 편안한 수준의 흔들림을 통해 균형감각을 길러 줄 수 있다.

제 9 장 마음성장 애착놀이 활동: ② 애착싹트기

- 콩쥐팥쥐 2
- 새 신 2
- 맴돌기 2
- 물레방아 2
- 어깨동무 내 동무 2
- 잠자리 꽁꽁 2
- 둘이 살짝 2
- 노젓기 2
- 동대문놀이 2
- 발자전거 2
- 담요그네 2
- 퐁당퐁당 1
- 걷고 걷고 2
- 김밥말이 2
- 고개넘기 2
- 비행기놀이 2
- 거울놀이 1
- 잼잼콩콩 1
- 스카프 까꿍 1
- 꼬마신랑 2
- 문지기놀이
- 다리미끄럼
- 꼬마야 꼬마야 1
- 무쇠팔 2
- 하늘로 번쩍 2
- 그대로 멈춰라 2
- 엄마랑 나랑 2
- 담요썰매 1
- 말등타기
- 우리집에 왜 왔니 1

 콩쥐팥쥐 2

✎ 목적

- 전정감각자극 증진
- 자발성 증진

♬ 노래

콩----쥐 팥----쥐, 콩–콩–콩 콩----쥐, 팥–팥–팥– 팥----쥐

놀이 방법

1. 아이를 업고 콩쥐팥쥐 1에서 배운 대로 놀이를 한다.
2. 아이가 어른의 어깨를 잡고 있어야 한다.

key point

- 아이가 무서워하는 경우에는 속도를 천천히 진행하고, 흔들어 주는 것도 최소로 한다.
- 아이가 웃기 시작하고 미소를 띠면 놀이 방식을 이해한 것이니 점차 더 빠르게 진행하면 즐거움이 배가 된다.
- 아이가 어른의 어깨를 잡지 않으면 잡도록 계속 촉구한다.

새 신 2

목적

• 전정감각 및 고유수용감각 증진
• 무릎 관절의 유용성 증진
• 노래와 동작의 일치성 인식

노래

새 신을 신고 뛰어 보자 팔짝
머리가 하늘까지 닿겠네

놀이 방법

1. 엄마가 아이의 등 뒤에 선다.
2. 아이의 양쪽 겨드랑이 아래로 엄마 손을 넣어 잡는다.
3. 뛰어오르기 전 아이가 무릎을 구부렸다 폈다 하도록 아이의 몸을 위아래로 흔들어 준다.
4. 1소절과 2소절의 마지막 마디 “팔짝”과 “네”에서 아이를 힘차게 위로 올렸다 내려놓아 뇌가 충분히 자극되도록 한다.

key point

- 아이가 무서워하면 너무 높이 올리지 않는다.
- 무릎을 접었다 폈다 하는 동작을 통해 고유수용감각이 활성화된다.

맴돌기 2

목적

- 전정감각 자극 증진
- 예측능력 향상
- 리듬감 증진

노래

아버지는 나귀 타고 장에 가–시고
할머니는 건넌 마을 아저씨 댁–에
고추 먹고 맴맴 담배 먹고 맴맴
고추 먹고 맴맴 담배 먹고 맴맴

놀이 방법

1. 아이를 업고 '맴돌기 1'을 충분히 하였다면 이제는 내려서 손잡고 한다.
2. 처음 두 소절 노래를 천천히 부르며 천천히 걷는다.
3. 마지막 소절에서는 최대한 달리다가 정지한다.

key point

- 엄마와 아이, 아빠, 형제, 친구 등 함께하는 모든 사람이 손을 잡고 둥글게 서서 집단으로 하면 더 재미있다.
- 아이가 다른 사람의 손을 잡지 않으려 할 수 있는데, 그럴 때는 손을 잡도록 계속 요청한다.

물레방아 2

✎ 목적

- 리듬감 및 율동감 증진
- 신체사용능력 증진
- 타인과의 협조 증진

♫ 노래

쿵-덕쿵 쿵-덕쿵 물-레방아 돌-아라
쿵-덕쿵 쿵-덕쿵 밥쌀 떡쌀 찧-어라

놀이 방법

1. 아이를 엄마 앞에 세우고 아이의 양쪽 겨드랑이를 잡는다.
2. "쿵-덕쿵 쿵-덕쿵" 노래를 부르며 아이를 들어 두 번 절구를 찧는다.
3. 마지막 "쿵"에서 아이를 완전히 바닥에 내리지 말고 "물-레방아 돌-아라"를 부르며 빙 돌려 준다.

key point

- 무릎 관절을 구부렸다가 바닥을 차고 올라가는 요령을 터득하는 것이 포인트이다.
- 아이는 서 있기만 하고 어른이 아이를 들어 올렸다 내리는 것이 아니라 아이가 힘을 보태어 바닥을 차고 올라가는 것을 터득하도록 해야 한다.

어깨동무 내 동무 2

목적

- 균형감각 증진
- 유연성 증진
- 타인과의 일치성 인식

노래

어깨동무 내 동무 미나리 밭에 앉았다

놀이 방법

1. 어른과 아이가 함께 손을 잡고 노래를 부르며 뛴다.
2. "앉았다"에서 동시에 같이 앉는다.
3. 아이가 어른의 행동을 보고 모방할 수 있도록 어른이 먼저 앉는다.
4. 어른이 앉은 것을 보고도 따라 앉지 않으면 그제서야 "앉아요."라고 말하며 팔을 당겨 앉도록 한다.
5. 2회 반복한다.

key point

- 아이의 보폭에 맞춰 뛴다.
- 쪼그려 앉기 위해 두 다리를 적당히 벌리고 등을 세운 후 앉는 등 신체 균형감 증진에 도움이 된다.
- '어깨동무 내 동무' 놀이를 반복하면 자세가 안정적으로 바뀐다.
- "앉았다"에서 어른이 앉을 때 아이도 동시에 앉히려고 팔을 잡아당기면 다칠 위험이 있으니 조심한다.
- 실내나 운동장 등 어디서든 아이와 걸어가면서 가볍게 할 수 있는 놀이이다.

잠자리 꽁꽁 2

목적

- 신체사용능력 향상
- 자발성 증진
- 동작 모방 능력 증진

노래

잠자리 꽁꽁 꼼자리 꽁꽁
잠자리 꽁꽁 꼼자리 꽁꽁~

놀이 방법

1. 엄마와 아이가 마주 보고 선다.
2. 엄마의 손을 아이의 양쪽 겨드랑이 밑에 넣는다.
3. 노래 부르며 '잠자리 꽁꽁 1'과 같은 방법으로 놀이한다.

key point

- 아이가 무서워할 수 있으므로 처음엔 조심스럽게 뛴다.
- 아이의 표정을 살펴 좋아하면 조금 더 활기차게 뛰어 준다.
- 아이가 무릎을 굽히지 못하면 아이의 무릎 뒤쪽을 눌러 구부러지는 것을 익히게 한다.

✪ 둘이 살짝 2

✎ 목적

- 긍정적 정서 함양
- 타인과의 일치성 증진

♬ 노래

둘이 살짝 손잡고 오른쪽으로 돌아요

둘이 살짝 손잡고 왼쪽으로 돌아요

놀이 방법

1. 엄마와 아이가 마주 보고 손을 잡는다.
2. 아이의 어깨너비만큼 엄마 다리를 벌리고, 아이 발을 엄마 발등 위에 올려 준다.
3. 노래를 부르며 '둘이 살짝 1' 놀이 방식대로 춤을 춘다.

key point

- 아이가 엄마 발등에 올라서는 것을 거부하면 '둘이 살짝 1'을 한 번 해 주고 다시 시도한다.
- 엄마 발등에 아이가 올라서면 "엄마와 함께 걸어 보자. 하나 둘 하나 둘."이라고 말하며 아이의 보폭만큼 걷는 활동을 먼저 한다.

- 발등 위에서 걸음을 걷듯이 춤을 추는 동안 엄마의 움직임을 통해 리듬감을 익힐 수 있다.
- 음악을 들으며 걷기, 춤추기 등이 통합적으로 이루어질 때 뇌의 신경세포는 더욱 활발하게 반응한다.

✪ 노젓기 2

✎ 목적

- 눈접촉 증진
- 팔의 근력과 유연성 증진
- 신체조절능력 증진

♬ 노래

마이클 노를 저어라 할렐루야

마이클 노를 저어라 할렐루야

🗁 놀이 방법

❀ 마주 앉아 손을 잡고

1. 엄마와 아이가 마주 보고 다리를 쭉 뻗어 앉는다.
2. "준비~"라고 구령하면 엄마는 손을 내밀어 아이가 잡기를 기다린다.
3. 전주곡이 나오는 동안 손을 좌우로 흔든다.
4. 노래가 나오면 앞뒤로 당기기를 한다.

key point

- 아이가 바른 자세로 앉도록 한다.
- 엄마가 기다려도 아이가 손을 잡지 않으면 엄마가 아이 손을 끌어당겨 잡는다.
- 엄마와 아이의 주도성 정도가 7:3이 되도록 조절한다.

동대문놀이 2

목적

- 즐거운 놀이 공유
- 규칙 익히기
- 사회성 증진

노래

동동 동대문을 열어라

남남 남대문을 열어라

12시가 되면은 문을 닫는다

놀이 방법

줄 서서 따라가기

1. 엄마가 앞에 서고 아이가 뒤에 서는 순서로 줄을 만든다.
2. 엄마가 뒤로 손을 내밀어 아이의 손을 잡는다.
3. 노래 부르면서 문을 통과한다.

key point

- 노래의 빠르기를 조절하여 천천히 걷기도 하고, 빠르게 달리기도 한다.
- 문을 통과한 선두는 8자 모양으로 달려서 다시 문을 통과한다.
- 노래가 끝나는 마지막 소절 "문을 닫는다"에서 문지기가 지나가는 마지막 팀을 잡으면 기대와 놀람 반응 등으로 놀이가 더 즐거워진다.

발자전거 2

목적

- 신체지각 향상
- 율동적인 상호교류 경험
- 자발성 증진

♬ 노래

따르릉 따르릉 비켜나세요
자전거가 나갑니다 따르르릉
저기 가는 저 사람 조심하세요
우물쭈물하다가는 큰일 납니다

놀이 방법

1. '발자전거 1'의 자세대로 취한다.
2. 아이의 발바닥에 엄마의 손바닥을 펴서 댄다.
3. 아이가 발을 굴려 페달 돌리는 것에 참여하기 시작하면 엄마가 손바닥을 펴서 아이의 발바닥 위에 갖다 대어 준다.
4. 노래를 부르며 발을 굴리는 놀이를 한다.

key point

- '발자전거 1'을 충분히 연습한 뒤에 '발자전거 2'로 넘어간다.
- 아이의 주도성 정도에 맞추어 도움을 준다.
- 아이 스스로 발을 굴리면 크게 기뻐하며 격려해 준다.
- 엄마가 아이의 발을 잡는 것이 아니어서 아이의 발이 떨어지면 아이 스스로 발을 다시 올릴 수 있도록 양손을 들고 기다린다.
- 엄마가 아이의 발을 먼저 잡아 올리지 않는 것이 중요하다.

담요그네 2

목적

- 불안정감과 불균형 극복
- 즐거운 놀이자극 등록
- 시선교환 증진

노래

옆에 옆에 옆에 옆으-로 옆에 옆에 옆에 옆으-로

위로 아래로 위로 아래로 위로 아래로 위로 아래로

놀이 방법

1. 아이를 담요에 눕힌다.
2. 양쪽에 선 두 사람이 담요의 양끝을 말아 쥐고 담요를 들어 올린다.
3. 노래 부르며 담요를 옆으로/위로/아래로 흔들어 준다.

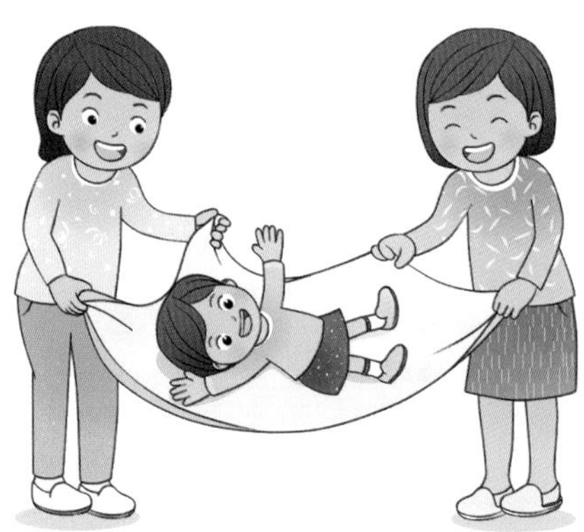

key point

- 엄마는 아이와 눈접촉할 수 있는 위치에 서야 한다.
- 담요를 흔들어 주는 속도를 아이에게 맞춰 조정한다. 아이가 적응이 되어 좋아하면 힘차게 흔들어 주어도 좋다.

• 바구니나 블록통을 그네로 이용해도 좋다. 크기도 알맞고 튼튼하므로 아이를 태워 흔들어 주어도 안정감이 있다.
• 담요를 굳이 사용하지 않고 엄마는 아이의 다리를, 아빠는 아이의 어깨를 받쳐 좌우로, 위아래로 흔들어 주는 것도 재미있어한다.

퐁당퐁당 1

✎ 목적
• 자세 조절력 증진
• 타인과의 밀접한 신체접촉 경험
• 엄마를 타인과 분별하여 인식

♬ 노래
퐁당퐁당 ◯◯(아이 이름)를 던지자
누나 몰래 ◯◯(아이 이름)를 던지자
냇물아 퍼져라 멀리멀리 퍼져라
건너편에 앉아서 나물을 씻는
우리 누나 손등을 간질여 주어라

놀이 방법
1. 어른 두 사람이 마주 보고 선다.
2. 엄마는 아이를 옆으로 안는다.
3. "퐁당 퐁당 ◯◯를": 노래를 부르며 아이를 좌우로 흔든다.
4. "던지자": 앞에 있는 사람에게 아이를 안전하게 넘긴다.
5. 다음 소절도 3, 4번처럼 반복한다.

key point

- 아이를 떨어뜨리지 않도록 조심한다.
- 아이를 안고 흔들어 줄 때 무서워하는 아이는 약하게 흔들거나 상체를 세워 앉는다.
- 아이는 자신이 엄마와 타인에게 번갈아 이동되는 경험을 통해 엄마에 대한 인식이 증진된다.

걷고 걷고 2

✎ 목적

- 간단한 일의 순서와 규칙 배우기
- 상호교류의 즐거운 인식
- 신체사용능력 향상

♬ 노래

걷고 걷고 걷고 걷고 높이 뛰어라 높이 뛰어라

빨리 빨리 달려 빨리 빨리 달려 멈춰라 멈춰라

놀이 방법

1. 엄마와 아이는 앞을 향해 바라보며 손잡고 선다.
2. '걷고 걷고 1'의 방식대로 놀이를 진행한다.
3. 무릎을 굽혀 뛰는 것을 보조해 준다.

key point

- '걷고 걷고 1'을 충분히 한 후에 '걷고 걷고 2'로 넘어가야 효과가 있다.
- 아이가 혼자 뛰려고 한다면 조금 부족하더라도 혼자 하도록 하고 칭찬해 준다.

김밥말이 2

목적

- 회전감각과 전정감각 증진
- 자연스러운 신체접촉 증진

노래

떼굴 떼굴 떼굴 떼굴 도토리가

어디서 왔니-----

단풍잎 곱게 물든 산골짝에서 왔지---

놀이 방법

1. 인형을 이불 위에 올려놓는다. 혹은 형이나 누나가 눕는다.
2. 노래를 부르며 인형(형, 누나)을 돌돌 말아 감는 것을 보여 준다.
3. 엄마가 "이번엔 ◯◯(아이 이름)가 누워 볼까?" "김밥말이를 굴려 볼까?" "인형과 함께 말아 볼까?"라고 말한다.
4. 아이의 얼굴이 이불 밖으로 나오게 하고, 팔다리를 나란히 한 자세로 눕혀서 안전하게 굴리도록 한다.

key point

- 빙글빙글 굴러갈 때 재미있어하는지, 무서워하는지 파악하여 조심스럽게 다룬다.
- 얼굴이 반드시 이불 밖으로 나오게 하고, 팔다리가 꺾여서 말리지 않도록 주의한다.
- '김밥말이 1'을 충분히 해 주어야 '김밥말이 2'를 자발적으로 받아들일 수 있다.
- 담요를 풀어 줄 때 너무 빠르게 풀면 아이가 무서워할 수 있으므로 천천히 풀어 준다.
- 놀이를 무서워하지 않으면 담요 푸는 속도를 높인다.

고개넘기 2

목적

- 수 개념 익히기
- 음률과 동작 연결하기
- 타인과의 협력 증진

노래

한 고개 넘어서 아이고 다리야
두 고개 넘어서 아이고 다리야
세 고개 넘어서 아이고 다리야~~

놀이 방법

1. 엄마와 아이가 나란히 손잡고 선다.
2. 보조자가 있다면 아이를 중앙에 두고 양쪽에 어른이 서서 진행하면 좋다.
3. '고개넘기 1'의 방식으로 놀이한다.

key point

- 아이가 엄마와 함께 노랫말에 따라 동참해 주는 것이 협조를 배우는 것이다.
- 엄마의 모델링을 보면서 아이 스스로 모방하도록 유도한다.
- 아이가 무릎 구부리는 것을 어려워하면 아이의 무릎을 뒤에서 밀어 주어 무릎 구부리는 것을 몸에서 인식하게 해 준다.

비행기놀이 2

목적

- 상체근육 강화
- 신체접촉을 통해 친밀감 형성
- 의도적인 눈접촉 증진

노래

떴--다 떴--다 비행기 날아라 날아라

높--이 높--이 날아라 우--리 비행기

놀이 방법

1. 엄마가 누운 자세에서 두 발을 든다.
2. 엄마의 발바닥을 아이의 배 위에 놓고 위로 들어 올린다.
3. 노래 부르며 엄마의 다리를 몸 쪽으로 당겼다 쭉 펴는 동작을 반복한다.

key point

- 엄마가 누워 있고 바로 위에 아이가 엄마를 쳐다보는 자세가 되므로 눈첩촉의 양이 가장 많아지는 자세이다.

• 아이가 지속적인 눈접촉을 부담스러워하며 고개를 돌리더라도 지나치게 "엄마 눈을 쳐다봐야지~"라고 요구하지 말고 놀이에 집중하면 눈접촉의 빈도는 증가한다.
• 아이의 움직임이 유연해지면 음악에 맞춰 몸을 흔들며 박자를 맞추게 된다. 특히 비행기놀이는 아이의 몸을 움직이거나 기울여서 공간감각을 느끼게 하는 놀이이다.
• 아이가 안심하고 즐거운 마음으로 놀이할 수 있도록 움직임의 속도를 조절해 준다.

거울놀이 1

목적
• 상호교류 증진
• 엄마와의 눈접촉 증진
• 신체 인식 증진

준비물
엄마와 아이 두 사람의 얼굴이 모두 보이는 크기의 거울

노래
눈은 어디 있나 요기, 코는 어디 있나 요기
입은 어디 있나 요기, 귀는 어디 있을까 요기

놀이 방법
1. 엄마와 아이가 거울 앞에 앉는다.
2. 노래 부르며 엄마의 검지손가락으로 아이의 눈, 코, 입, 귀를 가리킨다.
3. 노래 부르며 아이의 검지손가락으로 엄마의 눈, 코, 입, 귀를 가리킨다.

key point

- 엄마가 아이 뒤에 앉거나 나란히 앉아 거울에 두 사람이 모두 나타나게 한다.
- 거울 속의 얼굴을 바라보며 눈, 코, 입을 가리키면 신체 인식이 더 확고해진다.
- 거울을 보면서 엄마와 눈이 마주치는 것을 통해 엄마에 대한 인식이 더 빨리 획득된다.

잼잼콩콩 1

✎ 목적

- 눈접촉 증진
- 신체 부위 인식 증진
- 신체접촉을 통한 친밀감 증진

♬ 노래

잼잼 콩콩 곤지곤지 콩콩

잼~ 콩~ 곤지~ 콩~ 잼잼 콩~~

놀이 방법

1. 엄마가 아이를 품에 안는다.
2. 엄마의 두 손으로 아이의 뒷머리를 받친다.
3. “잼잼”에서는 노래만 하고, “콩콩”에서는 엄마와 아이의 이마를 두 번 부딪친다.
4. 다음 소절 “곤지곤지 콩콩”도 똑같이 반복한다.
5. “잼(노래만)” “콩”에서 이마를 살짝 한 번 부딪치고, “곤지(노래만)” “콩”에서 이마를 살짝 한 번 부딪친다.
6. “잼잼(노래만)” “콩”을 길게 늘이며 이마를 맞대고 머리를 좌우로 흔든다.

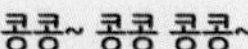

key point

- 엄마가 아이의 머리를 받쳐 주고 밀고 당겨 주는 식으로 주도적 역할을 한다.
- 이마가 아닌 다른 신체 부위(코, 입, 뺨)로 바꾸어서 실시해도 좋다.
- 이마를 너무 세게 부딪치면 아이가 아파하며 놀이하는 것을 피할 수 있다.

스카프 까꿍 1

목적

- 눈접촉 증진
- 상호성 증진

• 사물의 영구성 개념 인식

놀이 방법

1. 엄마와 아이가 마주 보고 앉는다.
2. 투명 스카프로 엄마의 얼굴을 덮는다.
3. 얼굴을 덮었지만 스카프가 투명하여 볼 수 있다.
4. 스카프를 벗으며 얼굴이 나오는 순간 아이에게 "까꿍~"이라고 한다.
5. 아이의 얼굴을 살짝 덮은 다음 이어서 천을 걷어 내며 "까꿍~"이라고 한다.
6. 익숙해지면 아이 얼굴에 스카프를 덮어 주고 스스로 벗기도록 기다린다.

key point

• 아이가 불안해하지 않도록 처음엔 엄마 얼굴이 비치는 투명 천으로 시작한다.
• 놀이에 익숙해지면 타월처럼 통기성이 있고 엄마 얼굴이 보이지 않는 천으로 해 본다.
• 여러 번 반복하는 동안 아이는 놀이의 패턴을 알게 된다.
• 천을 씌워 두는 시간을 조금 늘리면 아이는 스스로 벗길 수 있으므로 자발성도 기를 수 있다.

꼬마신랑 2

✎ 목적

- 신체의 균형감각 증진
- 모험심, 협동심 향상
- 환경 탐색 증진

♬ 노래

꼬-마 신-랑 나가신다 길을 비켜라
꼬-마 신-랑 나가신다 길을 비켜라

🗁 놀이 방법

1. 아이를 목마 태운다.
2. 두 팀으로 나누어 양쪽 끝에 마주 보는 자세로 선다.
3. 노래를 부르며 앞으로 걸어 나가다가 "길을 비켜라"(양쪽 팀이 만나 일직선이 되는 시점)에서 정지한다.
4. 다음 소절을 부르며 가던 길로 계속 걸어가다가 서로 상대방의 자리까지 걸어가 멈춘다.

key point

- 목마를 타 아이의 위치가 높아지면 시야가 넓어져 환경 탐색이 늘어난다.
- 아이를 목마 태운 후 흔들며 이동하는 것을 반복하면 자세 유지 및 중력에 대한 저항 등과 같은 뇌자극과 함께 담력이 길러진다.

문지기놀이

목적

- 몸이 앞뒤로 흔들리는 것을 즐기기
- 엄마와의 자연스러운 눈접촉 증진
- 기다리는 것을 배우기

노래

문지기 문지기 문 열어라
덜커덩 덜커덩 문 열렸네

놀이 방법

1. 어른 2명이 문지기가 되어 문을 만든다. 문지기 앞에 엄마가 앉아 아이를 받을 준비를 한다.
2. 양손을 맞잡은 문지기 사이에 아이를 세워 아이가 중간에 서 있다.
3. 문지기들은 약간 느리게 노래를 부르며 아이를 앞뒤로 흔들어 준다(아이는 발을 움직이지 않고 상체만 왔다 갔다 할 수도 있고, 보조자가 뒤로 앞으로 밀 때마다 아이가 뒷걸음질, 앞걸음질로 왔다 갔다 할 수도 있다).
4. 아이의 몸이 앞으로 나올 때 엄마도 상체를 앞으로 기울여 가까운 거리에서 눈접촉이 일어나도록 한다.
5. "문 열렸네"의 "네": 손을 풀어 아이를 내보내면 엄마가 얼른 아이를 받아 감싸 안는다.

key point

- 엄마는 매우 반가운 얼굴로 아이를 맞이한다.
- 아이를 흔들어 줄 때 뒤로 보내는 것을 먼저 해야 노랫말과 동작이 일치한다.
- 놀이에 익숙해지면 문지기 안의 공간을 넓혀 아이가 주도적으로 참여하도록 이끈다.
- 문지기들은 아이의 적응 수준을 잘 살펴 아이의 움직이는 공간을 조절한다.

다리미끄럼

목적

- 균형감각 증진
- 신체접촉 경험 증진
- 속도 변화 인식

놀이 방법

1. 엄마가 의자에 앉아 두 다리를 쭉 뻗어 미끄럼을 만든다.
2. 아이의 몸을 거의 뒤로 눕히고 다리를 뻗게 한 자세로 안는다.

3. "쭈르륵" 소리와 함께 엄마가 아이의 어깨를 밀어 아래로 내려보낸다.

key point

- 보조해 줄 사람이 있다면 엄마가 아이의 몸통을 지지해 주고, 보조자는 아이의 다리를 잡고 당겨 주는 식으로 두 사람이 호흡을 맞춰 미끄럼을 태우면 더욱 즐거워한다.

꼬마야 꼬마야 1

목적

- 신체기능 확장
- 상호호혜성 증진
- 흥겨운 소리 반복을 통한 청자극 증진

노래

똑똑 누구십니까?

꼬마입니다 들어오세요

꼬마야 꼬마야 뒤를 돌아라

꼬마야 꼬마야 땅을 짚어라

꼬마야 꼬마야 한 발을 들어라

꼬마야 꼬마야 잘 가거라

놀이 방법

1. 150cm 길이의 줄넘기를 준비하여 바닥에 길게 펴 놓고 한쪽은 보조자, 반대쪽은 엄마와 아이가 선다.
2. 보조자와 아이가 줄넘기 손잡이를 잡는다.
   아이가 줄넘기 손잡이를 떨어뜨리지 않도록 엄마가 지지한다.
   줄넘기 손잡이를 잡고 마주보고 선다.
3. 노래를 부르며 줄넘기를 크게 돌린다.
   – 줄을 돌릴 때 줄넘기를 잡은 팔 전체를 크게 돌리도록 잡아 준다.
4. 엄마가 노래를 부르며 줄을 돌릴 때 아이가 함께 돌리기 시작하는지 관찰한다.
5. 엄마와 아이는 노래를 끝까지 부르며 줄 돌리기를 한다.

key point

- 어른 둘이 줄을 잡고 돌리는 것을 지켜보게 한다.
- 어른은 아이가 줄을 놓지 않고 잡고 있도록 도와준다.
- 어른이 줄을 잡은 아이의 팔을 크게 돌리도록 만들어 주어 몸 사용을 느끼도록 해 준다.

무쇠팔 2

목적

- 상호협력 증진
- 자발성 증진
- 협력과 협동 배우기

노래

빙빙빙 빙빙빙 선풍기가 돌아요
빙빙빙 빙빙빙 헬리콥터 돌아요
빙빙빙 빙빙빙 세탁기가 돌아요
빙빙빙 빙빙빙 바람개비가 돌아요 요요 요요요
빙글빙글 빙글빙글 요후~~
빙글빙글 빙글빙글 이히~~ 돌아가네요

놀이 방법

1. 엄마와 아이가 마주 보고 선다.
2. 아이가 주먹으로 움켜쥘 수 있는 굵기의 단단한 막대(50cm 이상 길이)를 내민다.
3. 아이가 두 손으로 막대를 움켜쥐면 엄마는 양손으로 막대를 잡고 일어나 아이의 발이 바닥에 닿지 않도록 든다.
4. 노래 부르며 엄마의 몸을 빙빙 돌려 주어 놀이공원의 비행기 타기와 같은 놀이를 즐기도록 한다.

key point

- '무쇠팔 1'을 통해 노래와 동작을 익힌다.
- '무쇠팔 1'을 통해 빙빙 돌아가는 것에 익숙해져 있어야 한다.
- 아이 스스로 막대에 매달려 있도록 함으로써 자발성을 키우고, 어른과의 협력을 배운다.
- 아이 몸무게가 무거운 경우 어른 2명이 막대 양쪽에서 잡고 좌우로 흔들어 준다.

 하늘로 번쩍 2

목적

- 상호교류 증진
- 뇌 활성화 증진

노래

쓰리, 투, 원 화이어~

슈퍼 슈퍼 슈퍼 슈슈(세 번 반복)

놀이 방법

1. 엄마가 다른 곳에 있는 아이를 향해 "하늘로 번쩍~"이라고 말한다.
2. 엄마의 말소리를 듣고 아이 스스로 하던 일을 멈추고 엄마에게 온다.
3. 아이가 엄마를 찾아오면 마주 보고 선다.
4. 이후의 진행 방법은 '하늘로 번쩍 1'과 같으나 강도가 더 세어지고 아이 주도성이 더 많다.
   - 엄마가 "뽀뽀~"라고 말하면 아이 스스로 입술을 내밀어 뽀뽀한다.

key point

- 엄마가 아이를 향해 "하늘로 번쩍~"이라고 말할 때 아이 스스로 관심을 이동하지 않는다면 아직 '하늘로 번쩍 1' 단계임을 말해 주는 것이다.
- '하늘로 번쩍 1'을 매우 재미있게 경험해야 '하늘로 번쩍 2'로 이행할 수 있다.

그대로 멈춰라 2

목적

- 신체 유능감 증진
- 자발성 증진

노래

즐겁게 춤을 추다가 그대로 멈춰라
즐겁게 춤을 추다가 그대로 멈춰라
서 있지도 말고 웃지도 말고 울지도 말고 움직이지 마
즐겁게 춤을 추다가 그대로 멈춰라

놀이 방법

1. 아이를 내려 함께 손을 잡고 선다.
2. 음악이 시작되면 엄마와 손잡고 마음대로 뛰어다니다가 "멈춰라"에 맞추어 동작을 멈추고 다시 음악이 나올 때까지 기다린다.
3. 노래가 끝날 때까지 반복한다.

key point

- 아이가 음악에 맞춰 자발적으로 멈추면 손뼉쳐 주며 칭찬해 준다.
- 음악이 멈추는 것에 맞춰 엄마가 멈춘 상태에서 아이가 움직이면 억지로 잡기보다 "멈춰야 해~"라고 말하며 아이 스스로 판단하기를 유도한다.

엄마랑 나랑 2

목적

- 일치성 증진
- 자발성 증진
- 음률감 향상

노래

통통통통 엄마랑 나랑

통통통통 발을 굴러요

놀이 방법

1. 엄마와 아이가 마주 보고 앉아 무릎을 세운 자세를 취한다.

2. 엄마의 발등에 아이의 발을 올려놓는다.
3. 노래 부르며 발을 구를 때 아이의 발도 함께 굴러진다.
4. 아이의 발이 떨어지면 아이 스스로 다시 올리기를 기다린다.

key point

- 아이 스스로 시작하면 칭찬해 준다.
- '엄마랑 나랑 1'을 충분히 반복 후 '엄마랑 나랑 2'를 시작한다.
- 엄마와 함께 '통통통통'이라는 말과 발바닥으로 치는 동작을 일치시키는 놀이를 통해 타인과의 상호호혜적 놀이의 즐거움을 경험한다.
- 아이 스스로 발을 올리지 않으면 "발 올리세요."라고 말하며 언어적 촉구를 해 준다.

담요썰매 1

✎ 목적

- 눈접촉 증진
- 근력 향상
- 불안정감과 불균형 극복

놀이 방법

1. 담요를 깔아 놓고 아이를 눕히거나 엎드리게 한다.
2. 엄마는 아이와 눈을 마주치는 방향에 서서 담요 끝을 말아 쥔다.
3. 담요를 들어 올리고 "영차, 영차~"를 반복하며 지그재그로 담요를 끌면서 앞으로 나간다.
4. 아이와의 눈접촉을 계속 유지하며 담요를 끌어 주고, 아이가 적응하면 전진하는 속도를 빠르게 한다.

key point

- 아이가 눕는 것을 거부하지 않도록 가슴에 폭 안고 엄마의 상체를 충분히 숙여 내려놓는다.
- 바닥의 마찰력이 큰 경우에는 돗자리나 비닐을 바닥에 깐다.
- 담요가 흔들릴 때마다 아이가 무서워하면 손으로 담요의 양쪽을 움켜쥐도록 하고 천천히 끌어 준다.
- 두려움 속에서도 안전하다는 믿음을 갖게 되고, 수행 후 성취감을 획득할 수 있다.

말등타기

✎ 목적

- 평형감각 증진
- 친밀감 증진
- 자발성 증진

♫ 노래

정글숲을 지나서 가자 엉금엉금 기어서 가자
늪지대가 나타나면은 악어떼가 나올라 악어떼

놀이 방법

1. 엄마가 무릎을 세우고 엎드려 말이 되고, 아이는 엄마 등에 올라 탄다.
2. 평평하지 않은 엄마의 등에서 엄마가 움직일 때마다 떨어지지 않기 위해 균형을 잡도록 한다.
3. 엄마가 노래를 부르며 앞으로 기어가다 멈추면 아이가 등을 세우도록 한다.
4. 점차 엄마가 움직일 때도 아이가 등을 세우고 앉도록 한다.

key point

- 엄마가 아이를 업은 후 엎드릴 수도 있다.
- 아이가 올라타도록 하면 자발성이 증진된다.

- 처음에는 등에 엎드려 엄마의 움직임에 따라 평형을 유지하다가 정지할 때 등을 세우면 성공이다.
- 엄마 등에 올라앉아 허리를 세운 상태에서 탈 수 있으면 활동을 성공적으로 완료한 것이다.

우리집에 왜 왔니 1

✎ 목적

- 흥겨운 리듬감 경험
- 집단놀이의 즐거움 인식
- 자기 이름 인식

♫ 노래

A팀: 우리집에 왜 왔니 왜 왔니 왜 왔니
B팀: 꽃 찾으러 왔단다 왔단다 왔단다
A팀: 무슨 꽃을 찾으러 왔느냐 왔느냐
B팀: ◯◯꽃(아이 이름)을 찾으러 왔단다 왔단다

놀이 방법

1. 어부바를 큰 소리로 외치며 아동을 업는다.
2. 두 팀으로 나누어 서로 가깝게 마주 보고 선다.
3. "우리집에 왜 왔니 왜 왔니 왜 왔니": 시작팀(A팀)이 노래 부르며 앞으로 나아가고 B팀은 뒤로 걷는다.
4. "꽃 찾으러 왔단다 왔단다 왔단다": 상대방팀(B팀)이 노래 부르며 앞으로 나아가고 A팀은 뒤로 걷는다.

5. 다음 두 소절도 3, 4번처럼 반복한다.

key point

- 놀이를 배우는 처음에는 다 같이 노래를 불러 익숙하게 한다.
- 밀고 당기는 놀이를 즐긴다.

제 10 장 마음성장 애착놀이 활동: ③ 애착형성기

- 콩쥐팥쥐 3
- 새 신 3
- 맴돌기 3
- 물레방아 3
- 어깨동무 내 동무 3
- 잠자리 꽁꽁 3
- 둘이 살짝 3
- 노젓기 3
- 동대문놀이 3
- 발자전거 3
- 담요그네 3
- 퐁당퐁당 2
- 걷고 걷고 3
- 입김불기 1
- 고개넘기 3
- 주먹놀이 1
- 거울놀이 2
- 잼잼콩콩 2
- 스카프 까꿍 2
- 머리어깨무릎발 1
- 손잡고 구르기 1
- 어디까지 갈래
- 꼬마야 꼬마야 2
- 꼬리잡기 1
- 마술놀이 1
- 그대로 멈춰라 3
- 엄마랑 나랑 3
- 담요썰매 2
- 강강수월래 1
- 우리집에 왜 왔니 2

콩쥐팥쥐 3

✎ 목적

- 엄마가 제공해 주는 몸놀이를 통해 즐거움 경험
- 뛰어 주고 흔들어 주어 뇌를 자극해 줌

♬ 노래

콩----쥐 팥----쥐, 콩-콩-콩 콩----쥐, 팥-팥-팥- 팥----쥐

놀이 방법

1. 엄마는 아이에게 "콩쥐팥쥐 놀이하자."라고 말한다.
2. 엄마는 앉은 자세에서 아이와 등을 맞댄다.
3. 엄마는 팔을 뒤로 하여 아이의 양쪽 다리 허벅지를 잡는다.
4. '콩쥐팥쥐 1'과 같은 방식으로 놀이를 진행한다.
5. 무서워할 수 있으므로 천천히 진행한다.

key point

- 아이가 무서워하며 상체를 들며 일어나면 보조자가 아이를 살짝 눌러 주어 일어나지 않게 하고, 무서워하지 않도록 손을 잡아 준다.
- 흔들어 주는 것을 최소로 하며 놀이를 반복하면 자신감을 얻어 즐거움으로 전환될 수 있다.

✪ 새 신 3

목적

- 전정감각기관 자극
- 무릎 관절 유연하게 사용하기
- 타이밍에 맞춰 발 구르기

노래

새 신을 신고 뛰어 보자 팔짝, 머리가 하늘까지 닿겠네

놀이 방법

1. 엄마랑 아이가 마주 보고 손을 잡는다.
2. 노래 부르며 함께 무릎을 구부렸다 폈다를 반복한다.
3. 노랫말 "팔짝"의 "팔"에서 무릎을 구부리고, "짝"에서 몸을 솟구치며 뛰어오른다.
4. 다음 소절도 똑같이 반복한다.

key point

- 아이가 혼자 뛰려는 의지는 있지만 신체적 준비가 안 된 상태에서는 어른이 아이의 겨드랑이에 손을 넣고 도와주기, 아이 뒤에 보조자 어른이 무릎

을 굽히도록 눌러 주고 뛰도록 도와주기 등으로 단계를 세분화한다.

• 아이가 도움 없이 뛸 수 있으면 '새신 3'이 완성된 것이다.

맴돌기 3

✎ 목적

• 친구들과 협력하기

• 자발적 참여 증진

♬ 노래

아버지는 나귀 타고 장에 가—시고
할머니는 건넌 마을 아저씨 댁—에
고추 먹고 맴맴 담배 먹고 맴맴
고추 먹고 맴맴 담배 먹고 맴맴

🗁 놀이 방법

1. 어른들끼리, 아이들끼리 손을 잡고 둥글게 선다.
2. 손을 잡지 않으려 하면 동그란 고리를 잡아 원을 만든다.
3. 처음 두 소절 노래는 천천히 부르고, 동시에 걷는 것도 음의 빠르기에 맞춰 천천히 걷는다.
4. 마지막 소절에서는 최대한 달리다가 끝마디 노래에 맞춰 모두 동시에 선다.

key point

- 아이가 집단에서 나와 엄마에게 가더라도 엄마는 아이를 쳐다보지 않고(모르는 척한다) 그대로 집단에 남아 활동을 계속한다.
- 보조자는 아이를 달래어 다시 돌아가 고리를 잡도록 한다.

물레방아 3

목적

- 흥겨운 리듬감 체득
- 신체사용능력 증대

노래

쿵–덕쿵 쿵–덕쿵 물–레방아 돌–아라

쿵–덕쿵 쿵–덕쿵 밥쌀 떡쌀 찧–어라

놀이 방법

1. 엄마와 아이가 손을 마주 잡고 선다.
2. "쿵–덕쿵" 노래를 부르며 엄마와 아이가 동시에 무릎을 굽혔다가 발을 굴러 뛰는 것을 반복한다.
3. "물–레방아 돌–아라"를 부르며 손을 맞잡고 돈다.

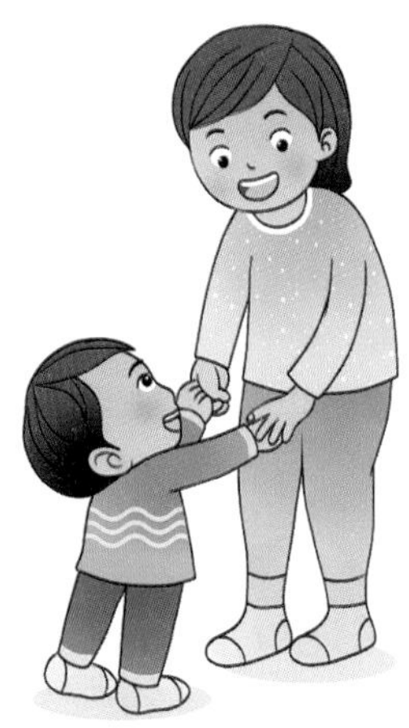

key point

- 발을 구르거나 빙글빙글 돌 때 아이의 보폭과 속도에 맞춰 돈다.
- 아이는 무릎을 굽히는 것이 익숙하지 않으니 어른이 아이의 팔을 아래로 당겨 주어 저절로 무릎을 굽히도록 도와준다.
- 아이 스스로 무릎을 구부렸다가 발로 바닥을 차고 올라가는 요령을 터득하도록 한다.

어깨동무 내 동무 3

목적

- 자발적 참여 증진
- 사회성 증진

노래

어깨동무 내 동무 미나리 밭에 앉았다

놀이 방법

1. 엄마들끼리, 아이들끼리 원을 만든다.
2. 아이들끼리 손을 잡기 어려운 경우 고리로 이어 잡도록 한다.
3. 노래를 부르며 '어깨동무 내 동무 1, 2'에서 배운 대로 놀이를 한다.
4. 아이가 중간에 엄마에게 와도 엄마는 하던 놀이를 계속한다.
5. 보조자는 아이가 다시 자기 자리로 돌아가도록 데려간다.

key point

• 아이가 엄마와의 놀이를 충분히 경험한 후에 친구와 함께할 수 있는 단계로 진입시키는 것이 이 단계의 목표이다.
• 아이가 자기 자리로 돌아가지 않으려 하면 억지로 데려가지는 않는다. 단, 엄마에게 가겠다고 하는 것은 제한하고, 놀이가 끝날 때까지 지켜보도록 한다. 놀이가 끝나면 엄마는 바로 아이를 맞이한다.

잠자리 꽁꽁 3

목적
• 신체협응능력 향상
• 자발성 증진

노래
잠자리 꽁꽁 꼼자리 꽁꽁
잠자리 꽁꽁 꼼자리 꽁꽁~

놀이 방법
1. 엄마와 아이가 마주 보고 선다.
2. 엄마와 아이가 손을 맞잡고, 아이 뒤에 보조자가 선다.

3. 노래를 부르며 '잠자리 꽁꽁 1, 2'에서 배운 대로 놀이에 참여한다.
4. 아이에게 신체협응능력이 생기고, 방법을 인식하면 혼자 시행하도록 한다.

key point

- 아이가 무릎을 굽히지 않으면 아이의 팔을 아래로 당기고 동시에 무릎 뒤쪽을 앞으로 밀어 준다.
- 보조자가 없이 스스로 뛰려고 하는 의도가 보이면 도움을 줄여 나간다.
- 이 단계의 목표는 독립적으로 점프하는 능력을 획득하는 것이다.

둘이 살짝 3

목적

- 타인과의 일치적 상호성 증진
- 주도적 참여 증진

노래

둘이 살짝 손잡고 오른쪽으로 돌아요

둘이 살짝 손잡고 왼쪽으로 돌아요

놀이 방법

1. 엄마와 아이가 마주 보고 선다.
2. 엄마가 두 손을 내밀면 아이가 손을 내밀어 엄마 손을 잡는다.
3. 아이는 엄마 발등 위에 올라서서 엄마 몸을 잡는다.
4. 엄마는 두 손을 머리 위로 올리고 아이 스스로 엄마의 몸을 붙잡게 한다.
5. 노래를 부르며 '둘이 살짝 1, 2'에서 배운 대로 춤을 춘다.

key point

- 엄마는 아이의 보폭에 맞춘다.
- 엄마가 도움을 줄이면 아이의 독립성이 함양된다.
- 엄마가 아이의 손을 끌어가는 것이 아니라 아이 스스로 손을 내밀어 엄마 손을 잡도록 기다리는 것이 중요하다.
- 아이가 스스로 엄마 몸을 잡고 춤을 추면 주도적 놀이 참여가 증가한 것이다.

노젓기 3

목적

- 눈접촉 증진
- 상호작용 증진
- 자발성 증진

노래

마이클 노를 저어라 할렐루야
마이클 노를 저어라 할렐루야
동그라미 안에다 색칠하고
동그라미 다 되어 내 얼굴 되네

놀이 방법

1. 엄마와 아이가 마주 보고 앉는다.
2. 막대, 고리, 수건, 끈 등을 사용하여 마주 잡는다.
3. '노젓기 1, 2'에서 배운 노래를 부르며 밀고 당기기를 한다.

key point

- 아이가 바른 자세로 앉도록 한다.
- 초반에는 엄마가 주도적으로 밀고 당기기를 하더라도 점차 아이가 주도하

도록 기회를 준다.

• 앉은 상태에서 충분히 연습이 되었다면 엄마는 앉은 자세, 아이는 서서 하는 것도 재미있다.

동대문놀이 3

✎ 목적

• 주도적 참여 증진
• 규칙 익히기
• 사회성 증진

♬ 노래

동동 동대문을 열어라
남남 남대문을 열어라
12시가 되면은 문을 닫는다

놀이 방법

1. 엄마가 앞에 서고 아이가 뒤에 선다.
2. 엄마는 앞을 바라보고 아이는 엄마 뒤에서 엄마의 옷을 움켜쥐거나 허리를 잡는다.
3. 노래를 부르며 동대문을 통과한다.

key point

- 노래의 빠르기를 조절하여 천천히 걷기도 하고, 빠르게 달리기도 한다.
- 문을 통과한 선두는 8자 모양으로 달려서 다시 문을 통과한다.
- 아이가 대열을 이탈해도 엄마는 아이를 데리러 가지 않고 계속 놀이에 참여한다.
- 대열에서 이탈한 아이는 보조자가 다시 들어가도록 지도한다.
- 엄마가 아이 손을 잡아 주지 않고 아이 스스로 엄마 옷을 잡게 하는 것은 아이의 주도성을 증진시키기 위함이다.

발자전거 3

목적

- 율동적인 상호교류 증진
- 타인과 협조하려는 의도 증진
- 신체지각 높이기

노래

따르릉 따르릉 비켜나세요
자전거가 나갑니다 따르르릉
저기 가는 저 사람 조심하세요
우물쭈물하다가는 큰일 납니다

놀이 방법

1. 엄마와 아이가 누운 상태에서 무릎을 세운 자세를 취한다.
2. 다리를 들어 엄마의 두 발바닥과 아이의 두 발바닥을 나란히 맞댄다.
3. 노래에 맞춰 자전거 페달을 밟듯이 오른발과 왼발을 교차하며 서로 밀고 당긴다.

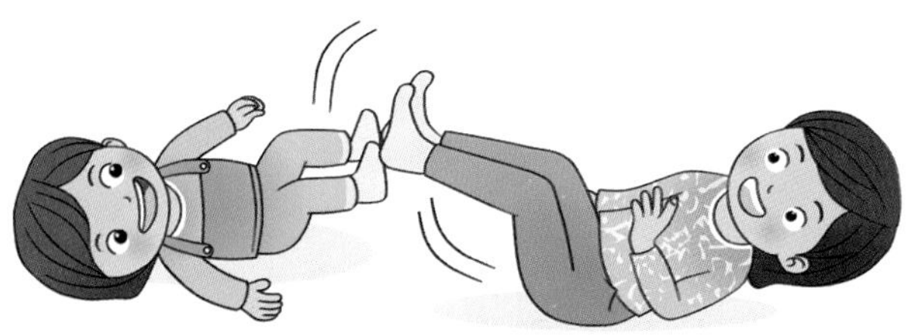

key point

- 처음엔 엄마가 시작하나 점차 아이가 주도적으로 하도록 기다린다.
- 발바닥을 맞댄 상태에서 처음에는 바닥부터 밀고 당기기에서 시작하여 점차 공중으로 올려서 자전거처럼 굴리는 식으로 발전시킨다.

담요그네 3

목적

- 뇌의 위치 변화를 통한 뇌자극
- 자연스러운 시선교환

노래

옆에 옆에 옆에 옆으-로 옆에 옆에 옆에 옆으-로

위로 아래로 위로 아래로 위로 아래로 위로 아래로

놀이 방법

1. 담요를 넓게 펴서 담요의 네 모서리에 어른이 각각 1명씩 선다.
2. 담요 위에 2명의 아이가 나란히 눕도록 한다.
3. 담요의 네 모서리에 선 어른이 담요 모서리를 말아 쥔다.
4. 노래를 부르며 담요를 좌우, 위아래로 흔들어 준다.

key point

- 친구와 같이 눕는 것을 거부하는 경우 혼자 담요를 타는 기회를 충분히 경험시킨 후에 다시 시도한다.
- 놀이 공유를 통해 협력하기, 양보하기, 기다리기 등을 배운다.

퐁당퐁당 2

✎ 목적

- 자세 조절력 증진
- 타인과의 신체접촉 경험
- 엄마에 대한 애착형성 증진

♬ 노래

퐁당퐁당 ◯◯(아이 이름)를 던지자

누나 몰래 ◯◯(아이 이름)를 던지자

냇물아 퍼져라 멀리멀리 퍼져라

건너편에 앉아서 나물을 씻는
우리 누나 손등을 간질여 주어라

놀이 방법

1. 어른 4명이 둥글게 선다.
2. 짝수 번호의 엄마는 자신의 아이를 옆으로 안는다.
3. 노래를 부르며 아이를 좌우로 흔들다 "던지자"에서 아이를 시계 방향에 있는 사람에게 보낸다.
4. 노래가 끝나면 아이를 바닥에 내려주고 아이 스스로 자신의 엄마를 찾아가는지 관찰한다.

key point

- 홀수 번호 엄마의 아이는 의자에 앉아 기다리도록 하고 보조자가 돌본다.
- 사람이 많을수록 아이가 자신의 엄마에게 돌아가는 시간이 지연되므로 이를 견디는지 관찰한다.
- 아이가 흔들어 주는 것에 적응한 경우에는 조금 더 거칠게 흔들어 주어도 좋다.
- 엄마가 아이를 데리러 가지 말고 아이가 엄마를 찾아오도록 또는 찾아올 때까지 기다리는 것이 좋다.

걷고 걷고 3

✎ 목적

- 순서와 규칙에 대한 개념 증진
- 두 발 모둠뛰기 능력 향상
- 자주성과 독립성 기르기

♫ 노래

걷고 걷고 걷고 걷고 높이 뛰어라 높이 뛰어라
빨리 빨리 달려 빨리 빨리 달려 멈춰라 멈춰라

놀이 방법

1. 친구와 손 대신 고리를 잡고 앞을 보고 나란히 선다.
2. 다 함께 노래 부르며 '걷고 걷고 1'과 같은 방식으로 놀이를 진행한다.
3. "걷고 걷고 걷고 걷고": 노래를 부르며 씩씩하게 걷는다.
4. "높이 뛰어라": 제자리에 멈춰서 무릎을 구부렸다가 최대 높이로 뛴다(두 번 연속).
5. "빨리 빨리 달려": 노래 부르며 빨리 달린다(두 번 연속).
6. "멈춰라": 달리다 제자리에 멈춰 서는 동작을 한다(두 번 연속).

key point

- 아이가 혼자 두 발 모둠뛰기를 잘하지 못하면 먼저 '걷고 걷고 2'를 충분히 경험시킨다.

입김불기 1

✎ 목적

- 상호작용의 즐거움 경험
- 신체접촉을 통한 친밀감 증진
- 신체지각 확장

놀이 방법

1. 아이의 손바닥에 가볍게 입김을 불어 준다.
2. 어떤 느낌인지 알게 한 다음 아이의 신체 부위에 입김을 불어 주어 느끼게 한다.
3. 아이가 입김 불어 주기를 기다리면 살살, 세게 등을 반복하며 변화를 주어 놀이한다.

key point

- 아이로 하여금 자기 몸의 서로 다른 부분을 알아차리도록 하는 데 도움이 된다.
- 놀이 초기에는 손바닥, 팔꿈치, 발, 발등, 발바닥처럼 아이가 직접 볼 수 있는 신체 부분에 입김을 불어 준다.
- 놀이가 익숙해지면 볼, 목, 등, 어깨 등 아이가 볼 수 없는 곳에 불어 주어 보지 못해도 신체 부위를 지각하는 경험을 하게 한다.

 고개넘기 3

목적

- 수 개념 익히기
- 신체 율동감 증진
- 친구와의 사회성 증진

노래

한 고개 넘어서 아이고 다리야
두 고개 넘어서 아이고 다리야
세 고개 넘어서 아이고 다리야~~

놀이 방법

1. 아이들끼리 나란히 고리를 잡고 선다.
2. 노래 부르며 전진한다.
3. "한 고개 넘어서"를 부르며 앞으로 걸어 나간다.
4. "아이고 다리야"에서 무릎을 굽힌다.
5. 노래가 끝날 때까지 손을 놓지 않고 이 동작을 세 번 반복한다.

key point

- 손을 잡을 수 있는 아이는 손을 잡도록 한다.
- 손을 잡지 않고 놓는 아이는 다시 고리를 잡도록 하여 대열이 끊어지지 않

게 한다.
• 놀이가 성공적으로 끝나면 크게 칭찬하며 아이들이 좋아하는 간식을 준다.

주먹놀이 1

✎ 목적

• 신체조절능력 향상
• 상호작용 증진

♫ 노래

주먹 쥐고 손을 펴서 손뼉 치고 주먹 쥐고

놀이 방법

1. 아이와 엄마가 마주 본다.
2. 엄마가 오른손을 활짝 펴서 내밀고 "주먹"이라고 말하며 움켜쥔다.
3. 이번에는 반대쪽 손을 활짝 펴서 내밀고 "주먹"이라고 말하며 움켜쥔다.
4. 아이에게 어른을 모방하여 양쪽 손의 주먹을 움켜쥐게 한다.
5. 엄마와 함께 노래 부르며 손을 펴고 주먹을 쥐는 놀이를 반복한다.

key point

• 손을 펴는 것과 주먹 쥐기를 번갈아 하는 놀이, 주먹망치, 주먹박수 등의 놀이는 뇌신경망 형성을 자극해 준다.

거울놀이 2

목적

• 자아인식력 증진
• 신체 인식 증진

노래

사과 같은 내 얼굴 예쁘기도 하지요
눈도 반짝 코도 반짝 입도 반짝 반짝

놀이 방법

1. 아이 전신이 보이는 거울을 준비한다.
2. 거울 앞에서 엄마와 아이가 노래를 부르며 율동한다.
3. 머리에 모자, 머리띠를 쓰고 벗어 본다.
4. 코에 빨간 립스틱을 칠해 본다.
5. 장갑을 껴 보고 벗어 본다.
6. 양말을 신어 보고 벗어 본다.

key point

- 거울놀이는 자아 인식력을 갖게 해 준다.
- 거울놀이는 어휘력과 의사소통 기술을 키워 준다.
- 각 신체 부위의 이름을 익힐 수 있다.
- 거울 앞에서 모자, 장갑, 양말 등을 입고 벗어 보면서 자신의 신체에 대해 인식할 수 있다.

잼잼콩콩 2

목적
- 눈접촉 증진
- 신체 부위 인식 증진
- 자발성 증진

노래
잼잼 콩콩 곤지곤지 콩콩
잼~ 콩~ 곤지~ 콩~ 잼잼 콩~~

놀이 방법
1. "잼잼": 아이 손을 두 번 연속으로 쥐었다 편다.
2. "콩콩": 엄마의 이마를 아이의 이마에 두 번 살살 부딪친다.
3. "곤지곤지": 아이 손을 두 번 연속으로 쥐었다 편다.
4. "콩콩": 엄마의 이마를 아이의 이마에 두 번 살살 부딪친다.
5. "잼": 손을 한 번 쥐었다 놓는다/ "콩": 살짝 한 번 부딪친다.
6. "곤지": 손을 한 번 쥐었다 놓는다/ "콩": 살짝 한 번 부딪친다.
7. "잼잼": 아이 손을 두 번 연속으로 쥐었다 편다.
8. "콩": 길게 이마를 맞대고 머리를 좌우로 흔든다.

key point

- 상호성을 많이 요구하는 단계여서 아이가 부담감을 가질 수 있다.
- 아이가 수동적이면 엄마가 적극적으로 놀아 주되 아이가 시도할 기회를 계속 준다.
- 이마가 아닌 다른 신체 부위(코, 입, 빰)로 바꾸어서 실시해도 좋다.
- 이마를 너무 세게 부딪치면 아파하며 놀이하는 것을 피할 수 있다.
- 엄마가 상체를 약간 숙이고 이마를 내민 자세로 아이가 스스로 와서 부딪치도록 기다린다.

스카프 까꿍 2

목적

- 눈접촉 증진
- 자발성 증진
- 사물의 영구성 개념 획득

놀이 방법

1. 반투명 스카프로 엄마 얼굴을 가린다.

2. 아이가 스카프를 벗길 때까지 기다린다.
3. 아이가 스카프를 잡아당겨 엄마 눈과 마주치는 순간 "까꿍~" 하며 환하게 웃는다.
4. 아이가 스카프를 벗기려는 순간 엄마가 머리를 흔들며 피하는 등 재미있게 놀이를 유도한다.
5. 아이의 얼굴에 스카프를 덮어 주고 엄마가 벗기는 식으로 서로 역할을 바꾸기도 한다.

key point

- '스카프 까꿍 1'을 통해 사물의 영구성 개념이 생기고 있을 때 이 활동을 시작한다.
- 아이는 자신의 얼굴에 스카프 덮는 것을 무서워하거나 싫어할 수 있다.
- 엄마 얼굴에 스카프를 쓰고, 아이가 벗기는 활동을 충분히 하고 난 후 아이에게 스카프를 덮는 놀이로 전환한다.

머리어깨무릎발 1

목적

- 신체 인지
- 모방활동 증진

노래

머리 어깨 무릎 발 무릎 발~ 머리 어깨 무릎 발 무릎 발~~
머리 어깨 발 무릎 발~ 머리 어깨 무릎 귀 코 귀~~

놀이 방법

1. 엄마는 바닥에 두 발을 쭉 뻗고 앉는다.
2. 엄마와 같은 방향을 보도록 아이를 엄마 앞에 앉힌다.
3. 엄마는 아이의 양손을 잡고, 느린 속도로 노래 부르며 노랫말에 따른 순서대로 아이의 머리, 어깨, 무릎, 발 부위를 터치한다.
4. 아이가 순서대로 몸의 동작을 익히도록 충분히 반복한다.

key point

- 앞뒤로 나란히 앉은 엄마와 아이 앞에 큰 거울이 있으면 좋다.
- 엄마가 일부러 노래의 시작을 "머~~리"라고 느리게 끌 때 아이 스스로 손

이 머리에 올라갈 정도가 되면 기초단계가 완성된 것이다.

• 팔과 다리를 쭉 펴서 몸을 굽혔다 폈다 하는 사이 근육이 수축, 이완되면서 대근육 발달을 도울 수 있다.

손잡고 구르기 1

✎ 목적

• 눈접촉 증진
• 타인과의 일치성 증진

놀이 방법

1. 아이를 바닥에 반듯하게 눕힌다.
2. 엄마의 머리와 아이의 머리가 맞닿는 반대 방향으로 엄마도 반듯하게 눕는다.
3. 엄마와 아이가 두팔을 머리 위로 올려 서로 손을 맞잡는다.
4. 엄마가 "준비" "굴러요"라고 말하며 아이의 손을 잡은 채 몸을 굴린다.
5. 아이도 따라 몸을 굴리면 엎드린 자세가 되었을 때 서로 눈을 마주치게 된다.
6. 아이의 속도에 맞춰 천천히 연속 구르며 눈접촉을 유지하는 것이 중요하다.

key point

- 놀이 시작 전 방바닥에 아무것도 놓여 있지 않도록 빈 공간을 만든다.
- 엄마가 팔을 젖혀도 아이의 몸이 따라 굴러오지 않으면 보조자를 두어 아이의 몸을 젖혀 주도록 한다.
- 놀이 초반에는 엄마가 주도적으로 구르기를 이끌었다면 점차 아이가 주도하기를 기다려 준다.

어디까지 갈래

목적

- 신뢰감 증진
- 언어의 교환 원리 인식

노래

◯◯야(아이 이름), 어디까지 갈래?

(아이가 대답하기를 기다리기) 엄마한테 가지~

놀이 방법

1. 아이를 책상 위에 세워 놓고 양쪽에 치료자가 선다.
2. 엄마는 책상으로부터 150~200cm 정도 떨어진 위치에 서서 아이를 기다린다.
3. 치료자가 아이에게 "◯◯야, 어디까지 갈래?"라고 말하고 아이는 엄마를 가리키면 치료자가 "엄마한테 가지~"라고 말해 준다.
6. "엄마한테 가지~"라는 말이 끝남과 동시에 "슈웅~" 소리를 내며 아이를 번쩍 들어 엄마에게 데려가 안겨 준다.

key point

- 엄마와 아이 간의 거리는 점차 늘린다.
- 아이가 높은 곳을 무서워하면 안은 상태에서 시작할 수도 있다.
- 아이가 엄마 가리키기를 하지 않으면 치료자가 아이 검지손가락으로 가리키도록 만들어 준다.

 꼬마야 꼬마야 2 

목적

- 상호작용 증진
- 타인의 의도 파악 능력 확장
- 자신감 증진

노래

똑똑 누구십니까?

꼬마입니다 들어오세요

꼬마야 꼬마야 뒤를 돌아라

꼬마야 꼬마야 땅을 짚어라

꼬마야 꼬마야 한 발을 들어라
꼬마야 꼬마야 잘 가거라

놀이 방법

1. 엄마와 아이가 줄넘기의 양쪽 끝 손잡이를 잡고 서로 마주 보고 선다.
2. 노래를 부르며 엄마가 먼저 줄을 돌리기 시작하면 아이도 함께 돌린다.
3. '꼬마야 꼬마야 1'이 익숙해지면 엄마가 먼저 줄 돌리기를 시작하지 않고 아이가 시작하도록 유도한다.

key point

- 아이가 줄을 놓지 않고 엄마와 함께 줄 돌리기를 하는 것이 '꼬마야 꼬마야 2'이다.
- '꼬마야 꼬마야 2'는 엄마가 줄을 돌릴 때 아이도 엄마의 페이스에 맞추어 스스로 줄을 돌리는 것이며, 익숙해지면 아이가 먼저 이끌 수도 있다.
- 노래가 시작되었을 때 아이 스스로 시작하면 '꼬마야 꼬마야 2'가 완성되는 것이다.

 꼬리잡기 1

목적

- 모험심 향상
- 언어 사용 자극
- 상호작용의 즐거움 경험

놀이 방법

1. 엄마의 허리에 스카프 2개를 묶어 꼬리를 만든다.
2. "엄마 잡아 봐라~"라고 말하며 도망가면 아이는 엄마를 잡으러 뒤쫓아 온다.
3. 아이와의 간격이 적당히 떨어지도록 조정하여 엄마 몸의 일부를 아이가 계속 보고 쫓아올 수 있도록 한다.

key point

- 엄마와의 애착이 형성되고 분리불안을 해결해야 하는 시점에 하기 좋은 놀이이다.
- 꼬리잡기를 하면서 까꿍놀이로 연결한다.

 마술놀이 1

목적

- 사물의 영구성 개념 형성
- 상호호혜성 증진

놀이 방법

1. 아이가 좋아하는 과자를 내밀어 주의를 끈다.
2. 아이에게 주던 과자를 주먹 안에 숨긴 채 내민다.
3. 아이가 엄마의 주먹을 펴는 즉시 아이에게 과자를 가져가 먹도록 한다.
4. 접시에 과자 하나를 올려놓고 아이가 집어 먹으려 할 때 얼른 손수건을 덮는다.
5. 아이가 손수건을 걷고 과자를 가져가도록 한다.

key point

- "어, 과자가 어디 갔지?"라고 하며 기다린다.
- 아이가 주먹 쥔 엄마 손을 펴면 "짜잔 여기 있구나~"라고 말해 준다.

그대로 멈춰라 3

목적

- 사회성 증진
- 신체 유능감 형성
- 자신감 증진

노래

즐겁게 춤을 추다가 그대로 멈춰라
즐겁게 춤을 추다가 그대로 멈춰라
서 있지도 말고 웃지도 말고 울지도 말고 움직이지 마
즐겁게 춤을 추다가 그대로 멈춰라

놀이 방법

1. 엄마와 아이가 손을 잡지 않고 선다.
2. 음악이 시작되면 엄마와 아이는 각자 마음대로 뛰어다니다 "멈춰라"에 맞추어 동작을 멈추고 다시 음악이 나올 때까지 기다린다.
3. 노래가 끝날 때까지 멈추기와 춤추기를 반복한다.

key point

- 아이가 음악에 맞춰 자발적으로 멈추면 손뼉쳐 주며 칭찬해 준다.
- 마지막 멈추는 동작을 모방하는 것으로 연결하면 즐거운 활동이 된다.

✪ 엄마랑 나랑 3

목적

- 일치성 증진
- 자발성 증진
- 간주관성 증진

노래

통통통통 엄마랑 나랑
통통통통 발을 굴러요

놀이 방법

1. 엄마와 아이가 마주 보고 무릎을 세운다.
2. 두 사람의 거리는 5~10cm 정도 떨어져 있도록 한다.

3. 노래와 동시에 두 사람이 발을 구르기 시작하여 노래가 끝날 때까지 같은 동작을 반복한다.

key point

- “준비~ 시작”이라고 말하여 힌트를 준다.
- 마주 보는 자세이므로 눈접촉이 최대한 증진된다.
- 서로 상대방의 동작을 모방함으로써 공동주시능력이 확장된다.

담요썰매 2

목적

- 시선교환을 통한 상호호혜성 증진
- 신체조정능력 증진

놀이 방법

1. 아이를 담요 위에 앉히고 담요의 양쪽을 꽉 움켜쥐도록 한다.
2. 천천히 끌어 아이가 뒤로 쓰러지지 않도록 한다.
3. 아이가 적응되면 속도를 조금 빠르게 하여 아이 스스로 담요를 움켜쥔 채 상체를 지지해서 썰매 타기를 즐긴다.

key point

- 담요 위에 앉아 있는 것을 무서워하면 '담요썰매 1'을 할 때 누워서 타는 것을 충분히 경험시킨 후 '담요썰매 2'로 이행하도록 한다.
- 거의 흔들리지 않게 천천히 움직여 일단 앉아 있는 것에 대한 자신감을 키워 준다.
- 균형 유지에 자신감이 생기면 조금씩 썰매의 속도를 빠르게 한다.

강강수월래 1

목적

- 사회성 증진
- 음률감 증진
- 언어자극 증진

노래

강강수월래 강강수월래
강강수월래 강강수월래

놀이 방법

1. 엄마와 아이가 손을 잡고 둥글게 선다.
2. 다른 사람의 손을 잡지 않으려 하면 고리를 사용하여 잡도록 한다.
3. 노래를 부르며 노래의 빠르기에 따라 원을 따라 돈다.
4. 처음엔 천천히 돌다가 빠른 강강수월래에서는 어깨를 들썩이며 경중경중 뛴다.

key point

- 집단에서 느리거나 빠른 음의 빠르기에 따라 강강수월래 하는 것은 타인에게 맞추어 주는 방식을 터득하게 한다.
- 모두 즐거워하는 분위기를 경험함으로써 타인과의 관계 형성에 대한 긴장을 줄일 수 있다.

우리집에 왜 왔니 2

목적

- 사회적 놀이 경험
- 언어 교류 증진
- 자기 이름 인식

♬ 노래

A팀: 우리집에 왜 왔니 왜 왔니 왜 왔니

B팀: 꽃 찾으러 왔단다 왔단다 왔단다

A팀: 무슨 꽃을 찾으러 왔느냐 왔느냐

B팀: ○○꽃(아이 이름)을 찾으러 왔단다 왔단다

놀이 방법

1. 두 팀으로 나누어 손을 잡고 선다.
2. A, B 두 팀이 가깝게 마주 보고 선다.
3. A팀이 "우리집에 왜 왔니 왜 왔니 왜 왔니"를 부르며 앞으로 걸어 나가면 B팀은 뒤로 걷는다.
4. B팀이 "꽃 찾으러 왔단다 왔단다 왔단다"를 부르며 앞으로 걸어 나가면 이번에는 A팀이 뒤로 걷는다.
5. 3, 4번처럼 노래를 주고받으며 앞으로 걷고 뒤로 걷는 것을 반복한다.

key point

- 노래와 놀이 방식이 말을 주고받는 형식과 같아서 언어를 준비시키는 시기에 알맞은 놀이이다.
- 엄마는 A팀 역할, 아이는 B팀 역할로 정하고 엄마와 아이 두 사람이 노래를 주고받기를 할 수도 있다.

제 11 장 마음성장 애착놀이 활동: ④ 애착확장기

- 콩쥐팥쥐 4
- 새 신 4
- 맴돌기 4
- 물레방아 4
- 어깨동무 내 동무 4
- 잠자리 꽁꽁 4
- 둘이 살짝 4
- 노젓기 4
- 동대문놀이 4
- 발자전거 4
- 담요그네 4
- 퐁당퐁당 3
- 걷고 걷고 4
- 입김불기 2
- 고개넘기 4
- 주먹놀이 2
- 거울놀이 3
- 잼잼콩콩 3
- 스카프 까꿍 3
- 머리어깨무릎발 2
- 손잡고 구르기 2
- 여우야 여우야
- 꼬마야 꼬마야 3
- 꼬리잡기 2
- 마술놀이 2
- 그대로 멈춰라 4
- 친구랑 나랑
- 담요썰매 3
- 강강수월래 2
- 우리집에 왜 왔니 3

콩쥐팥쥐 4

목적

• 자신이 경험한 즐거운 몸놀이를 타인에게 해 주려는 의도 증진

노래

콩----쥐 팥----쥐, 콩-콩-콩 콩----쥐, 팥-팥-팥- 팥----쥐

놀이 방법

1. 두 아이가 등을 마주 대고 선다.
2. 두 팔을 뒤로 보내 친구와 팔깍지를 한다.
3. 노래를 부르며 교대로 상체를 앞으로 당겨 스트레칭한다.

key point

• 아이의 자율성을 기르는 것이므로 어른의 간섭을 최소화한다.
• 척추 근육을 유연하게 만들고 상체 근육을 튼튼하게 해 주는 효과가 있다.
• 도움이 필요한 경우 어른이 옆에서 당겨 올라가도록 밀어 준다.
• 친구 대신 아이에게 적당한 크기의 인형(사람, 동물)을 준비하여 콩쥐팥쥐 놀이를 즐기도록 한다.

새 신 4

목적

- 신체 협응 및 제어 능력 확장
- 무릎 관절의 유연한 사용능력 증진
- 소리를 들으며 동시에 동작하는 능력 향상

노래

새 신을 신고 뛰어 보자 팔짝, 머리가 하늘까지 닿겠네

놀이 방법

1. 두 아이가 마주 보며 두 손을 잡는다.
2. 노래 부르며 '새 신 1'의 방식대로 놀이를 한다.
3. "팔짝"과 "네"에서 발바닥을 차는 동시에 구부렸던 무릎을 펴며 위로 뛰어 오른다.

key point

- '새 신 3'을 충분히 연습하여 아이가 혼자 뛸 수 있어야 '새 신 4'가 가능하다.
- 함께 뛰는 파트너가 되는 친구들을 다양하게 변화시킨다.

맴돌기 4

목적

- 친구와의 교류 증진
- 자발성 증진

노래

아버지는 나귀 타고 장에 가-시고
할머니는 건넌 마을 아저씨 댁-에
고추 먹고 맴맴 담배 먹고 맴맴
고추 먹고 맴맴 담배 먹고 맴맴

놀이 방법

1. 아이들끼리 둥글게 서서 손을 잡는다.
2. 노래 부르며 '맴돌기 1'과 같은 방식으로 놀이를 진행한다.
3. 손을 놓는 아이에게 다시 잡도록 언어적 자극을 준다.

key point

- 손을 잡지 않으려는 아이는 '맴돌기 3'을 충분히 한 후 이행한다.
- 손을 잡고 놀이를 시작하여 끝날 때까지 놓지 않아야 '맴돌기 4'가 완성된 것이다.

물레방아 4

목적

- 신체적 유능감 확립
- 공동주시 증진
- 사회적 참조 증진

노래

쿵-덕쿵 쿵-덕쿵 물-레방아 돌-아라
쿵-덕쿵 쿵-덕쿵 밥쌀 떡쌀 찧-어라

놀이 방법

1. 친구와 마주 보고 서서 손을 맞잡는다.
2. 노래 부르며 '물레방아 1' 방식대로 놀이를 한다.

key point

- 친구와 손을 잡지 않으려고 하면 고리나 줄을 사용하여 잡도록 한다.
- 친구에게 맞추어 주려는 행동이 나타나는 것을 놓치지 않고 관찰한다.
- 친구에게 맞추어 주려는 행동이 보일 때마다 칭찬해 준다.

어깨동무 내 동무 4

목적

- 친구와의 상호교류 증진
- 다른 친구에게 먼저 놀이 제안하기
- 주도성 증진

노래

어깨동무 내 동무 미나리 밭에 앉았다

놀이 방법

1. 아이들끼리 손을 잡거나 어깨동무한다.
2. 노래 부르며 '어깨동무 내 동무 1' 방식대로 놀이를 한다.

key point

- 친구와 손잡는 것을 잘하면 어깨동무하도록 한다.
- 아이가 놀이를 즐기게 되면 주변에 있는 사람들과 함께하도록 권함으로써 많은 사람과 함께 놀이할수록 즐겁다는 것을 인식시킨다.

잠자리 꽁꽁 4

목적

- 눈접촉과 신체접촉 증진
- 협응력 증진

노래

잠자리 꽁꽁 꼼자리 꽁꽁
잠자리 꽁꽁 꼼자리 꽁꽁~

놀이 방법

1. 친구와 마주 보고 서서 손을 잡는다.
2. 노래 부르며 '잠자리 꽁꽁 1' 방식대로 놀이를 한다.

key point

• 무릎 관절 사용, 바닥과 신체의 관계 등 자신의 신체 사용을 인지해야 가능한 활동이다.
• 타인의 도움 없이 놀이를 수행할 수 있다면 친구와의 상호작용이 확장된다.

둘이 살짝 4

목적

• 일치적 상호성 즐기기
• 협응력 증진
• 협동심 증진

노래

둘이 살짝 손잡고 오른쪽으로 돌아요
둘이 살짝 손잡고 왼쪽으로 돌아요

놀이 방법

1. 친구와 마주 보고 서서 손을 잡는다.
2. 노래에 맞춰 '둘이 살짝 1' 방식대로 놀이를 한다.

key point

- 친구와 손을 잡지 않으려고 하면 먼저 고리나 끈을 활용하여 잡도록 한다.
- 고리나 끈을 사용하여 친구와 놀이하는 것이 가능하지 않다면 '둘이 살짝 3'으로 돌아가야 한다.
- 고리나 끈을 잡고 친구와 놀이하는 것을 잘 받아들이면 친구와 손을 잡도록 한다.

노젓기 4

목적

- 눈접촉과 신체접촉 증진
- 아이의 자발성 향상
- 주도성 증진

노래

마이클 노를 저어라 할렐루야
마이클 노를 저어라 할렐루야
동그라미 안에다 색칠하고
동그라미 다 되어 내 얼굴 되네

놀이 방법

1. 친구와 마주 보는 자세로 바닥에 앉는다.
2. 두 발을 곧게 뻗는다.
3. 친구와 손을 맞잡고 '노젓기 1' 방식대로 놀이를 한다.

key point

- 노래가 시작되면 아이가 자발적으로 놀이를 시작하는지 관찰한다.
- 아이가 놀이를 시작하지 않으면 아이의 몸을 밀어 주어 시동을 걸어 준다.
- 시동을 걸어 주었는데도 놀이를 시작하지 않으면 '노젓기 3' 활동이 부족한 것이다.

 동대문놀이 4

목적

- 집단에서의 즐거운 놀이 공유
- 집단 규칙 수행력 향상
- 사회적 관계의 확장

노래

동동 동대문을 열어라
남남 남대문을 열어라
12시가 되면은 문을 닫는다

놀이 방법

1. 동대문을 만들고 문 밖에서 줄을 선다.
2. 줄의 맨 앞에 엄마가 서고 그 뒤로 아이가 선다. 이때 엄마가 손을 잡아 주거나 아이가 뒤에서 엄마의 옷을 잡도록 하지 않는다.
3. 노래가 시작되면 엄마가 음에 맞춰 뛰어들어 가고 아이도 뒤따른다.
4. 맨 앞에 선 어른은 넓은 S자를 그리며 뛴다.
5. "문을 닫는다"에 맞춰 다시 원래 섰던 자리로 돌아온다.

key point

- 노래 빠르기를 조절하여 천천히 걷기도 하고, 빠르게 달리기도 한다.
- 놀이하는 동안 아이가 대열에서 이탈해도 자발적으로 돌아가도록 기다린다.

발자전거 4

목적

- 신체활동의 상호작용을 통해 감정공유 인식
- 협조 및 협동 증진
- 신체지각 높이기

♫ 노래

따르릉 따르릉 비켜나세요
자전거가 나갑니다 따르르릉
저기 가는 저 사람 조심하세요
우물쭈물하다가는 큰일 납니다

놀이 방법

1. 친구와 마주 앉는다.
2. 양쪽 손바닥을 펴서 친구와 서로 맞댄다.
3. 노래를 부르며 자전거 바퀴를 돌리듯 둥글게 굴린다.
4. 익숙해지면 누워서 발바닥을 맞댄다.
5. 노래 부르며 자전거 바퀴를 돌리듯 둥글게 굴린다.

key point

- '발자전거 3'을 충분히 연습한 뒤 '발자전거 4'로 넘어간다.
- 아이의 주도성 정도에 맞추어 도움을 준다.

담요그네 4

✎ 목적

- 주도성 증진
- 시선교환을 통한 상호호혜성 증진

♫ 노래

옆에 옆에 옆에 옆으-로 옆에 옆에 옆에 옆으-로
위로 아래로 위로 아래로 위로 아래로 위로 아래로

놀이 방법

1. 담요를 펴 놓고 그 위에 인형을 태운다.
2. 두 아이가 동시에 담요를 들어 담요 안에 있는 인형이 떨어지지 않도록 한다.
3. 다 함께 노래 부르며 담요를 흔들어 준다.
4. 노래가 끝났을 때 상대방의 동작에 맞추어 담요를 내려놓아 인형이 떨어지지 않도록 한다.

key point

- 두 아이가 담요를 흔드는 속도를 맞춰 조절한다.
- 아이의 주도성 정도에 따라 단계적으로 이행한다.
- 아이가 친구에게 맞추려는 의도가 있는지 관찰한다.

퐁당퐁당 3

✎ 목적

• 친화력 증진
• 타인과의 신체접촉 수용
• 신뢰감 증진

♫ 노래

퐁당퐁당 ◯◯(아이 이름)를 던지자
누나 몰래 ◯◯(아이 이름)를 던지자
냇물아 퍼져라 멀리멀리 퍼져라
건너편에 앉아서 나물을 씻는
우리 누나 손등을 간질여 주어라

놀이 방법

1. 둥글게 원을 만들어 선다.
2. 둥글게 선 사람의 숫자를 8명, 10명, 12명과 같은 식으로 짝수로 늘려 간다.
3. 다 함께 노래 부르며 '퐁당퐁당 1' 방식대로 아이를 시계 방향으로 보낸다.
4. 노래가 끝나면 아이를 내려놓고 엄마를 찾아가는지 관찰한다.
5. 아이들이 인형으로 똑같이 진행하도록 유도한다.

key point

- ‘퐁당퐁당 3’은 어른 8명으로 시작하여 인원수를 점차 더 늘린다.
- 노래가 끝나면 아이는 다시 엄마에게 돌아가도록 내려 준다. 엄마가 데리러 가지 말고 아이가 찾아올 때까지 기다리는 것이 좋다.
- 사람이 많을수록 아이가 엄마에게 돌아가는 시간이 지연되고, 다른 사람과의 밀접한 신체접촉 경험은 많아진다.
- 아이가 흔들어 주는 것에 적응한 경우에는 조금 더 거칠게 흔들어 주어도 좋다.
- 친구들과 인형으로 놀이할 때 주도성이 확장된다.

걷고 걷고 4

목적

- 일의 순서와 규칙 배우기
- 신체 유능감 향상
- 자신감 증진

노래

걷고 걷고 걷고 걷고
높이 뛰어라 높이 뛰어라
빨리 빨리 달려 빨리 빨리 달려
멈춰라 멈춰라

놀이 방법

1. 친구와 손을 잡고 앞을 보고 선다.
2. 노래 부르며 ‘걷고 걷고 1’과 같은 방식으로 놀이를 진행한다.

3. 노래 두 번째 마디에서 무릎을 굽혀 두 번 뛴다.
4. 세 번째 마디에서 손을 잡고 달린다.
5. 네 번째 마디에서 멈추는 동작을 연속으로 두 번 한다.

key point

- '걷고 걷고 3'을 충분히 수행한 후 '걷고 걷고 4'를 시작한다.
- 놀이가 끝날 때까지 친구와 손을 잡고 있는지 관찰하고, 중간에 손을 놓는 경우에는 다시 잡도록 요청한다.
- 여러 명의 친구와 함께 손잡고 놀이할 수 있다면 '걷고 걷고 4'가 완료된 것이다.

입김불기 2

목적

- 신체지각 확장
- 다양한 상호작용 놀이 학습

놀이 방법

1. 빨대를 사용하여 입김을 불어 준다.
2. 입김을 불어 주는 곳은 아이가 직접 볼 수 있는 신체 부위, 즉 손이나 팔 등이 좋다.
3. 등이나 목덜미, 귀 등과 같이 아이가 직접 볼 수 없지만 느낌으로 알 수 있는 신체 부위를 불어 준다.
4. 아이가 빨대를 달라고 하면 주고, 아이에게 엄마 손등을 내밀어 준다.

key point

- 자신의 몸을 탐색하고 알아차리도록 한다.
- 가늘고 짧은 빨대, 굵고 긴 빨대 등에 따라 느낌이 다르다.
- '발, 등, 귀, 목' 등 입김이 느껴지는 신체 부위의 이름을 말해 준다.

고개넘기 4

목적

- 집단 놀이의 즐거움 경험
- 노랫말을 통한 언어 확장

노래

한 고개 넘어서 아이고 다리야
두 고개 넘어서 아이고 다리야
세 고개 넘어서 아이고 다리야~~

놀이 방법

1. 친구들과 옆으로 길게 선다.
2. 다 함께 노래 부르며 '고개넘기 1' 방식으로 앞으로 나아간다.

3. 노래가 끝날 때까지 대열에서 이탈하지 않고 나아간다.

key point

- 대열에서 이탈하는 아이는 제자리로 들어가도록 데리고 가며 언어적 촉구를 한다.
- 반복 경험 후 대열에서 이탈할 때 언어적 지시만으로 돌아갈 수 있다.

 주먹놀이 2

목적

- 위아래 개념 인식
- 신체모방능력 증진

노래

거미가 줄을 타고 올라갑니다

거미가 줄을 타고 내려옵니다

놀이 방법

1. 양쪽 주먹을 쥐고 '주먹놀이 1' 율동을 한다.
2. 주먹탑을 만든 후 "거미가 줄을 타고 올라갑니다/내려옵니다" 노래를 부르며 양쪽 주먹을 번갈아 위로 올린다.

4. 이번에는 "거미가 줄을 타고 내려옵니다" 노래를 부르며 양쪽 주먹을 번갈아 아래로 내린다.

key point

- 신체모방활동을 수행할 수 있다면 친구들과의 놀이개입이 수월해진다.
- 손유희 동작 활동을 통해 위아래 개념을 몸으로 배운다.

✪ 거울놀이 3

✎ 목적

- 정체성 인식
- 얼굴 표정과 감정에 대한 인식

♫ 노래

[노래 1] 눈은 어디 있나 요기, 코는 어디 있나 요기
입은 어디 있나 요기, 귀는 어디 있을까 요기

[노래 2] 사과 같은 내 얼굴 예쁘기도 하지요
눈도 반짝 코도 반짝 입도 반짝 반짝

놀이 방법

1. 거울 앞에서 스카프를 사용하여 얼굴을 가린 후 눈, 코, 입이 어디 있는지 스카프를 내리거나 올려서 보여 준다.
2. 행복한 표정, 슬픈 표정, 화난 표정을 보여 준다.
3. 엄마가 슬플 때, 행복할 때, 화가 날 때 눈과 입이 어떻게 변하는지 보여 준다.
4. 노래 1, 2를 부르며 손유희를 배운다.

key point

- 행복한 표정, 슬픈 표정, 화난 표정의 사진을 보여 주며 말해 준다.
- 노래에 맞춰 손유희 동작을 배우면 신체 인식력이 증진된다.

잼잼콩콩 3

목적

- 친구와의 눈접촉 증진
- 주도성 증진
- 자발성 증진

♬ 노래

잼잼 콩콩 곤지곤지 콩콩

잼~ 콩~ 곤지~ 콩~ 잼잼 콩~

놀이 방법

1. 친구와 함께 마주 보고 앉아 손을 맞잡는다.
2. 다 함께 노래 부르며 '잼잼콩콩 1' 방식대로 놀이를 진행한다.

key point

- 친구와 함께 놀이를 시작하지 않으면 '잼잼콩콩 2'를 충분히 반복하는 것이 좋다.
- 친구와 잼잼콩콩 놀이를 하기 위해 자신의 이마를 내미는 동작이 있는지 관찰한다.
- 친구가 이마를 내밀면 자신의 이마를 부딪치기 위해 내미는지 관찰한다.

 스카프 까꿍 3

목적

- 예측능력 증진
- 사물의 영구성 개념 확장

놀이 방법

1. 불투명한 스카프로 엄마 얼굴을 덮는다.
2. 아이가 스카프를 벗기는 순간 엄마는 얼굴을 아이에게 들이밀며 "까꿍~"이라고 한다.
3. 아이의 얼굴에 불투명 스카프를 덮어 보이지 않는 것을 경험시킨다.
4. 엄마가 벗기거나 아이 자신이 벗으며 "까꿍~" 하는 놀이를 반복한다.

key point

- 스카프 외에 다양한 물건(장난감, 모자 등의 도구)을 준비해 놓고 까꿍놀이를 유도하여 아이가 싫증을 내지 않도록 한다.
- 다양한 동물 가면을 활용하여 이야기와 연결시키면 언어 발달에 도움이 된다.

 머리어깨무릎발 2

목적

- 자아 인식 증진
- 주체적 놀이활동 증진

♬ 노래

머리 어깨 무릎 발 무릎 발~ 머리 어깨 무릎 발 무릎 발~~

머리 어깨 발 무릎 발~ 머리 어깨 무릎 귀 코 귀~

놀이 방법

1. 큰 거울 앞에 엄마와 아이가 나란히 선다.
2. 노래 부르며 '머리어깨무릎발 1' 방식대로 놀이를 한다.

key point

- 인형을 가지고 머리, 어깨, 무릎, 발을 가리키며 노래 부르기로 응용할 수 있다.
- 친구나 다른 어른들이 모두 둥글게 서서 함께하면 더욱 즐거워한다.
- 엄마가 노래를 불러 주고 아이가 거울을 보며 율동하기, 아이가 노래를 부르고 엄마가 율동하기처럼 역할을 바꾸어 하는 것도 좋다.

손잡고 구르기 2

✎ 목적

- 신체적 협응을 통한 상호작용 증진
- 눈접촉 증진을 통한 공감능력 배양

놀이 방법

1. 친구와 함께 머리를 맞대고 반대 방향으로 일자로 눕는다.
2. 만세 자세로 팔을 올려 친구와 손을 맞잡는다.
3. 호루라기를 불면 동시에 같은 방향으로 구른다.
4. 한 바퀴 굴러 엎드린 자세가 될 때마다 눈접촉을 한다.
5. 손잡고 구르기가 익숙해질 때까지 반복한다.

key point

- 놀이 시작 전 방바닥에 있는 것들을 깨끗하게 치워 빈 공간으로 만든다.
- 한 바퀴 구를 때마다 눈접촉을 하도록 보조한다.
- 출발할 때 아이들을 같은 방향으로 몸을 밀어 굴려 주면 연속 구르기가 수월하다.

 여우야 여우야 

목적

- 언어 교환 학습
- 동작을 통한 언어 개념 획득
- 사회성 증진

♬ 노래

A팀: ◯◯야, ◯◯야(아이 이름), 뭐 하니?

B팀: 잠잔다~

A팀: 죽었니, 살았니?

B팀: 살았다!

🗁 놀이 방법

1. B팀: 엄마가 양반 다리를 하고 무릎에 아이를 앉힌다.
2. A팀: 다른 사람들은 300m 정도 떨어진 곳에 선다.
3. A팀: 〈고개넘기〉 노래를 부르며 앉아 있는 아이 앞까지 다가간다.
4. A팀: 앉아 있는 아이를 검지손가락으로 가리키며 큰 소리로 "◯◯야, ◯◯야, 뭐 하니?"
5. B팀: 엄마가 아이의 두 손을 잡고 눈을 가리며 "잠잔다~"
6. A팀: 아이를 가리키며 "죽었니, 살았니?"
7. B팀: 잠깐 조용한 상태로 정적이 흐르게 한 뒤 엄마가 아이의 손을 위로 번쩍 들어 올리며 "살았다!"
8. A팀: "와~~" 하며 아이에게 달려들어 간지럼을 태운다.

key point

- 5, 7번을 아이 스스로 하도록 유도하고, 혼자 하기 어려울 때는 엄마가 돕는다.

- 여러 명이 옆으로 길게 줄을 서서 앞에 앉아 있는 아이를 향해 한 발자국씩 다가오면 무서워하는 아이도 있고, 어떤 일이 벌어질지 기대하며 기다리는 아이도 있다.
- 무서워하는 경우에는 엄마가 꼭 안아 주어 견디게 한다.
- 청각방어가 있는 경우 '와' 하는 함성과 함께 아이들이 달려들어 간지럼 태우는 것을 무서워할 수 있으므로 조심스럽게 자극한다.

꼬마야 꼬마야 3

목적

- 친구와의 협력 증진
- 사회성 증진
- 신체적 유능감 증진

노래

똑똑 누구십니까?
꼬마입니다 들어오세요
꼬마야 꼬마야 뒤를 돌아라
꼬마야 꼬마야 땅을 짚어라
꼬마야 꼬마야 한 발을 들어라
꼬마야 꼬마야 잘 가거라

놀이 방법

1. 친구와 함께 줄을 잡는다.
2. 다 함께 노래 부르며 줄 돌리기를 한다.
3. 친구가 돌리는 리듬에 맞추어 돌리려고 노력한다.

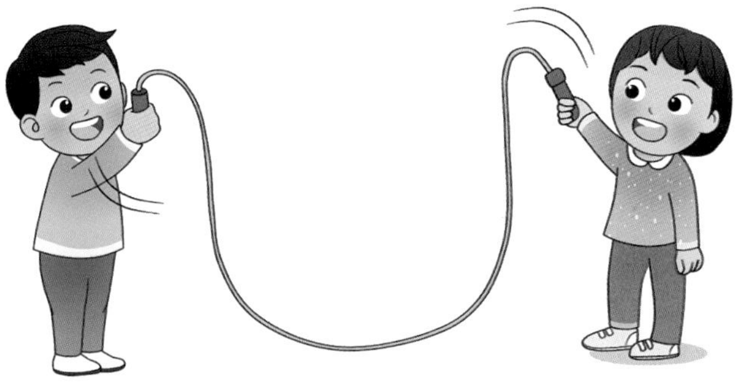

key point

- 아이가 줄을 놓지 않고 잘 잡고 있는지 관찰한다.
- 친구가 줄을 돌릴 때 아이도 친구의 페이스에 맞추어 스스로 줄을 돌리는 것이 목표이다.

꼬리잡기 2

목적

- 상호작용 놀이 학습
- 언어 사용 자극
- 게임 원리 터득

놀이 방법

1. 아이의 허리에 스카프를 묶어 주어 꼬리를 만든다.
2. 아이가 "잡아 봐~"를 원하는 듯 도망가면 엄마가 아이를 잡는 시늉을 하며 따라간다.
3. 엄마는 아이와의 간격이 적당히 떨어지도록 조정하며 아이를 잡을 듯 말듯 쫓아간다.

key point

- 엄마와의 애착이 형성되었고, 엄마와 상호작용 놀이를 즐기는 시점에 하기 좋은 놀이이다.
- 엄마가 아이를 쫓아가는 속도를 조절하여 아이와 일정한 간격을 유지하고, 보조도 맞춰 준다.
- 숨은 아이를 찾으면서 "○○야, 어디 있지?"라고 하며 다른 곳을 뒤지는 모습을 보여 준다.
- '꼬리잡기 2'를 하며 숨바꼭질 놀이로 연결한다.

마술놀이 2

목적

- 사물의 영구성 개념 확장
- 주고받는 놀이 원리 터득

놀이 방법

1. 아이가 보지 않을 때 좋아하는 자동차를 손수건으로 덮는다.
2. 자동차 버튼을 눌러 소리가 나도록 한 후 "어, 자동차가 어디 있지?"라고 말한다.

3. 아이가 다가와 손수건을 치우고 자동차를 찾으면 자동차를 가지고 놀게 한다.
4. 아이가 좋아하는 놀잇감을 숨겨 놓고 아이가 찾지 못해 울려고 할 때 "앗, 여기 있네?"라고 하며 수건으로 놀잇감의 일부가 보이게 하여 알려 준다.
5. 아이가 물건을 찾으면 "여기 있었구나~" "○○(아이 이름)가 찾았네~"라고 말해 준다.

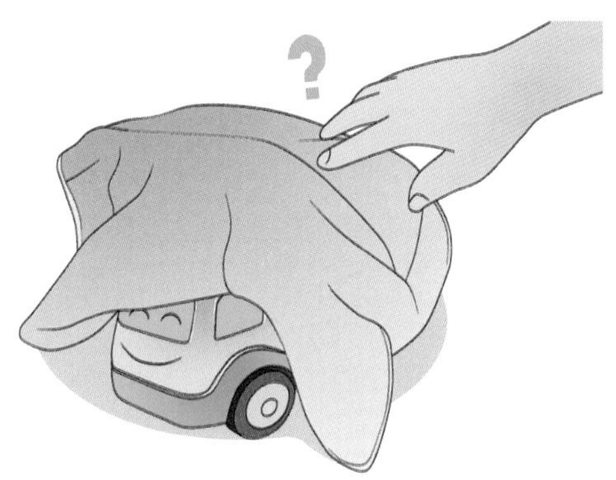

key point

- 눈앞에서 사라진 물건을 기억하는 것은 아이의 전두엽 신경세포를 활성화시킨다.
- 물건을 숨기고 찾는 놀이를 반복하는 것은 뇌의 작업기억(working memory)을 작동하게 한다.
- 간단히 숨기는 초기 놀이가 끝나면 아이가 보지 않을 때 서랍이나 소파 뒤 등에 숨기며 활동 반경을 넓힌다.
- 자신이 평소 좋아하고 흥미 있어 하는 물건을 숨겼을 때 관심을 갖지 않는다면 대상 영속성 개념이 아직 발달하지 못한 경우이다. 이런 경우 앞선 놀이 중 '스카프 까꿍'을 많이 해 주는 것이 도움이 될 수 있다.

그대로 멈춰라 4

목적

- 주도성 증진
- 소리 변별력 증진
- 통제력 증진

노래

즐겁게 춤을 추다가 그대로 멈춰라
즐겁게 춤을 추다가 그대로 멈춰라
서 있지도 말고 웃지도 말고 울지도 말고 움직이지 마
즐겁게 춤을 추다가 그대로 멈춰라

놀이 방법

1. 친구들과 둥글게 선다.
2. 마라카스 등의 악기를 손에 들고 놀이를 한다.
3. 음악이 시작되면 마음대로 뛰다가 "멈춰라"에 맞추어 동시에 동작을 멈추고 다시 음악이 나올 때까지 기다린다.

key point

- 아이가 음악에 맞춰 자발적으로 멈추면 손뼉 쳐 주며 칭찬해 준다.
- 아이 손으로 잡기 쉬운 빈 페트병에 곡식을 넣어 마라카스를 만든다. 엄마, 친구 등이 동시에 노래에 맞춰 흔들며 걷다가 "그대로 멈춰라"에서 멈춘다.
- 동작을 갑자기 멈추는 놀이는 소리를 변별해서 듣는 집중력과 움직이고 싶은 것을 참아야 하는 통제력을 길러 준다.
- 초기 변별이 어려울 때는 어른이 "멈추세요."라고 말하며 손을 들어 주어 신호에 따르는 것을 익힐 수 있다.
- 처음에는 단지 마라카스를 흔들다 멈추는 놀이를 하다가 점차 걸으며 마라카스를 흔드는 놀이로 발전시킨다.

친구랑 나랑

목적

- 주체적 신체활동 증진
- 친구와의 협력 증진
- 일치성 증진

노래

통통통통 엄마랑 나랑

통통통통 발을 굴러요

놀이 방법

1. 친구와 마주 보거나 옆에 나란히 앉아 무릎을 세운 자세를 취한다.
2. 다 같이 노래 부르며 '엄마랑 나랑 1' 방식대로 놀이를 진행한다.

key point

- 아이 스스로 시작하면 칭찬해 준다.
- '엄마랑 나랑 1, 2, 3'이 충분히 익숙해진 후에 진행한다.

✪ 담요썰매 3

목적

- 사회성 증진
- 주도성 증진

놀이 방법

1. 친구와 함께 담요썰매 타기 놀이를 진행한다.
2. 한 아이는 담요에 눕거나 앉고 다른 아이는 담요를 끌어 준다.
3. 역할을 바꿔서 놀이를 진행한다.

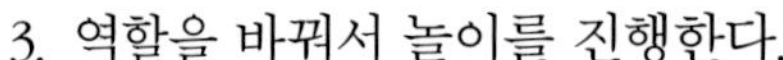

key point

- 두 아이가 각각 담요 위에 인형을 태우고 같이 끌어 주는 놀이로 응용할 수 있다.
- 담요를 끄는 아이는 미끄러지지 않는 양말이나 신발을 신는다.

강강수월래 2

목적

- 친구와의 상호성 증진
- 일치감 증진

노래

강강수월래 강강수월래
강강수월래 강강수월래

놀이 방법

1. 어른들끼리, 아이들끼리 손을 잡고 둥글게 선다.
2. 친구의 손을 잡지 않으려 하면 고리를 사용하여 잡도록 한다.
3. 〈강강수월래〉 노래가 나오면 노래의 빠르기에 따라 원으로 돈다.
4. 처음엔 천천히 돌다가 빠른 강강수월래에서는 어깨를 들썩이며 겅중겅중 뛴다.

key point

- 친구들과 함께 강강수월래를 하면 넘어지면서 다칠 수 있으니 조심한다.
- 노래의 빠르기와 친구의 속도에 맞추는 연습이 된다.
- 모든 것이 자신이 원하는 대로 진행되는 것이 아니라 다른 사람들이 원하는 것에 맞추어 주기도 해야 한다는 것을 인식한다.

우리집에 왜 왔니 3

목적

- 언어 교류 확장
- 사회적 놀이 배우기
- 즐거운 마음 공유하기

노래

A팀: 우리집에 왜 왔니 왜 왔니 왜 왔니
B팀: 꽃 찾으러 왔단다 왔단다 왔단다
A팀: 무슨 꽃을 찾으러 왔느냐 왔느냐
B팀: ○○꽃(아이 이름)을 찾으러 왔단다 왔단다

놀이 방법

1. 친구들을 두 팀으로 나눈다.
2. 같은 팀끼리 모두 손을 잡고 선다.
3. 두 팀은 서로 마주 보는 자세로 선다.
4. 친구들과 함께 노래를 부르며 '우리집에 왜 왔니 1'의 방식대로 놀이를 진행한다.

key point

- 노래와 놀이 방식이 말을 주고받는 형식과 같아서 언어를 준비시키는 시기에 알맞은 놀이이다.
- 집단으로 노래를 주고받는 연습을 먼저 한다.
- 팀의 일원으로서 협력하는 태도를 관찰한다.
- 손을 잡지 않으려는 아이는 고리를 사용한다.

제 12 장 뇌성장 몸놀이

1. 뇌성장 몸놀이 개요

뇌성장 몸놀이는 뇌가 도전이나 스트레스를 단계적으로 경험하며 숙달하는 것으로 보다 더 높은 수준의 신경망 발달과 통합을 점차적으로 증진시키는 데 도움이 되는 감각통합놀이이다.

감각통합의 기본 감각은 전정감각, 고유수용감각, 촉각이 있고, 심화 감각으로는 청각, 시각이 발달한다. 아이는 새롭고 낯선 감각자극을 단계적으로 반복하여 경험함으로써 자극에 대한 저항을 줄이고 동시에 뇌신경세포 연결을 촉진, 강화한다. 고유수용감각기관을 자극해 주는 운동을 계속 반복하면 대뇌의 사고영역에서 운동영역까지 전달하는 신경회로와 근육을 움직이는 신경회로를 강화해 준다.

반면, 감각통합장애를 보이는 아이는 무해한 자극인데도 기피하고 방어적인 반응을 보이거나 지나치게 추구하는 감각방어를 보인다. 게다가 도전에 위축되거나 회피하게 되면 뇌신경계는 발달하지 않거나 통합되지 않은 채로 남아 있게 되어 발달장애를 더욱 부추기게 된다.

뇌성장 몸놀이는 자신의 신체인식능력을 향상시키고 근육, 관절, 신경계의 계획적인 사용과 협응능력을 증진시키는 감각통합을 놀이적으로 구조화하였다. 신체의 균형을 유지하고 근육 및 관절을 눌러 주는 등 고유수용감각을 자극해 주며, 새로운 물건을 만져 보면서 촉각과 청각 등 다양한 감각기관 및 운동능력을 자극해 준다. 하지만 무엇보다 중요한 원칙은 아이가 못하는 행동을 하나하나 학습시키는 것이 아니라 아이 수준에 적합한 특정 상황을 조성해 준 후 아이 스스로 주어진 과제를 해결하도록 유도해 주는 것으로, 아이가 자발적으로 행동하고 주위 사람과 유대관계를 형성하는 데 필요한 능력을 획득하는 것이 목적이다.

2. 뇌성장 몸놀이 운영 실제

아이의 뇌 배선을 먼저 구축해야 한다는 원칙에 따라 뇌의 감각경로와 운동경로를 자극하는 전정감각과 고유수용감각 놀이를 뇌깨우기 단계에 배치하였다. 아이의 뇌 성장을 방해하는 촉각방어를 극복하기 위해 촉감각 자극놀이는 뇌시

동걸기 단계에 배치하였다. 뇌깨우기와 뇌시동걸기를 통해 준비된 뇌는 이제 성장, 도약하기 위한 준비를 마친 상태로 세 번째 뇌달리기 단계는 주로 모방과 눈-손 협응, 인지가 필요한 놀이들로 구성되었다. 마지막 뇌펼치기 단계에는 사회성 증진의 밑거름이 되는 인지, 언어, 협동을 강화할 수 있는 놀이가 있다. 이러한 단계적 접근은 아이가 앞서 획득한 능력을 기반으로 다음 단계로 나아갈 수 있도록 도와주어 아이 스스로 매우 자신감을 가지고 참여할 수 있다.

1) 뇌성장 몸놀이의 단계별 놀이 목록

뇌깨우기		뇌시동걸기		뇌달리기		뇌펼치기	
1	크리넥스놀이	1	스펀지놀이	1	불빛놀이	1	티슈불기
2	가로대 매달리기	2	수수깡놀이	2	색털공놀이	2	빨대불기
3	슛 골인	3	소금파스텔놀이	3	에디슨 젓가락	3	뜰채놀이
4	우레탄 적목 쌓기	4	색찰흙놀이	4	비눗방울 톡톡	4	수수깡불기
5	고리 잡고 버티기	5	면도거품놀이	5	비즈놀이	5	우체통놀이
6	날아라 스카프	6	색모래놀이	6	구슬 끼우기	6	촛불 끄기
7	짐볼 타기	7	마카로니놀이	7	빨대 기둥 세우기	7	비눗방울 주세요
8	뚜껑 열기	8	탁구공놀이	8	선긋기놀이	8	자석낚시
9	시계추놀이	9	사포그림 그리기	9	목공놀이	9	카드 맞추기
10	바이킹놀이	10	소금반죽놀이	10	스포이트놀이	10	핸드벨 연주
11	열쇠 꾸러미	11	낙하산놀이	11	풍선야구	11	풍선 부풀리기
12	과자상자 당기기	12	모래성 깃발	12	찍찍이볼	12	떡어내리기
13	콩주머니	13	로션놀이	13	스탬프 찍기	13	태엽알람놀이
14	미끄럼 타기	14	보디페인팅	14	신문지 펀치	14	큰북을 울려라
15	꼬마야 꼬마야	15	집게놀이	15	장난감 수사대	15	그림책 보기
16	평균대놀이	16	누르면 펑	16	가위로 자르기	16	날 따라 해 봐
17	싱싱카 타기	17	압정놀이	17	컵으로 탑 쌓기	17	짝 찾기
18	트램펄린 타기	18	한삼놀이	18	고무줄 걸기	18	손으로 알아요
19	계단 오르기	19	풀놀이	19	다트놀이	19	거품불기
20	회전차 타기	20	굴리기놀이	20	풍선로켓	20	동물농장

21	단지 팔기	21	리본막대놀이	21	리본체조	21	찍기놀이
22	손가락놀이	22	선 뛰어넘기 1	22	풍선하키	22	선 뛰어넘기 2

2) 뇌성장 몸놀이의 단계별 핵심 관련 요소

아이에게 뇌성장 몸놀이를 통해 증진할 수 있는 핵심 요인은 근육, 관절, 촉각, 눈-손 협응, 모방, 인지, 언어, 협동이다. 앞 단계에서 획득한 핵심 요인은 다음 단계에 포함되며 질적으로 우수해진다.

	근육	관절	촉각	눈-손 협응	모방	인지	언어	협동
뇌깨우기								
뇌시동걸기								
뇌달리기								
뇌펼치기								

3) 뇌성장 몸놀이의 단계별 일정표

뇌성장 몸놀이를 제공하는 원칙은 다음과 같다. 첫째, 뇌의 감각경로와 운동경로를 자극한다. 둘째, 가장 부족한 영역을 우선적으로 실시한다. 셋째, 수행하기 시작한 단계를 강화하는 데 중점을 둔다. 즉, 이미 획득한 능력이지만 아직 미숙한 부분을 계속 강화할 수 있도록 프로그램을 설계한다.

(1) 뇌깨우기 일정표

중력의 움직임을 감지하는 전정감각과 근육과 관절에서 오는 정보를 지각하는 고유수용감각이 통합됨으로써 신체의 위치와 움직임에 주의를 기울이고, 자세 유지에 필요한 근긴장도와 신체의 평형을 인식하며, 머리를 움직이는 동안 눈동자의 안정을 유지할 수 있게 된다.

	1주	2주	3주	4주
월요일 화요일	• 크리넥스놀이 • 가로대 매달리기	• 짐볼 타기 • 뚜껑 열기	• 콩주머니 • 미끄럼 타기	• 계단 오르기 • 회전차 타기
수요일 목요일	• 숫 골인 • 우레탄 적목 쌓기	• 시계추놀이 • 바이킹놀이	• 꼬마야 꼬마야 • 평균대놀이	• 단지 팔기 • 손가락놀이
금요일 토요일	• 고리 잡고 버티기 • 날아라 스카프	• 열쇠 꾸러미 • 과자상자 당기기	• 싱싱카 타기 • 트램펄린 타기	• 계단 오르기 • 회전차 타기 • 단지 팔기 • 손가락놀이
일요일	• 크리넥스놀이 • 가로대 매달리기 • 숫 골인 • 우레탄 적목 쌓기 • 고리 잡고 버티기 • 날아라 스카프	• 짐볼 타기 • 뚜껑 열기 • 시계추놀이 • 바이킹놀이 • 열쇠 꾸러미 • 과자상자 당기기	• 콩주머니 • 미끄럼 타기 • 꼬마야 꼬마야 • 평균대놀이 • 싱싱카 타기 • 트램펄린 타기	• 종합놀이

(2) 뇌시동걸기 일정표

아이의 촉각방어를 줄이기 위해 다양한 촉감각경험을 할 수 있는 활동으로 구성하였다. 그리고 뇌 가동을 촉진시키기 위한 눈-손 협응 활동들이다.

	1주	2주	3주	4주
월요일 화요일	• 스펀지놀이 • 수수깡놀이	• 마카로니놀이 • 탁구공놀이	• 로션놀이 • 보디페인팅	• 풀놀이 • 굴리기놀이
수요일 목요일	• 소금파스텔놀이 • 색찰흙놀이	• 사포그림 그리기 • 소금반죽놀이	• 집게놀이 • 누르면 펑	• 리본막대놀이 • 선 뛰어넘기 1
금요일 토요일	• 면도거품놀이 • 색모래놀이	• 낙하산놀이 • 모래성 깃발	• 압정놀이 • 한삼놀이	• 풀놀이 • 굴리기놀이 • 리본막대놀이 • 선 뛰어넘기 1
일요일	• 스펀지놀이 • 수수깡놀이 • 소금파스텔놀이 • 색찰흙놀이 • 면도거품놀이 • 색모래놀이	• 마카로니놀이 • 탁구공놀이 • 사포그림 그리기 • 소금반죽놀이 • 낙하산놀이 • 모래성 깃발	• 로션놀이 • 보디페인팅 • 집게놀이 • 누르면 펑 • 압정놀이 • 한삼놀이	• 종합놀이

(3) 뇌달리기 일정표

손은 뇌와 깊은 관련이 있다. 일반적으로 사람의 좌뇌는 언어능력, 문장구성능력, 쓰기능력을 통제하고, 우뇌는 지각을 중심으로 한 공간적 지각능력을 통제한다. 따라서 오른손잡이는 왼쪽 뇌의 기능이 더 발달되어 있고, 왼손잡이는 오른쪽 뇌의 기능이 더 발달되어 있다. 양쪽 뇌를 모두 자극하기 위해서는 양손을 이용해야 한다고 생각하는 것도 의미가 있으나, 더 중요한 것은 놀이를 통해 손 조작능력의 발달을 도모하고, 그 과정에서 아이들의 호기심이나 사고력을 높여 주어야 뇌에 좋은 자극을 줄 수 있다.

	1주	2주	3주	4주
월요일 화요일	• 불빛놀이 • 색털공놀이	• 빨대 기둥 세우기 • 선긋기놀이	• 스탬프 찍기 • 신문지 펀치	• 다트놀이 • 풍선로켓
수요일 목요일	• 에디슨 젓가락 • 비눗방울 톡톡	• 목공놀이 • 스포이트놀이	• 장난감 수사대 • 가위로 자르기	• 리본체조 • 풍선하키
금요일 토요일	• 비즈놀이 • 구슬 끼우기	• 풍선야구 • 찍찍이볼	• 컵으로 탑 쌓기 • 고무줄 걸기	• 다트놀이 • 풍선로켓 • 리본체조 • 풍선하키
일요일	• 불빛놀이 • 색털공놀이 • 에디슨 젓가락 • 비눗방울 톡톡 • 비즈놀이 • 구슬 끼우기	• 빨대 기둥 세우기 • 선긋기놀이 • 목공놀이 • 스포이트놀이 • 풍선야구 • 찍찍이볼	• 스탬프 찍기 • 신문지 펀치 • 장난감 수사대 • 가위로 자르기 • 컵으로 탑 쌓기 • 고무줄 걸기	• 종합놀이

(4) 뇌펼치기 일정표

울음은 최초로 자신의 의사표현을 위해 사용하는 수단이므로 아이가 너무 울지 않으면 의사소통 의도가 적은 것으로 생각할 수 있다. 아이가 자신의 요구를 얼마나 표현하려고 하는지를 파악할 필요가 있다. 또한 아이가 표현하는 작은 요구에도 어른이 민감하게 즉시 반응해 주면 아이의 표현 의도를 끌어낼 수 있다. 가정은 처음으로 언어를 익히는 배움터이다. 가정에서 아이의 언어 발달을 돕기 위해 어른들이 신경 써야 하는 것은 너무 빠르지 않게, 여유 있게 말하는 것이다.

그리고 사물을 가리키며 반복해서 말해 준다. 사물을 가리키며 하나씩 명칭을 가르쳐 주면 아이들은 빨리 이해하고 언어를 습득한다. 이때 유의할 점은 분명한 발음으로 가르쳐 주어야 한다는 것이다. 하루 한 번으로는 부족하기 때문에 아침, 점심, 저녁 세 번에 걸쳐 똑같은 것을 반복해서 들려주는 것이 좋다.

언어자극은 아이의 언어 발달단계에 따라 다르다. 6개월 이전 단계라면 소리 나는 것에 반응을 보이기 때문에 지속적으로 말 걸기를 시도한다. 말 걸기를 할 때 아이와 시선을 맞추어야 하고, 아이가 옹알이를 하면 적극적으로 대꾸를 해 주는 것이 필요하다. 말 걸기 외에 종이 구기는 소리, 책장 넘기는 소리, 시계 소리, 딸랑이 소리 등 다양한 청각자극을 주어 오감을 자극해 준다. 6~12개월 단계에 있다면 말 걸기를 할 때도 항상 아이의 이름을 부르는 것으로 시작한다. 점차 엄마, 아빠와 같은 단어를 말하기 시작하면 주변 사물을 많이 접하게 하고 이름을 들려준다. 단순히 사물의 이름을 나열하듯 주입하는 것보다 사물의 특징을 간단하게 설명하며 말을 걸어 주는 것이 좋다. 언어가 12~18개월 단계에 있는 아이에게는 바깥놀이를 늘려 주어 아이의 어휘력과 표현력을 높여 준다. 발음이 불분명해도 예전보다 훨씬 많은 단어를 말하고, 50단어 정도는 이해하는 단계이다. 18~24개월 단계에서는 이전보다 호기심이 훨씬 많아져서 탐색 욕구가 늘어난다. 이때 아이의 행동이나 말에 엄마가 적극적으로 반응해 주는 것이 좋다. 이 단계에서는 문장으로 말하는 것이 가능하기 때문에 사물의 이름만 들려주는 것에서 그치지 말고, 사물과 동사를 연결하거나 사물의 특징을 다양한 수식어로 표현하는 등 문장으로 말해 주는 것이 도움이 된다.

아이가 말을 할 때나 말을 하려고 시도할 때 적극적으로 관심을 보이면서 두드려 주고 쓰다듬어 주는 등 칭찬과 함께 아이의 소리에 반응해 준다. 발음이 정확하지 않다고 교정하려 하면 아이는 위축되어 입을 다물게 되므로 발음이 부정확하더라도 말을 많이 하도록 장려하는 것이 우선이다. 주의할 것은 엄마가 수다쟁이가 되어야 한다고 하나, 지나치게 말을 많이 하는 것은 소음이 되고 오히려 주변의 청지각을 둔감하게 만들 수 있다.

아이가 하는 말을 따라 말해 주면서 낱말을 첨가하여 단어 습득의 기회를 확장시켜 준다. 예를 들어, 아이가 "버스 달려."라고 말할 때 엄마는 "빨간 버스 달려." 라고 말해 주면 언어 확장에 도움이 된다. 이해력과 표현력이 부족한 아이는 아이가 좋아하는 내용의 그림책이나 동화책을 선택하여 매일 읽어 주고, 읽게 하는 것이 효과적이다. 책을 읽어 줄 때는 글 중심으로 읽기보다 먼저 그림만 가리키며 말해 주는 식으로 끝까지 전개해 주고 다시 돌아와 내용을 읽어 주면 좋다.

	1주	2주	3주	4주
월요일 화요일	• 티슈불기 • 빨대불기	• 비눗방울 주세요 • 자석낚시	• 태엽알람놀이 • 큰북을 울려라	• 거품불기 • 동물농장
수요일 목요일	• 뜰채놀이 • 수수깡불기	• 카드 맞추기 • 핸드벨 연주	• 그림책 보기 • 날 따라 해 봐	• 찍기놀이 • 선 뛰어넘기 2
금요일 토요일	• 우체통놀이 • 촛불 끄기	• 풍선 부풀리기 • 뛰어내리기	• 짝 찾기 • 손으로 알아요	• 거품불기 • 동물농장 • 찍기놀이 • 선 뛰어넘기 2
일요일	• 티슈불기 • 빨대불기 • 뜰채놀이 • 수수깡불기 • 우체통놀이 • 촛불 끄기	• 비눗방울 주세요 • 자석낚시 • 카드 맞추기 • 핸드벨 연주 • 풍선 부풀리기 • 뛰어내리기	• 태엽알람놀이 • 큰북을 울려라 • 그림책 보기 • 날 따라 해 봐 • 짝 찾기 • 손으로 알아요	• 종합놀이

제 13 장 뇌성장 몸놀이 활동: ① 뇌깨우기

- ✪ 크리넥스놀이
- ✪ 가로대 매달리기
- ✪ 숏 골인
- ✪ 우레탄 적목 쌓기
- ✪ 고리 잡고 버티기
- ✪ 날아라 스카프
- ✪ 짐볼 타기
- ✪ 뚜껑 열기
- ✪ 시계추놀이
- ✪ 바이킹놀이
- ✪ 열쇠 꾸러미
- ✪ 과자상자 당기기
- ✪ 콩주머니
- ✪ 미끄럼 타기
- ✪ 꼬마야 꼬마야
- ✪ 평균대놀이
- ✪ 싱싱카 타기
- ✪ 트램펄린 타기
- ✪ 계단 오르기
- ✪ 회전차 타기
- ✪ 단지 팔기
- ✪ 손가락놀이

크리넥스놀이

❤ 준비물

크리넥스 1통

놀이 방법

1. 아이와 마주 앉는다.
2. 크리넥스 한 장 집어 뽑는 것을 연속으로 보여 준다.
3. 아이에게도 한 장을 집어 뽑도록 크리넥스 박스를 준다.
4. 아이가 혼자 집어 뽑으면 환호를 지르며 손뼉 쳐 준다.
5. 크리넥스 뽑기가 익숙해지면 이번에는 크리넥스 한 장을 얼굴 위에 펴 놓고 후~ 불어 날리기를 보여 준다.
6. 크리넥스 한 장을 펴서 아이의 얼굴을 덮고 '후~' 불도록 유도한다.

key point

- 손끝의 움직임을 자극해 줄 수 있는 활동이다.
- 자발성이 부족했던 아이에게 자신감을 주는 활동이다.
- 크리넥스를 뽑을 때 "또" "당겨" 등의 언어자극을 해 준다.
- 얼굴 위에 덮고 '후' 부는 놀이를 통해 호흡 및 발성 기능의 활성화를 자극할 수 있다. 아직 불기는 어렵지만 시연해 주어 흥미를 갖도록 유도해 주도록 한다.

가로대 매달리기

❤ 준비물

문에 설치할 수 있는 직경 3~5cm의 가로대를 준비한다. 선 자세에서 아이가 팔을 머리 위로 뻗은 높이보다 20~30cm 높게 방문에 설치한다.

놀이 방법

1. 팔을 위로 뻗어 가로대를 쉽게 잡을 수 있도록 아이의 양쪽 옆구리를 잡고 위로 올려 준다. 팔이 똑바로 펴질 때까지 몸을 약간씩 내려 준다. 아이가 바로 손을 놓을 수 있으므로 부모가 아이의 체중을 지탱해 주다가 조금씩 힘 조절을 줄여 나가 아이의 체중을 모두 싣게 한다.
2. 아이가 매달리기에 자신감을 가지게 되었으면 아이의 몸을 앞뒤로 약간씩 흔들어 준다. 이 활동을 반복하면 팔에 힘이 생긴다.
3. 아이가 30초 동안 가로대에 매달릴 수 있다면 가로대 매달리기를 완수한 것이다.

key point

- 가로대는 안전하게 설치되어야 하며, 아이의 체중을 지탱할 수 있을 만큼 튼튼해야 한다.

• 아이가 손을 놓쳐도 다치지 않도록 가로대 아래에는 푹신한 이불이나 담요를 깔아 놓아 아이의 안전을 보장해야 한다.
• 익숙해지면 집 안에 설치한 가로대 대신 놀이터의 철봉에서 시행한다.

슛 골인

❤ 준비물

아이가 팔을 뻗어 넣을 수 있을 만한 높이의 골대, 바구니 2개, 색테이프, 골대의 링을 통과할 만한 크기의 가벼운 통통볼 5개

🗁 놀이 방법

1. 골대 아래에 바구니를 놓는다.
2. 2m 정도 떨어진 곳에 출발선을 표시한다.
3. 엄마는 통통볼 5개를 넣은 바구니를 가지고 아이와 함께 출발선에 선다.
4. 엄마가 통통볼 하나를 들고 골대로 달려가 "슛 골인~"이라고 외치며 통통볼을 넣는 것을 시범 보인다.
5. 아이에게 공 하나를 주며 "출발~"이라고 외치면 아이는 공을 들고 달려가 골대에 공을 넣고 다시 엄마에게 돌아온다.

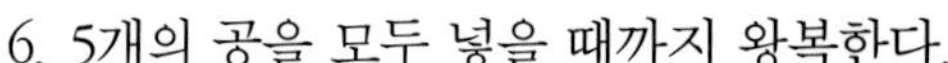

6. 5개의 공을 모두 넣을 때까지 왕복한다.

key point

- 아이가 공을 가지고 달려갈 때 손뼉을 쳐 준다.
- 골대에 공을 넣을 때 "슛 골인~"이라고 외쳐 주는 등 분위기를 고조시킨다.
- 통통볼 5개 넣기를 완료하면 아이를 하늘로 번쩍 올려 주며 칭찬해 준다.

우레탄 적목 쌓기

준비물

어린이 의자 2개, 우레탄 적목 3개

놀이 방법

1. 어린이 의자 2개를 2m 떨어진 곳에 마주 보게 배치한다.
2. 우레탄 적목 3개를 올려 놓은 의자가 출발선이다.
3. 엄마가 먼저 우레탄 적목을 하나를 들고 반대편 의자를 향해 뛰어가 올려 놓고, 다시 돌아와 두 번째 적목을 가지고 달려가 첫 번째 적목 위에 올려 놓은 후 다시 돌아와 마지막으로 세 번째 적목을 가져가 위로 쌓는 것을 시범 보인다.
4. 적목 하나를 들고 아이에게 주며 "출발~"이라고 외치면 아이는 달려가 빈 의자 위에 적목을 올려놓고 다시 엄마에게 돌아오는 것을 반복하여 3개의 적목을 모두 쌓으면 종료한다.

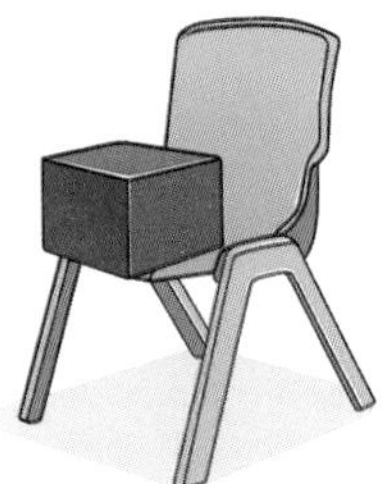

key point

- 아이가 적목을 들고 뛸 때 큰 소리로 "잘한다, 잘한다."라고 외치고 손뼉을 쳐 주는 등 최대한 응원해 준다.
- 아이가 혼자 하려는 동기가 적으면 우레탄 적목을 들려 주고 함께 가서 올려놓도록 활동을 보조한다.

✪ 고리 잡고 버티기

❤ 준비물

아이 손 크기에 맞는 고리 2개

놀이 방법

1. 어른과 아이가 마주 보고 선다.
2. 아이가 두 손으로 고리를 잡고, 어른이 위로 끌어 올렸다 내린다.
3. 어른이 고리를 위아래, 옆으로 움직여 흔들어 준다.
4. "하나, 둘, 셋" 하는 구령에 맞춰 아이가 고리를 놓고 잘 착지하도록 한다.

key point

- '고리 잡고 버티기'의 선행으로 손잡고 오르내리는 놀이를 먼저 해 준다.
- 이 활동은 '가로대 매달리기'가 완료된 후 시행한다.
- 아이가 고리를 잡은 상태로 이리저리 걸어 다니는 것도 재미있어한다.
- 어른이 조금 높은 곳(예: 평균대)에 올라서서 해 주면 수월하다.

날아라 스카프

준비물

스카프

놀이 방법

1. 엄마와 아이가 마주 보고 앉거나 선다.
2. 스카프의 한쪽 끝을 쥐고 좌우, 위아래로 흔들다 "슝~" 소리와 함께 공중으로 던진다.
3. 천천히 내려오는 스카프를 쳐다보며 손으로 잡기 시범을 보여 준다.
4. 엄마가 스카프를 공중으로 던져 주고 내려올 때 아이가 잡도록 한다.
5. 놀이가 익숙해졌을 때 스카프를 묶어 매듭을 만들어 던지면 스카프가 더 빨리 떨어진다. 아이가 민첩하게 이동하여 잡을 수 있을 때까지 반복 놀이한다.
6. 역할을 바꾸어 아이가 스카프를 던지고 엄마가 잡는 놀이도 재미있다.
7. 아이가 혼자 던지고 혼자 잡는 연습을 하도록 시범을 보여 준다.

key point

- 선행학습으로 좁은 원통에 스카프를 넣고 조금씩 당겨 꺼내는 활동을 먼저 하면 흥미를 높일 수 있다.
- 화려한 색깔의 스카프를 보여 주는 것은 아이의 시각을 자극하는 활동이다.
- 스카프를 어른의 어깨 높이에서 높이 펼쳐 들고 아이가 집중하여 쳐다볼 때 손을 벌려 스카프가 낙하산처럼 펄럭이며 아래로 떨어지는 모습을 보여 주면 아이의 시선 추적 능력이 활성화된다. 이런 예비 활동을 통해 스카프에 대한 호기심, 친밀감이 먼저 생기게 한다.
- 스카프로 얼굴을 가리는 까꿍놀이로 상호작용을 끌어내는 활동을 함께해도 좋다.

짐볼 타기

준비물
어른용 짐볼, 아동용 짐볼

놀이 방법
1. 엄마가 짐볼 위에 엎드려 좌우, 앞뒤로 움직이는 시범을 보여 주고 난 후 아동용 짐볼 위에 배를 대고 엎드리게 한다.
2. 손바닥으로 공을 짚고 얼굴을 들 수 있도록 한다.
3. 아이가 공에서 떨어지지 않게 지지해 주면서 천천히 앞뒤로 공을 굴려 준다.
4. 어른의 지지를 조금씩 줄여 간다.
5. 아이가 짐볼과 거의 한 몸이 되어 편안하게 느낄 때까지 놀이 활동을 꾸준히 반복한다.

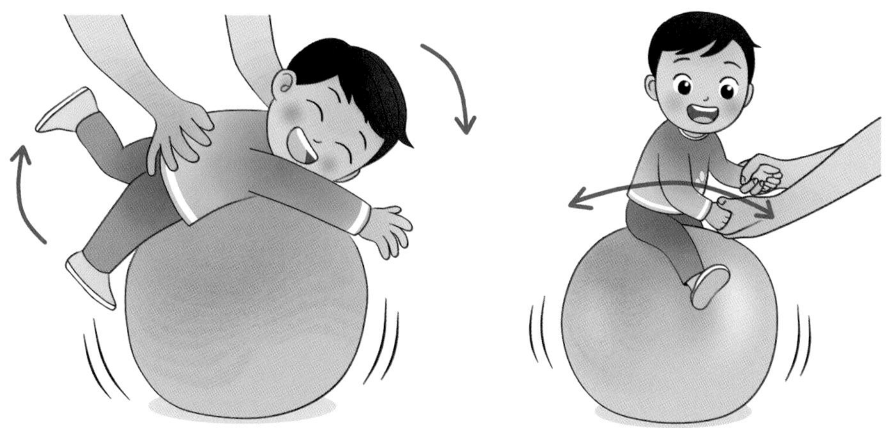

key point

- 대근육과 균형감각을 반복 경험하고, 전정감각, 촉각, 고유수용감각, 신체 도식을 익히는 데 좋은 활동이어서 뇌자극에 도움이 된다.
- 짐볼의 크기가 클수록 앞뒤로 흔들리는 폭이 넓기 때문에 아동용 짐볼에 익숙해지면 어른용도 시도한다.
- 아이가 혼자 가지고 놀 때의 짐볼 크기는 자신의 (키−100)이다.

뚜껑 열기

준비물

[1단계] 10×15 cm 크기의 투명한 락앤락 통, 간식

[2단계] 뚜껑 홈의 개수가 1~2개, 2~3개, 3~5개인 세 종류의 주스 통

놀이 방법

[1단계] 뚜껑 열기

1. 아이와 마주 앉아 아이가 좋아하는 간식을 1~2회 준다.
2. 통 속에 아이가 좋아하는 간식을 넣고 뚜껑을 닫은 후 아이에게 준다.

3. 아이가 통을 흔들고 뚜껑을 열려고 시도하는 등 충분히 탐색하도록 기다린다.
4. 아이가 뚜껑을 열지 못하고 엄마에게 주면 뚜껑의 날개를 하나씩 올려 여는 것을 보여 주고, 안에 있는 것을 꺼내 아이에게 먹게 한다.
5. 간식을 넣고 다시 닫아서 아이에게 준다.
6. 아이가 간식을 넣은 통의 날개를 하나씩 열도록 도와준다.
7. 아이가 뚜껑을 열고 간식을 집어 먹도록 한다.
8. 혼자 할 수 있을 때까지 반복한다.

[2단계] 작은 주스병 뚜껑 돌려 열기

1. 아이의 손에 맞는 크기의 뚜껑을 준비한다.
2. 뚜껑의 홈 개수는 손목을 한번만 비틀어도 뚜껑이 열리는 1~2개인 것부터 시작한다.
3. 뚜껑을 한 번 돌려 열기, 두 번 이상 돌려 열기 등 홈의 개수에 따라 다르다는 것을 이해한다.
4. 주스병에 좋아하는 간식을 넣어 주고 닫은 후 아이가 뚜껑을 돌려 열어 꺼내 먹는 활동을 반복한다.

key point

[1단계]

- 아이가 간식통에 과자를 넣고 뚜껑을 닫아 어른에게 주도록 역할 바꾸기로 응용한다.

[2단계]

- 물건을 비튼다는 것은 손과 함께 손목도 비틀어야 하는 동작이므로 어려운 동작이다. 이런 신체 동작을 배우면 아이는 자신의 몸 사용에 대해 인지하여 신체지각이 높아진다.
- 물건 비틀기와 관련된 일상생활로는 문의 손잡이 돌리기, 열쇠 돌리기 등이 있는데, 만 2세가 지나면 손의 동작이 부드러워지고 손목 동작도 능숙해지므로 비틀기를 가르칠 수 있다.
- 손을 활용할 수 있는 기회를 많이 주면 아이의 손힘이 세어지는 것은 물론 비트는 과정에서 느껴지는 힘의 영향으로 손의 감각이 발달하게 된다.

시계추놀이

♫ 노래

시계는 아침부터 똑딱똑딱 시계는 아침부터 똑딱똑딱
언제나 같은 소리 똑딱똑딱 쉬지 않고 가지요

놀이 방법

1. "시계추 놀이하자."라고 말하며 아이의 겨드랑이에 손을 넣어 공중으로 들어 올린다. 노래를 부르면서 공중에서 좌우로 흔들어 준다.
2. 아이를 엎드리게 한 상태에서 허벅지와 무릎 부위를 잡고 들어 올려 물구나무 서기를 해 준다.
3. 무릎 부위를 단단하게 잡아 굽혀지지 않도록 하고 천천히 올렸다 내렸다 한다.
4. 익숙해지면 아이의 발목을 잡고 거꾸로 세워 공중으로 들고 좌우로 흔들어 주는 것도 재미있다.

key point

- 노래를 부르면서 흔들어 주는 시계추놀이는 대뇌 배선을 만들어 주는 동시에 리듬감각도 발달시켜 주어 아주 매력적인 놀이이다.
- 아이에게는 지금까지 보아 왔던 세상이 180도 회전하게 되므로 신기한 경험이기도 하다.
- 시계추놀이를 한 후 아이를 내려놓을 때 아이가 손으로 바닥을 먼저 짚게 하고 고개를 든 상태가 되면 발을 내려 준다.
- 잘못하면 아이를 놓쳐 아이의 머리가 바닥에 부딪힐 위험이 있기 때문에 조심해야 한다.
- 무서워하는 아이는 천천히 과정을 진행한다. 시계추놀이를 좋아하면서도 머리가 아래로 내려가는 것에 대한 두려움이 있다면 발목을 잡는 것보다 허리를 잡고 들어 올려 주는 방법을 추천한다.

바이킹놀이

❤ 준비물

바퀴가 달린 큰 레고 통

놀이 방법

1. 아이에게 “바이킹 놀이하자.”라고 말한다.
2. 바퀴가 달린 통 안에 인형을 넣어 앉힌다.
3. 노래를 부르며 인형이 든 통을 밀고 당기는 모습을 시범 보인다.
4. 인형을 꺼낸 후 아이가 통 안에 들어가고 싶어 하는지 살피며 기다린다.
5. 아이가 통 안에 들어가 앉으면 홍겹게 노래를 부르며 인형에게 해 준 대로 반복한다.
6. 아이가 홍겨워하며 좋아하면 놀이를 잠시 멈추고, 아이가 “더” “또” 혹은 몸으로 흔들며 계속하기를 요청하면 다시 놀이를 이어서 해 준다.

key point

- 어른이 아이를 데려다 태우기보다 아이가 먼저 의사를 표현하도록 기다리는 것이 좋다.
- “따르릉 따르릉 비켜나세요~”나 “고기를 잡으러 바다로 갈까요~”처럼 홍겨운 노래를 함께 부르면서 활동을 하면 더욱 신이 난다.
- 통에 긴 끈을 묶어 멀리 밀어 보냈다 끈으로 잡아당기면 재미있어한다.

열쇠 꾸러미

준비물

열쇠 3~4개를 고리에 끼워 만든 꾸러미, 바구니

놀이 방법

[1단계]

1. 열쇠 꾸러미를 아이 앞에서 흔들어 보인다.
2. 열쇠 꾸러미를 쥔 손을 앞으로 내밀고 "하나, 둘, 셋"에 맞추어 아래 바구니로 떨어뜨린다.
3. 떨어진 열쇠를 아이가 바라보는지 관찰하고, 아이가 스스로 줍기를 잠시 기다린다. 아이가 주워 엄마에게 가져오도록 하고 가져오면 칭찬해 준다.
4. 엄마가 몇 번 시범을 보이면 아이는 무엇을 할지 배우게 된다.
5. 아이에게 열쇠 꾸러미를 주고 엄마가 "하나, 둘, 셋"이라고 구령을 하면 구령에 맞춰 떨어뜨리는 활동으로 연결한다.

[2단계]

1. 열쇠 꾸러미 2개를 준비한다.
2. 엄마와 아이가 각각 열쇠 꾸러미를 하나씩 들고 "하나 둘 셋" 하는 구령에 맞춰 동시에 떨어뜨린다.

key point

- 열쇠 꾸러미를 짤랑짤랑 흔들기 놀이를 통해 도구에 대한 친근감을 갖게 한다.
- 아이는 열쇠 꾸러미가 떨어질 때 나는 소리를 듣고 인과관계를 알게 된다.
- 엄마와 아이가 동시에 열쇠 꾸러미 떨어뜨리기를 통해 일치성을 배운다.

과자상자 당기기

준비물

긴 끈을 묶은 바구니(100cm, 200cm 길이의 끈), 바구니 안에 넣을 무거운 책, 아이가 좋아하는 과자(뜯지 않은 것)

놀이 방법

[1단계]

1. 바구니에 100cm 길이의 끈을 묶고, 끈을 직선으로 늘어뜨리고 끈의 끝부분에 아이가 앉을 장소를 표시한다.
2. 아이를 바닥에 앉히고 어른은 아이 뒤에 앉아 양손으로 줄을 함께 잡는다.
3. 오른손-왼손을 번갈아 가며 줄을 당기면 물건이 서서히 다가오는 것을 보여준다.
4. 바구니가 끌려와서 아이 앞에 놓이면 과자를 하나 꺼내 먹도록 한다.
5. 아이가 양손을 번갈아 잡아당기는 것을 인지할 수 있을 때까지 반복한다.

[2단계]

1. 200cm 길이의 끈을 상자에 묶는다.
2. 끈의 끝부분에 아이가 혼자 앉는다.
3. 양손을 번갈아 가며 끈을 잡아당기도록 한다.
4. 상자가 다가오면 봉지 안의 과자를 꺼내 먹도록 한다.

key point

[1단계]

- 끈을 엇갈려 잡을 때 오른손잡이는 오른손이 앞에, 왼손잡이는 왼손을 앞에 둔다.

[2단계]

- 길어진 끈의 길이만큼 당기는 데 시간이 더 걸리므로, 과자를 먹지 못하고 참고 기다리는 시간이 늘어나는 효과가 있다.
- 끈의 길이가 길어진 활동을 통해 참고 기다리는 인내심, 주의집중력이 커진다.
- 강화물인 과자봉지를 멀리서도 잘 보이게 하면 더 의욕이 생긴다.
- 바구니에 책을 넣으면 끈을 당길 때 힘을 실어 당겨야 한다는 것을 배운다.

✪ 콩주머니

♥ 준비물

콩주머니 10개, 바구니

놀이 방법

[1단계] 콩주머니와 친해지기

1. 콩주머니를 주물러 감각을 탐색한다.
2. 엄마가 콩주머니를 머리에 올리고 구령에 맞춰 고개를 숙여 떨어뜨리는 시범을 보여 준다.
3. 아이 머리에 콩주머니를 올리고 구령에 맞춰 떨어뜨리는 활동을 반복한다.
4. 아이가 놀이에 익숙해지면 어른도 머리에 콩주머니를 올리고 아이와 동시에 떨어뜨리기 놀이를 한다.

[2단계] 콩주머니 떨어뜨리기

1. 콩주머니를 손에 들고 구령에 맞춰 바구니에 떨어뜨리는 시범을 보인다.
2. 아이가 구령에 맞춰 떨어뜨리지 않는 경우 어른이 손목을 흔들어 주어 떨어뜨리도록 한다.
3. 아이가 구령에 맞춰 떨어뜨리기를 인지할 때까지 반복한다.
4. 엄마도 콩주머니를 들고 떨어뜨리는 것을 반복적으로 보여 준다.
5. 엄마가 먼저 떨어뜨리는 것을 보고 아이가 따라 떨어뜨린다.
6. 아이가 혼자 구령에 맞춰 떨어뜨릴 수 있게 되면 엄마와 아이가 동시에 떨어뜨리기를 한다.

[3단계] 콩주머니 던져서 바구니에 넣기

1. 두 사람이 마주 보고 앉아 중간에 바구니를 놓는다.
2. 마주보는 의자에 엄마와 아이가 각각 콩주머니를 손에 쥐고 앉는다. 구령에 맞춰 동시에 바구니에 던져 넣는다.
3. 중간의 바구니를 중심으로 엄마와 아이가 뒤로 30cm 이동한다.
4. 구령에 맞춰 콩주머니를 던져 넣는다.

key point

- 콩주머니는 공처럼 굴러서 멀리 가 버리지 않기 때문에 편안히 가지고 놀 수 있는 놀잇감이다.
- 콩주머니는 던지기 기술이 발달시키는 데 유용한 도구이다.
- 아이가 구령에 맞춰 떨어뜨리는 활동을 충분히 수행할 수 있다고 판단되면 던지기 놀이를 시작할 수 있다.
- 아이가 평소 물건을 집어던지는 행동을 보이면 실제 신체기능의 준비는 되어 있는 상태이다.

 미끄럼 타기 

❤ 준비물

미끄럼틀(실내 혹은 실외)

놀이 방법

[1단계]

1. 미끄럼 경험이 처음이라면 엄마가 아이를 업고 미끄럼을 타고 내려오는 놀이를 먼저 해 주어도 좋다.
2. 아이가 직접 타는 것이 아니어도 빠른 속도로 내려와 멈추는 것이 뇌에 등록된다.
3. 엄마의 등에 안전히 붙어 있다는 생각에 안심하게 되고, 이를 통해 뇌 활성화뿐 아니라 애착 또한 강화될 수 있다.
4. 아이를 업고 미끄럼 탈 때의 속도는 처음엔 천천히 하다가 점차 속도를 올린다.

[2단계]

아이를 안고 미끄럼을 타는 것은 아이가 시각적으로 위에서 아래로 빠른 속도로 내려가는 것을 지각하는 것이므로 업힌 상태에서 타는 것보다 훨씬 자극이 강하다.

[3단계]

1, 2단계를 거치며 아이의 뇌에서는 미끄럼의 속도와 시각적 차이를 조절하고 통제하는 준비가 어느 정도 되어 있어 처음부터 혼자 타는 것보다 터득이 빠르다.

key point

- 미끄럼 타기 놀이를 완성하면 아이 스스로 속도를 통제할 수 있다는 자신감이 생긴다.
- 빠른 속도로 내려오다 착지하며 멈추는 것은 뇌를 최대한 자극해 준다.
- 이것이 유아들의 발달을 위해 미끄럼과 그네, 회전차 등의 놀이기구가 꼭 필요한 이유이다.

꼬마야 꼬마야

준비물

줄넘기 등

노래

똑똑 누구십니까?

꼬마입니다 들어오세요
꼬마야 꼬마야 뒤를 돌아라
꼬마야 꼬마야 땅을 짚어라
꼬마야 꼬마야 한 발을 들어라
꼬마야 꼬마야 잘 가거라

놀이 방법

1. 줄넘기 줄을 어른 2명이 돌린다.
2. 엄마가 줄넘기에 들어가 노래에 맞춰 뛰어넘는 것을 보여 준다.
3. 엄마가 아이를 업고 노래에 맞춰 줄넘기를 뛰어넘는다.

key point

- 마음성장 애착놀이에서 '꼬마야 꼬마야'를 한 아이는 줄넘기를 돌리고 엄마가 뛰어넘기를 한다.

 평균대놀이

준비물

높이가 다른 평균대(5cm, 10cm, 15cm 등)

놀이 방법

[1단계]

1. 엄마가 아이를 업고 평균대 위로 올라가 걷는다. 평균대 끝에서 구령에 맞춰 뛰어내린다.
2. 아이가 평균대에 올라가는 것을 무서워하면 엄마가 아이를 업고 평균대 위에서 걷는 활동을 충분히 해 준다.
3. 계단 끝에서 "하나, 둘, 셋"이라는 구령에 맞춰 뛰어내리는 활동을 선행학습으로 준비하여 평균대를 친숙하게 만든다.

[2단계]

1. 평균대 위에서 엄마가 발을 조금씩 밀면서 이동하는 것을 보여 준다.
2. 아이가 평균대 위에 올라가 엄마 손을 잡고 발을 밀면서 전진하도록 한다.
3. 엄마 손을 잡고 오른발, 왼발을 엇갈려 걷도록 한다.
4. 혼자 밀면서 걷기, 오른발과 왼발을 엇갈려 걷기를 충분히 연습한다.

key point

- 무서워하는 아이는 엄마가 업거나 손을 잡고 걷는 것을 충분히 반복한다.
- 다른 아이들이 평균대를 걷고 뛰어내리는 것을 보여 준다.

싱싱카타기

준비물

싱싱카

놀이 방법

[1단계]

1. 싱싱카 발판에 아이를 태우고 싱싱카 핸들을 두 손으로 잡도록 한다.
2. 엄마가 손잡이를 잡고 한 발은 올리고 다른 발 하나로 밀면서 태워 준다.
3. 엄마가 싱싱카에서 내린 후에 아이에게 한쪽 발은 발판 위에 그대로 두고 한 발은 바닥에 내려놓게 한다.
4. 바닥에 내려놓은 발을 들어 앞쪽으로 당겼다가 바닥을 밀도록 할 때 싱싱카가 밀려 앞으로 나가는 것을 경험시킨다.
5. 혼자 한 발을 올리고 나머지 발로 밀어서 타는 연습을 충분히 한다.

[2단계]

1. 아이가 스스로 타기 시작하면 충분히 즐기도록 시간을 준다.
2. 출발선을 정해 놓고 싱싱카를 타고 달려가 테이블에 놓여 있는 간식을 먹는다.

key point

- 아이 주변에 싱싱카를 갖다 놓는다.
- 엄마가 혼자 타는 모습을 자주 보여 준다.
- 아이의 두 발을 모두 싱싱카에 올려놓은 상태에서 엄마가 계속 태워 주면 아이는 스스로 타려는 의도보다 엄마가 해 줘야 한다고 생각할 수 있으므로 몇 번 경험시킨 후에는 태워 주는 것을 멈추는 것이 좋다.

트램펄린 타기

❤ 준비물

트램펄린

놀이 방법

[1단계] 엄마가 업고 타기

1. 트램펄린에 다른 아이들이 없을 때 시작하는 것이 좋다.
2. 엄마가 아이를 안거나 업은 상태로 트램펄린에 앉아 몸을 위아래로 흔들어 출렁거리게 한다.
3. 아이가 움찔하며 무서워하면 꼭 안고 시행한다. 그러나 여러 번 경험하여 익숙해지면 너무 꼭 안기보다 약간 느슨하게 안아 아이 스스로 엄마에게 달라붙게 하는 것이 좋다.
4. 아이가 무서워하는 것이 줄어들면 슬며시 트램펄린에 내려 앉히고 몸이나 손을 꼭 잡아 준 상태에서 출렁거리게 한다.
5. 아이가 트램펄린이 출렁거리는 것에 익숙해지면 아이와 마주 보고 앉는다.
6. 손을 맞잡고 앉아 트램펄린이 출렁거릴 때마다 아이가 놀란 눈으로 엄마를 쳐다보는 것에 맞춰 엄마도 아이의 눈을 쳐다보며 놀라면서도 환하게 웃어 준다.

[2단계] 엄마 손잡고 혼자 타기

1. 아이와 함께 트램펄린을 타다 엄마가 슬그머니 내려온다. 아이가 따라 내려오려 하면 아래에 서서 손을 잡아 지지해 준다. 이때 거의 안아 주듯이 해 주어도 좋다.
2. 엄마 손을 잡고 지지해 주는 것을 통해 무서움을 극복하면 애착도 증진되고 뇌 발달도 일어난다.

[3단계] 친구와 함께 트램펄린 타기

1~2명의 아이가 트램펄린에 있을 때 아이가 올라가도록 한다. 친구들이 트램펄린을 출렁거릴 때도 잘 견디는지 관찰한다. 또한 다른 아이들이 트램펄린에 같이 있어도 싫어하지 않고 올라가고, 스스로 그곳에 있는 것을 좋아한다면 트램펄린을 잘 타게 된 것과 함께 집단에 적응하게 되었음을 의미한다.

key point

- 트램펄린이 출렁거리면 아이의 뇌는 깜짝 놀란다. 자세 균형이 깨졌기 때문이다. 아이가 트램펄린이 흔들리는 것을 무서워하기보다 즐거워하도록 등록시키는 것이 먼저이다. 이러한 정보가 뇌로 여러 번 흘러들어 가게 하면 뇌를 자극해 주어 뇌 발달을 돕는 것이다.
- 엄마는 아이의 얼굴에 교차하는 감정을 읽으며 출렁거리기의 정도를 조절한다. 놀이가 즐거워야 아이는 다른 아이들이 많이 있는 곳에 함께 있으려 할 것이며, 다른 아이들과 같은 놀이를 즐기는 것이 사회성의 기초가 된다.

계단 오르기

♥ 준비물

아이의 보폭에 맞는 계단

놀이 방법

1. 아이를 안고 계단을 "하나, 둘, 셋" 하고 세면서 올라갔다 내려오는 것을 반복한다. 엄마에게 안긴 상태에서 오르내리는 것을 인지할 수 있도록 힘차게 걷는다.
2. 안고 오르내리는 것을 충분히 경험시킨 후 계단 아래에 나란히 서서 아이가 한 손은 난간을 잡고, 한 손은 엄마를 잡게 한다.
3. 엄마가 먼저 "하나"라고 말하며 한 계단을 올라서서 아이의 팔을 살짝 끌어당겨 신호를 보낸다. 아이가 한 발을 떼서 계단에 올리면 상체를 당겨 올라오도록 끌어당겨 준다.
4. 한 계단씩 올라 끝까지 올라갔으면 아이를 안고 다시 아래로 내려와 계단 오르기 연습을 반복한다.
5. 아이가 자신감이 생겨 혼자 해 보려고 할 때 엄마는 아이의 몸이나 손을 잡아주지 말고 아이 스스로 할 수 있게 지켜보도록 한다.

key point

- 계단 오르기는 아이가 한 발로 균형을 잡고 안정된 자세를 유지하며 두 다리와 발을 자유롭게 움직일 수 있어야 가능한 활동이다.
- 계단 오르기 동작을 익히기 위해 반복적으로 오르내리는 것은 소뇌를 자극해 뇌활동을 활발하게 해 준다.
- 신체가 운동능력을 갖기 위해서는 많은 활동경험과 실전연습을 통한 운동신경계와 감각신경계의 발달이 필요하다.
- 엄마는 아이가 위험하지 않도록 지켜 주되 아이가 스스로 해 보고 만족감을 느낄 수 있도록 기다려 주는 것이 중요하다.

회전차 타기

준비물

놀이터의 회전차

놀이 방법

[1단계]

1. 다른 친구들이 즐겁게 회전차 타는 것을 보여 준다.
2. 업거나 안고 회전차에 올라탄 후 회전차가 돌아가기 시작할 때 아이의 반응을 살핀다. 아이가 엄마를 꽉 잡고 매달리는 자기방어적 행동을 보이는지, 또는 아이가 신경을 쓰지 않아 휘청거리는 몸을 지지해 주어야 하는지 파악한다.
2. 아이가 먼저 자기방어적 행동으로 엄마에게 매달리거나 움켜쥐기, 가슴에 달라붙기 등의 행동을 보일 때 엄마가 지지해 주면 애착이 증진된다.

[2단계]

아이가 타고 싶어 하면 혼자 놀이기구에 올라가도록 하고, 회전차 손잡이를 단단히 잡도록 한다. 엄마가 천천히 돌리고 한 바퀴 돌아오면 환한 표정으로 눈맞춤

을 한다. 아이가 좋아하면 다시 한 바퀴 돌려 준다. 혼자 회전차 타는 것을 여러 번 연습시키고, 회전차 속도도 점차 빠르게 돌려 익숙하게 한다.

[3단계]

1. 혼자 타는 것에 익숙해지면 친구 1~2명을 함께 태우고 돌려 준다.
2. 다른 아이들이 신이 나서 웃고 떠드는 등 흥분하는 것에 익숙하게 한다.

key point

- 놀이터에 있는 회전놀이기구(회전차)는 속도와 방향 감각을 익히고 순발력을 길러 주는 효과가 있다. 또한 몸 사용에 대한 자신감을 획득하고 다른 친구들과 함께 놀이에 참여할 수 있어 뇌 발달과 함께 사회성 증진에 도움이 된다.
- 놀이기구가 움직이면 위험할 것이라는 것을 미리 감지하고 아이가 스스로 무엇이든 움켜쥐거나 엄마에게 매달리는 등의 반응을 보이지 않는다면 이는 아이의 뇌가 현 상황을 위험으로 등록하고 준비하지 않는 것이므로 발달 전문가의 상담이 필요할 수 있다.

단지 팔기

♬ 노래

단지 팔아요 단지 사세요 단지 사려

놀이 방법

[1단계]

1. "단지 팔러 가자."라고 말하며 아이를 등에 업는다.
2. 업고 있는 아이를 옆으로 돌려 엄마의 허리 뒤로 가로 누이면 마치 단지를 등 뒤에 매단 것처럼 한다.
3. 이리저리 다니며 이 사람 저 사람에게 "단지 사세요, 단지~"라고 외친다.

[2단계]

1. 1단계에 이어서 하는 활동이다.
2. 사람들에게 다가가 "단지 팔아요, 단지 사세요~"라고 외치고, 사람들이 "단지 얼마예요?"라고 물으면 흥정한 후 엄마는 "안 팔아요."라고 하며 다시 다른 사람에게 다가가 흥정한다.

key point

- 1단계와 2단계로 나눈 것은 1단계를 충분히 수행하도록 하기 위함이다.
- 세운 자세에서 아이를 옆이나 아래로 하여 자세와 방향을 바꾸면 공간에 대한 지각과 균형 감각이 더 잘 발달된다.
- 아이를 가로로 업어 머리 위치가 바뀌면 공간과 위치 감각이 흔들리기 때문에 무서워하며 놀이를 거부하기도 한다. 이런 경우 먼저 단지 자세에 적응되도록 짧게 자주 시도해 주는 것이 좋다.
- 마음성장 애착놀이 중 '어깨동무 내 동무' '새 신' 등을 먼저 해 주면 '단지 팔기' 놀이를 쉽게 받아들인다.
- 옆으로 업는 것을 계속 무서워하면 뒤로 업은 자세로 놀이를 한다.

손가락놀이

준비물

스티커, 우유팩, 빨대

놀이 방법

스티커 놀이

1. 탁자 위나 방바닥에 다양한 색상의 스티커를 붙인다.
2. 처음에는 떼어 내기 쉽도록 한쪽 끝만 살짝 붙여 놓는다.
3. 떼어 낸 스티커를 아이의 손등에 붙여 주어 반대쪽 손으로 떼어 내도록 한다.

우유팩에 빨대 꽂기

1. 우유팩을 깨끗하게 씻어 말린 후 여기저기 작은 구멍을 뚫는다.
2. 빨대를 짧게 잘라 구멍에 꽂아 주고, 하나씩 빼게 한다.
3. 익숙해지면 구멍에 빨대를 꽂도록 한다.

key point

- 이 놀이는 아이의 손 근육을 단련시키고, 손가락 움직임을 발달시킨다.
- 손가락을 사용하는 놀이는 아이의 뇌 발달을 촉진한다.
- 눈으로 들어온 위치정보를 손으로 전달하게 되므로 눈-손 협응이 가능한 놀이이다.

제 14 장 뇌성장 몸놀이 활동: ② 뇌시동걸기

- 스펀지놀이
- 수수깡놀이
- 소금파스텔놀이
- 색찰흙놀이
- 면도거품놀이
- 색모래놀이
- 마카로니놀이
- 탁구공놀이
- 사포그림 그리기
- 소금반죽놀이
- 낙하산놀이
- 모래성 깃발
- 로션놀이
- 보디페인팅
- 집게놀이
- 누르면 펑
- 압정놀이
- 한삼놀이
- 풀놀이
- 굴리기놀이
- 리본막대놀이
- 선 뛰어넘기 1

✪ 스펀지놀이

❤ 준비물

아이 손 크기에 맞는 스펀지 5~10개, 물비누, 물, 식용색소, 트레이

놀이 방법

[1단계] 마른 스펀지 쌓기

1. 스펀지 10개를 트레이에 담아 아이 앞에 놓는다.
2. 스펀지 1개를 손 안에 넣고 움켜쥐었다가 폈을 때, 스펀지가 작게 쭈그러들었다가 다시 원래의 모양으로 살아나는 것을 보여 준다.
3. 스펀지를 1층, 2층, 3층으로 쌓아 올리기 놀이를 하며 쓰러지려고 할 때 과장된 몸짓과 소리를 보여 주며 깔깔 웃는다. 몇 개까지 쌓을 수 있는지 세기놀이도 함께한다.

[2단계] 스펀지 짜기

1. 마른 스펀지를 물속에 눌러 넣는다. 물속에 넣으면 스펀지가 젖어 무거워지고 스펀지를 들어 움켜쥐면 물이 짜여 나오는 것을 보여 준다.
2. 손, 팔 등 신체 부위에 주르륵 젖은 스펀지 짜기, 컵을 주고 스펀지에서 물을 짜 담기 등의 놀이를 한다.
3. 쟁반 위에 스펀지를 놓고 컵에 담긴 물을 스펀지 위에 부으면 스펀지로 물이 스며드는 것도 보여 준다.

[3단계] 뽀글 스펀지 거품놀이

1. 스펀지 짜기 놀이가 익숙해지면 스펀지 위에 유아용 샴푸를 조금씩 떨어뜨린다. 스펀지 하나를 연속적으로 주무르면서 "뽀글뽀글"이라고 말해 주고 거품이 나오기 시작하면 탄성을 내며 놀라는 시늉을 한다.
2. 아이도 참여하여 함께 거품을 짜면서 "뽀글, 치직, 쏴아" 등 다양한 소리를 내며 놀이를 즐긴다.
3. 스펀지에서 나온 거품을 손바닥으로 떠 입으로 불어 날리기 놀이를 한다.
4. 아이 손바닥의 거품을 엄마 손으로 옮겨 주기 놀이도 한다.

key point

- 감각이 예민한 아이의 경우 만지는 것을 극도로 싫어한다. 억지로 시키기보다 엄마가 만지는 것을 충분히 관찰하도록 한다.
- 충분히 관찰할 시간을 주었는데도 막무가내로 거부한다면 2~3초의 매우 짧은 시간 동안 억지로 만지게 하고 재빨리 닦아 주기를 반복한다.
- 물을 부어 줄 때 거부감을 덜 느끼도록 미지근한 물을 사용한다.
- 스펀지 짜기 놀이는 아이가 쳐다보거나 요구하는 신호를 보낼 때 짜 주도록 한다.
- 그릇에 담긴 물의 양이 너무 많으면 거품이 밖으로 넘치므로 물의 양이 반 이상을 넘지 않도록 한다.
- 아이가 거품을 먹지 않도록 한다.
- 거품놀이 시 물감을 조금 넣어 거품의 색이 변하는 것을 알게 해 준다.

수수깡놀이

준비물

수수깡, 투명한 페트병, 이쑤시개, 스티로폼

놀이 방법

[1단계] 부러뜨리기

1. 양손을 나란히 수수깡 위에 올려놓고 움켜쥐도록 한다.
2. 양쪽 손목을 바깥쪽으로 비틀며 힘주어 수수깡을 부러뜨린다.
3. 양손을 사용하여 수수깡을 마음대로 부러뜨리기 놀이를 한다.
4. 수수깡 부러뜨리기를 혼자 못할 경우 아이의 손 위에 엄마 손을 올려놓고 부러뜨리기를 반복하면 손목비틀기가 익숙해진다.
5. 수수깡 부러뜨리기 동작이 익숙해지면 구령에 맞춰 부러뜨린다.

[2단계] 병에 넣기

작게 부러뜨린 수수깡 조각을 엄지, 검지 손가락으로 하나씩 집어 병에 넣는다.

[3단계] 이쑤시개 끼우기

1. 수수깡 조각에 이쑤시개를 하나씩 끼운다.
2. 수수깡을 꽂은 이쑤시개를 스티로폼 판에 꽂는다.

key point

- 수수깡 조각을 먹지 않도록 한다.
- 이쑤시개를 사용할 때 찔릴 위험이 있으므로 주의한다.

소금파스텔놀이

❤ 준비물

맛소금 300g, 꽃소금 300g, 파스텔, 흰 도화지, 양념통, 작은 그릇, 수저, 트레이

♬ 노래

달팽이 집을 지읍시다 어여쁘게 지읍시다
점점 크게 점점 크게 점점 작게 점점 작게
달팽이 집을 지읍시다 어여쁘게 지읍시다

놀이 방법

[1단계] 맛소금 파스텔놀이

1. 노래 부르며 흰 도화지에 파스텔을 마음대로 문지른다.
2. 파스텔 가루가 묻은 곳 위에 맛소금을 붓고, 노래 부르며 손바닥으로 둥글게 맛소금을 문지른다.
3. 파스텔 색상으로 색깔이 변한 맛소금을 양념통에 넣어서 흰 도화지에 솔솔 뿌리며 논다.

[2단계] 꽃소금 파스텔놀이

1. 노래 부르며 흰 도화지에 파스텔을 충분히 문지른다.
2. 그 위에 꽃소금을 붓고 노래 부르며 손바닥으로 꽃소금을 문지른다.
3. 색깔이 변한 꽃소금을 작은 그릇에 넣고 꼭꼭 눌러 채운다.
4. 엄마가 꽃소금을 담은 그릇을 빠른 속도로 뒤집었을 때 그릇 모양대로 만들어 진 것을 보여 준다.

key point

- 만지기 싫어하는 감각방어를 보이면 서두르지 말고 엄마가 놀이하는 모습을 충분히 보여 준다.
- 충분히 관찰할 시간을 주었는데도 계속 거부한다면 아이 손에 소금을 뿌려 주고 즉시 털어 주기를 반복한다.
- 파스텔은 짙고 선명한 색깔을 사용하는 것이 좋다.
- 꽃소금으로 모양을 만들어 내는 것은 엄마가 도와주되 아이가 혼자 해 보겠다고 하면 허락하고 격려해 준다.
- 만들어진 모양을 손가락으로 찔러 무너뜨리기 놀이를 한다.
- 소금의 굵기에 따라 느껴지는 촉감각이 매우 다르므로 다양한 굵기의 소금을 준비해 놀이한다.

색찰흙놀이

준비물

색찰흙, 막대, 밀대, 빵칼, 다양한 모양틀

놀이 방법

[1단계] 손으로 탐색하기

1. 색찰흙 덩어리를 책상 위에 올려놓아 주의를 집중시킨다.
2. 색찰흙을 주무르고 눌러서 모양이 변하는 것을 보여 준다.
3. 아이에게 색찰흙 덩어리를 주고 손으로 충분히 만져 보도록 한다.
4. 색찰흙을 밀대로 밀어 납작하게 펴 주고 손가락으로 꾹꾹 눌러 구멍이 만들어지는 것을 보여 준다.

[2단계] 도구 사용하기

1. 색찰흙을 밀대로 밀어 납작하게 펴 주고 막대로 꾹꾹 눌러 본다.

2. 색찰흙 위에 모양틀을 눌러 찍어내기 놀이를 한다.
3. 색찰흙을 가래떡처럼 길게 굴린 후 빵칼로 떡처럼 자른다.

key point

- 아이가 자르기 쉽게 색찰흙의 길이와 두께를 조절한다.
- 아이가 촉감각방어를 보이면 억지로 만지게 하기보다 엄마가 색찰흙으로 숫자, 알파벳 등 아이가 좋아하는 것을 만들어 주면서 관심을 유도한다.
- 만지는 것을 계속 거부하면 색찰흙을 비닐에 넣어 만져 보도록 하여 손에 묻지 않는 것을 보여 준다.

면도거품놀이

❤ 준비물

면도거품, 물감, 작은 그릇, 트레이

놀이 방법

[1단계] 손끝으로 만지기

1. 면도거품을 트레이에 조금씩 짜 준다.
2. 손끝으로 면도거품을 누르고, 문지르기 하는 것을 보여 준다.

3. 거품을 조금 찍어 아이에게 준다.
4. 아이가 거품을 받으면 이후 만지기 놀이로 연결해 간다.
5. 아이가 거품을 받지 않으면 거품놀이를 보여 주기만 한다.

[2단계] 손으로 문지르기

1. 면도거품을 트레이에 넉넉하게 짜준다.
2. 손과 손바닥 전체를 사용하여 면도거품을 문지르거나 만져 본다.

[3단계] 면도거품에 색깔 넣기

1. 면도거품을 트레이에 충분히 짜고, 그 위에 물감을 조금 떨어뜨린다.
2. 손으로 거품을 문질러 색깔이 변하는 것을 관찰한다.
3. 거품을 두 손으로 모아 옮기기 놀이를 한다.
4. 거품을 바닥에 고루 묻히고 손가락으로 글씨 쓰고 지우기 놀이를 한다.

key point

- 감각이 예민한 아이의 경우 엄마가 놀이하는 모습을 먼저 보여 주며 기다린다.
- 처음에는 살짝 만져 보게 한 후 바로 거품을 닦아 주는 식으로 감각방어를 조금씩 줄인다.
- 충분히 관찰할 시간을 주었는데도 막무가내로 거부한다면 억지로 만지게 하고 즉시 닦아 주기를 반복한다.
- 잠깐 묻었다고 떼쓰며 우는 것에 모르는 척 혹은 대수롭지 않게 반응하면 점점 떼쓰기가 준다.

색모래놀이

❤ 준비물

색모래, 깔대기, 페트병, 트레이, 풀, 도화지

놀이 방법

[1단계] 색모래 만지기

1. 색모래를 병에 담아 트레이에 솔솔 뿌려 시선을 유도한다.
2. 트레이를 흔들어 색모래가 넓게 펴지게 한다.
3. 손가락으로 색모래 위에 도형이나 글자, 숫자를 써 본다.
4. 다 쓰고 난 다음 트레이를 흔들어서 모양이 사라지는 것을 관찰한다.

[2단계] 깔대기놀이

1. 페트병에 깔대기를 끼우고 트레이에 있는 색모래를 부어 페트병 안에 색모래가 쌓이는 것을 보여 준다.
2. 깔대기 아래를 검지손가락으로 막고 페트병에 담긴 모래를 깔대기에 부은 후 검지를 떼어 깔대기 아래로 쏟아져 내려오는 것을 보여 준다.
3. 깔대기 아래로 쏟아져 내려오는 색모래를 손바닥으로 받거나 손등을 대어 피부에 닿는 감각을 느끼게 한다.

[3단계] 풀그림 그리기

1. 종이에 풀로 간단한 그림(○, △, □)을 그린다.
2. 그 위에 색모래를 붓는다.
3. 색모래를 털어 내어 풀그림 모양대로 모양이 나타나는 것을 관찰한다.

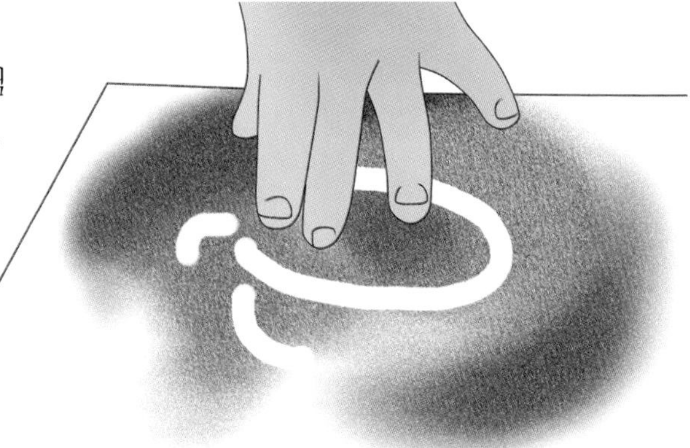

key point

- 감각이 예민한 아이의 경우 엄마가 놀이하는 모습을 충분히 보여 준다.
- 처음에는 살짝 만지도록 한 뒤에 바로 모래를 털어 주어 감각방어를 조금씩 줄인다.
- 아이 신체 부위에 색모래를 실수로 쏟은 것처럼 뿌리고 얼른 털어 주며 미안하다고 말한다. 애착이 생긴 아이인 경우 받아들이기도 한다. 반면, 애착 형성이 불안정한 경우 화내며 짜증을 부릴 수 있다. 처음엔 짜증 내지만 점점 줄어든다.

마카로니놀이

❤ 준비물

마카로니, 트레이, 컵, 트램펄린, 시트

놀이 방법

[1단계] 마카로니 관찰하기

1. 컵으로 마카로니를 퍼서 바닥으로 쏟으면 부딪치는 소리가 난다.
2. 아이가 마카로니에서 나는 소리와 움직임에 집중하며 즐기도록 한다.
3. 마카로니를 퍼서 아이 머리 위에 뿌려 준다.
4. 마카로니를 아이 손바닥이나 발바닥에 대고 문지르며 "간질간질"이라는 언어 자극을 해 준다.
5. 마카로니를 직접 만져 보고 던져 보는 등 충분히 탐색하도록 한다.

[2단계] 트램펄린놀이

1. 트램펄린 위에 시트를 덮고 그 위에 많은 마카로니를 쏟아 붓고 넓게 펴 놓는다.
2. "준비"라는 구령에 맞춰 손을 트램펄린 위에 올려놓는다.
3. "시작"이라는 구령에 맞춰 손으로 트램펄린을 두드려서 마카로니가 위아래로

튀며 움직이는 것을 관찰한다.

4. "강하게" "약하게"라는 구령에 맞춰 트램펄린을 강하게, 약하게 두드려서 마카로니의 움직임이 달라지는 것을 관찰한다.
5. "그만"이라는 구령에 맞춰 동시에 움직임을 멈추도록 하여 간단한 언어 이해 및 지시 따르기를 연습한다.

key point

- 컵으로 마카로니를 담고 쏟는 활동이 익숙해질 때까지 1단계를 반복한다.
- 잘 담지 못한다면 담는 것을 도와주고, 쏟는 것은 아이가 하도록 한다.
- 바닥 전체를 덮을 수 있는 큰 시트를 미리 깔고 하면 이후 마카로니를 수거하는 것이 용이하다.
- 트램펄린을 두드릴 때 마카로니가 움직이는 것을 신기해하고, 스스로 움직이게 하려고 두드리는 행동을 통해 자발성이 증진되고, 인과관계를 이해할 수 있다.
- 마카로니가 튀는 것을 무서워하는 아이는 멀리서 관찰할 수 있도록 기회를 제공한 뒤 점차 가까이 다가와 관찰하도록 이끈다.
- 마카로니 소리가 시끄러워 무서워하는 아이는 조금 뒤로 물러나 떨어진 곳에서 탐색하도록 배려한다. 점점 감각방어가 줄어들면서 놀이에 참여할 수 있게 된다.

탁구공놀이

준비물

탁구공, 계란판, 트레이, 숟가락, 집게

놀이 방법

[1단계] 손으로 넣기

1. 탁구공을 손으로 집어 계란판 빈 곳에 하나씩 넣는다.
2. 계란판에 넣은 탁구공을 손으로 하나씩 꺼내어 트레이에 옮긴다.

[2단계] 숟가락으로 옮기기

1. 탁구공을 담을 만한 크기의 숟가락으로 탁구공을 계란판 빈 곳에 하나씩 넣는다.
2. 계란판에 있는 탁구공을 숟가락으로 하나씩 트레이에 옮긴다.

[3단계] 집게로 옮기기

1. 주먹을 쥐듯 손바닥 전체로 집게를 잡는다.
2. 벌어진 집게 사이에 탁구공을 놓고 손을 움켜쥐어 탁구공을 잡는다.
3. 탁구공을 집게로 집어 계란판의 빈곳으로 옮기는 동안 떨어뜨리지 않는 것이 활동 목표이다.

key point

- 탁구공은 계란판 빈곳에 하나씩만 들어간다는 1:1 개념을 익힐 수 있다.
- 탁구공이 움직이지 않도록 트레이 안에 천을 깔아 놓는다.
- 숟가락으로 탁구공을 하나씩 옮기는 작업이 익숙해지면 집게로 이행한다.

사포그림 그리기

준비물

거친 사포, 고운 사포, 매끈한 종이, 크레파스, 분필

놀이 방법

1. 손으로 거친 사포, 고운 사포, 매끈한 종이 표면을 문질러 보게 한다.
2. 크레파스를 들고 거친 사포, 고운 사포, 매끈한 종이 표면을 번갈아가며 자유롭게 그어 보도록 한다.
3. 분필을 사용하여 질감이 다른 세 종류의 사포에 선긋기, 낙서하기를 자유롭게 시행한다.

key point

- 사포에 손이 긁히지 않도록 주의한다.
- 사포를 만져 보며 “거칠거칠해.” “매끈매끈해.”와 같은 말을 알려 주고 모방하도록 한다.

소금반죽놀이

준비물

밀가루 반죽 덩어리, 굵은소금, 빵칼, 식용색소(빨간색과 파란색)

놀이 방법

1. 반죽을 두 덩어리로 나눈다.
2. 하나의 덩어리에 굵은소금을 넣고 손으로 치댄다.
3. 소금 반죽에 파란색 색소를 넣고 치대어 파란색 반죽을 만든다.
4. 부드러운 반죽에 빨간색 색소를 넣고 치대어 빨간색 반죽을 만든다.
5. 두 반죽을 각각 길게 굴린 후 빵칼로 자르면서 서로 다른 질감을 경험하게 한다.

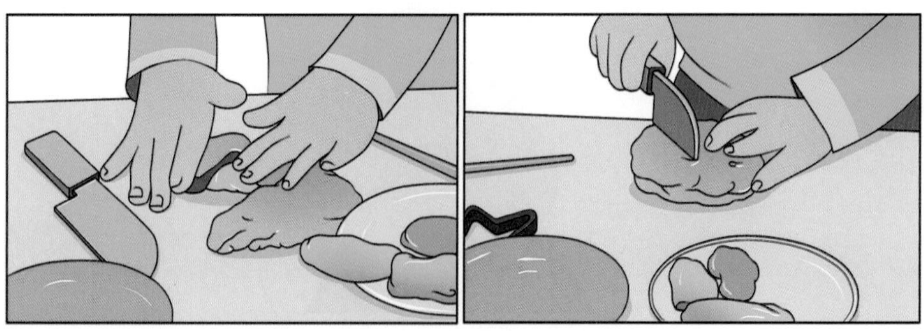

key point

- 소금반죽을 만드는 과정을 아이가 관찰할 수 있도록 기회를 주는 것도 좋다.
- 빵칼로 밀가루 반죽을 자를 때 부드러운 반죽은 쫄깃한 느낌, 소금 반죽은 서걱서걱한 느낌이 난다.

낙하산놀이

준비물

큰 낙하산, 작은 낙하산

놀이 방법

[1단계]

1. 바닥에는 낙하산을 펴 놓고 엄마들이 둥글게 선다.
2. 양손으로 낙하산 고리를 잡고 일어난다.
3. 양손으로 "흔들흔들 흔들흔들"이라는 빠른 구령에 맞춰 좌우로 흔들다가 "위로 아래로"라는 구령에 맞춰 올리고 내린다.
4. 아이들은 펼쳐진 낙하산 아래에 들어갔다 나갔다 하며 자유롭게 즐긴다.

[2단계]

1. 바닥에 작은 낙하산을 펴 놓고 아이들이 둥글게 선다.
2. 아이들이 양손으로 낙하산 고리를 잡고 일어나 낙하산이 펼쳐지도록 뒤로 물러선다.
3. "위로"라는 구령에 맞춰 낙하산을 머리 위로 번쩍 올린다.
4. "아래로"라는 구령에 맞춰 낙하산을 아래로 내린다.
5. "위로 아래로"를 동시에 할 수 있으면 노래를 부르며 연속적으로 수행한다.
6. 위로, 아래로 낙하산을 든 상태로 행진곡을 들으며 둥글게 돈다.

key point

- 아이들 모두가 낙하산 고리를 잡을 때까지 기다린다.
- 낙하산을 올리고 내릴 때 공기 저항이 있다는 것을 느낄 수 있다.
- 다 함께 "위로 아래로"를 수행하는 동안 집단의 일원임을 느끼게 되고 책임감, 협동심이 증진된다.

모래성 깃발

준비물
모래, 깃발, 간식

놀이 방법
1. 모래를 쌓아 놓고 꼭대기에 깃발을 꽂는다.

2. 엄마가 양손바닥으로 먼저 모래를 긁어 간다.
3. 엄마의 행동을 모방하여 아이도 모래를 가져간다.
4. 깃발이 쓰러지지 않게 모래를 조심스럽게 긁어내는 모습을 보여 준다.
5. 깃발이 쓰러지면 놀이가 끝나고 쓰러뜨린 사람은 간식을 먹지 못한다는 것을 알려 준다.
6. 놀이의 방법을 숙지했으면 친구들과 함께 논다.

key point

- 한 손 혹은 양손을 사용하여 모래를 긁어 오는 신체협응력이 생긴다.
- 깃발을 쓰러뜨리면 게임에서 패자가 된다는 것을 배운다.
- 막대를 쓰러뜨리지 않고 모래를 긁어내야 한다는 것을 배운다.
- 순서대로 번갈아 가며 해야 하는 게임의 규칙을 인지한다.
- 이긴 사람이 간식을 가져간다는 것을 배운다.
- 타인과의 상호작용을 즐길 수 있다.

로션놀이

준비물

로션, 수건

놀이 방법

[1단계]

1. 엄마 손에 로션을 충분히 짜고 문지른 후 아이의 두 손을 맞잡고 "쭈~욱"이라고 말하면서 미끄러지듯 손이 빠져나가는 로션놀이를 여러 번 반복한다.
2. 아이의 손을 마사지해 주고 손가락 하나하나를 뽑아 준다.
3. 아이의 팔과 다리에 로션을 바르고 길게 마사지해 주는 놀이를 한다.

[2단계]

1. 아이가 엄마에게 손바닥을 내밀어 주면 로션을 짜 준다.
2. 아이가 엄마 손을 잡고 "쭈욱"이라고 말하며 엄마에게 로션놀이를 해 준다.

key point

- 엄마가 손을 내밀면 아이가 반응하여 손을 내주는 상호성을 배운다.
- 엄마에게 로션을 요청하는 자발성을 기른다.
- 자신의 손으로 엄마 손을 잡아당겨 주며 놀이에 주도적으로 참여한다.

보디페인팅

❤ 준비물

보디페인팅, 거울, 클렌징 티슈

놀이 방법

[1단계] 손등에 그리기

1. 엄마 손등에 한 줄 색칠을 하거나 ○, △, □, ☆과 같은 그림을 그려 보여 준다.
2. 아이 손등에 그림을 그려 주겠다고 말한다.
3. 아이가 손을 내밀면 손등에 한 줄 색칠을 해 준다.
4. 아이가 손등 색칠을 받아들이면 아이가 좋아하는 그림이나 숫자 등을 써 준다.

[2단계] 얼굴에 그리기

1. 아이 앞에 거울을 놓아 자기 얼굴을 볼 수 있게 한다.
2. 거울을 보며 엄마의 얼굴(코, 뺨)에 색칠하기를 보여 준다.
3. 거울 앞에서 아이의 얼굴에 간단한 색칠하기 놀이를 한다.

key point

- 넉넉한 크기의 거울을 준비한다.
- 아이가 좋아하는 자동차 같은 그림을 그려 주거나 숫자, 알파벳, 한글 등을

써 준다.

• 보디페인팅을 거부할 때 처음에는 살짝 색칠한 후 바로 지워 주고 다시 그리기를 반복하여 감각방어를 조금씩 줄인다.

집게놀이

♥ 준비물

아이용 집게, 과자, 양말이나 손수건

놀이 방법

[1단계] 집게 탐색하기

1. "이건 뭐지?" "어떻게 사용하는 걸까?" "입을 벌렸네~" 등을 말하며 집게를 보여 준다.
2. 집게로 과자를 집어 아이 입에 넣어 준다.
3. 아이에게 집게를 주고 과자 집는 것을 도와준다.

[2단계] 집게로 물건 잡기

1. 손가락으로 물건을 집어 옮기기를 하도록 한다.
2. 집게로 물건을 집어 상자에 옮기는 것을 보여 준다.
   – "이건 집게야, 집게가 입을 벌렸어, 집게로 양말을 잡았다!" 등의 언어자극을 해 준다.
3. 아이가 집게로 물건을 집어 옮기도록 도와준다.
4. 어른의 도움 없이 혼자 집게를 사용한다.

[3단계] 빨래집게 끼우기

1. 손가락 분화가 증진되면 빨래집게 끼우기 연습을 한다.
2. 처음에 끼워 놓은 것을 빼도록 하고, 익숙해지면 벌려 끼우기를 한다.
3. 양말, 손수건 등의 빨래를 걸쳐 놓고 빨래집게 끼우기 놀이를 한다.

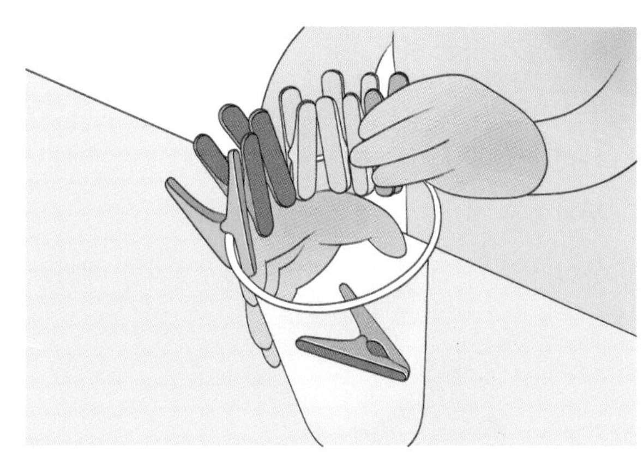

key point

- 손에 집게를 잡을 수 있는 힘이 생겼을 때 수행한다.
- 아이의 손에 맞는 크기와 강도의 집게를 준비하고, 집게를 벌리는 힘이 약한 경우 같이 잡고 도와준다.
- 집게놀이는 눈-손 협응을 강화하여 뇌의 여러 영역을 자극한다.
- 집게놀이 활동과 동시에 일상생활에서 숟가락이나 젓가락 사용, 단추 끼우기, 지퍼 올리고 내리기, 동전 줍기 등의 소근육 활동을 장려한다.

누르면 펑

준비물

팝업 장난감

놀이 방법

1. 단추를 누르면 뚜껑이 열리면서 갑자기 튀어나오는 팝업 장난감을 보여 준다.
2. 아이 앞에서 버튼 누르는 시범을 보여 주며 장난감이 튀어나올 때마다 깜짝 놀라는 행동을 보인다.

3. 장난감이 들어가도록 누르는 동작을 하다 멈추고 아이를 쳐다보는 식으로 아이와 눈접촉을 유도한다.
4. 모두 닫은 후 아이 앞에 팝업 장난감을 옮겨 놓고 아이가 누르기를 기다린다.
5. 아이가 버튼을 눌러 장난감이 튀어나오면 역시 즐거운 비명을 지르며 아이와 눈접촉을 한다.
6. 아이가 혼자 작동 방법과 기능을 인지할 때까지 탐색을 허용한다.

key point

- 아이가 사물의 영구성에 대해 인지한다.
- 사물의 영구성 개념을 익히는 것은 애착대상과의 분리불안을 줄여 준다.
- 아이 스스로 버튼을 눌러 튀어나오게 하고 다시 들어가도록 누르는 동작을 반복함으로써 인과관계를 배운다.

압정놀이

❤ 준비물

컬러 스티로폼 판, 압정, 수성 매직펜

놀이 방법

1. 압정을 집어 스티로폼 판에 하나씩 꽂는 것을 시범 보여 준다.
2. 아이에게 압정 하나를 제시하고 스티로폼 판에 꽂도록 한다.
3. 아이가 스티로폼 판에 마음대로 꽂아 보기를 시도한다.
4. 스티로폼 판 위에 점선으로 간단한 모양(○, △ 등)을 만들어 주고 점 하나에 1개의 압정을 꽂아 모양이 나오는 것을 인지한다.

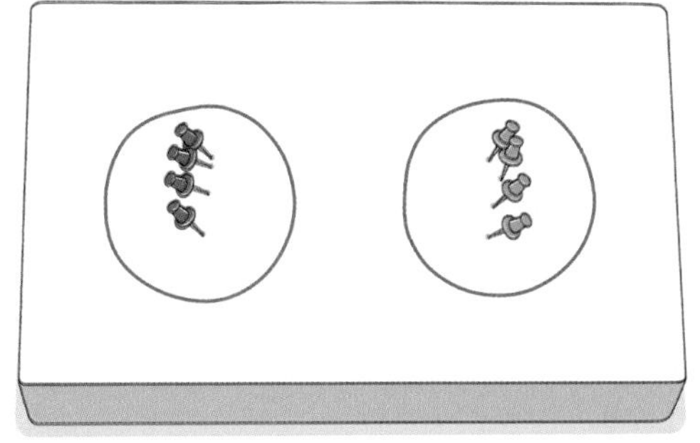

key point

- 꽂아 놓은 압정 빼기를 먼저 하는 것도 재미있다.
- 압정을 누르는 힘이 약한 경우 미리 반쯤 압정을 꽂아 주고 아이에게 누르도록 한다.
- 바닥에 압정이 떨어지지 않도록 주의하고, 떨어진 압정은 즉시 줍는다.
- 엄마가 수성 매직펜으로 점을 하나씩 그려 주고 아이가 따라가며 압정을 꽂도록 하면 상호성 증진에 좋다.

한삼놀이

❤ 준비물

어른용 한삼, 아동용 한삼 1쌍씩

♬ 노래

[노래 1] 옆에 옆에 옆에 옆으로 옆에 옆에 옆에 옆으로
위로 아래로 위로 아래로 위로 아래로 위로 아래로

[노래 2] 양손 앞에 양손 앞에 하나 두울 셋
양손 옆에 양손 옆에 하나 두울 셋
양손 위로 양손 위로 하나 두울 셋~~

놀이 방법

1. 엄마가 팔목에 한삼 끼우는 것을 보여 준다.
2. 노래에 맞추어 팔을 휘저으면 한삼이 좌우, 위아래로 흔들리는 것을 보여 준다.
3. 아이의 팔목에 한삼을 끼워 준다. 이때 한삼을 아이에게 내밀어 아이 스스로 팔을 넣도록 유도해 본다.
4. 엄마와 아이가 마주 보고 노래에 맞추어 한삼 끼운 팔을 휘젓는다.

key point

- 한삼을 끼는 것을 싫어하는 아이는 처음에는 잠깐 끼고 있다 벗게 하고, 점차 끼고 있는 시간을 늘리며 단계적으로 연습시킨다.
- 한삼이 길면 팔 전체를 넣어도 좋다.

풀놀이

준비물

밀가루풀, 색소, 지퍼락, 사각 트레이, 도화지, 가위, 물수건

놀이 방법

[1단계] 풀놀이

1. 비닐봉지에 풀을 넣고 묶은 후 눌러 평평하게 한다.
2. 봉지에 담긴 풀을 손으로 꾹꾹 눌러 본다.
3. 풀 봉지를 머리 위에 올려놓고 "하나, 둘, 셋"이라는 구령에 맞춰 고개를 숙여 떨어트리는 놀이를 한다.

[2단계] 풀 짜기

1. 풀 봉지 모서리를 가위로 자른다.
2. 트레이에 풀 봉지를 짜서 풀이 떨어지는 것을 본다.
3. 트레이에 담긴 풀을 손끝으로 만져 본다.

[3단계] 색풀놀이

1. 풀 위에 색소를 3~4방울 떨어뜨린다.
2. 풀을 문지르며 풀의 색이 변하는 것을 즐긴다.
3. 손가락을 사용하여 풀 그림을 그린다.

key point

- 밀가루 풀을 만들 때 식용 색소를 첨가하면 다양한 색깔의 풀을 준비할 수 있다.
- 아이가 만지기 좋게 풀을 미리 쑤어 적당히 식혀 놓는다.
- 감각방어가 있으면 엄마가 풀을 만지고 놀이하는 모습을 충분히 보여 준다.
- 처음에는 살짝 만지도록 한 뒤에 바로 풀을 닦아 주고, 다시 만지기를 반복하여 감각방어를 조금씩 줄인다.

굴리기놀이

❤ 준비물

상자, 부드러운 작은 공 5개, 그 외 미니어처(자동차 5개 등 잘 굴러가는 물건), 1.8L 원통 페트병 5개를 잘라 이어 붙인 투명 원통

놀이 방법

[1단계] **원통 안에 공을 넣어 굴려요**

1. 원통을 벽에 비스듬히 붙인다.
2. 작은 공을 원통에 넣고 굴러가 아래로 떨어지는 것을 보여 준다.
3. 아이에게 공을 주고 원통에 넣는지 기다린다.

[2단계] **원통 안에 공 5개를 연속으로 넣어요**

1. 원통을 수평으로 한 상태에서 작은 공(자동차) 5개를 연속으로 넣는다.
2. 공을 모두 넣은 상태에서 원통을 비스듬히 하여 공들이 순서대로 굴러 떨어지는 것을 보여 준다.
3. 아이가 작은 공들을 상자에 모아 가져오도록 한다.
4. 어른은 아이가 공을 원통에 모두 넣을 때까지 수평으로 들고 있다가 모두 넣은 후 "쏟아져요~"라고 말하며 기울인다.

key point

- 투명 원통으로 충분히 놀이를 한 후 불투명 원통에 넣기 놀이를 하면 사물의 영구성 개념이 확고해진다.
- 경사진 곳에서 물건이 아래로 굴러가는 것을 인식하는 것과 같은 오감자극 놀이는 뇌의 신경회로를 치밀하게 만들어 주고 이런 과정을 통해 인지가 발달한다.

리본막대놀이

준비물

리본이 달린 막대(나무젓가락 끝에 10cm 길이의 리본을 붙여 만든다.)

노래

빠르고 느린 음악

놀이 방법

1. 아이에게 리본막대를 주어 마음껏 탐색하도록 한다.
2. 엄마가 리본막대를 양손에 쥐고 노래 부르며 흔드는 모습을 보여 준다.
3. 노래를 빠르게 또는 느리게 부르며 리듬에 따라 리본막대를 흔든다.

key point

- 리본의 길이를 점점 길게 하면 몸을 더 많이 쓰게 된다.
- 음악의 빠르기에 따라 움직임을 조절하는 것은 정서적 느낌을 몸으로 표현하는 지각능력을 키워 준다.
- 리본막대를 음악에 맞춰 흔들어 보는 것은 신체운동 발달과 함께 정서 발달에 좋다.

선 뛰어넘기 1

준비물

150cm 길이의 색 테이프 4개, 색 테이프 4개를 바닥에 50cm 간격으로 사다리처럼 나란히 붙이기

노래

산토끼 토끼야 어디를 가느냐
깡충깡충 뛰어서 어디를 가느냐

놀이 방법

엄마가 업고서

1. 아이를 업고 "산토끼 토끼"까지 무릎을 구부렸다 폈다 하며 준비하다 "야"에서 깡충 뛰어넘는다.
2. 같은 동작을 반복하며 노래가 끝날 때까지 4개의 선을 뛰어넘는다.
3. 노래와 활동이 익숙해질 때까지 반복해 준다.

key point

- 아이를 업고 흥겹게 몸을 위아래로 흔들어 주어 활기찬 분위기가 몸과 몸으로 전해지게 한다.
- 아이를 업고 선을 뛰어넘을 때 아이가 스스로 엄마 어깨를 잡는지 관찰한다.
- 놀이의 반복을 통해 아이가 자발적으로 엄마 어깨를 잡게 되면 놀이에 협력하는 태도가 길러진 것이다.

제 15 장 뇌성장 몸놀이 활동: ③ 뇌달리기

- 불빛놀이
- 색털공놀이
- 에디슨 젓가락
- 비눗방울 톡톡
- 비즈놀이
- 구슬 끼우기
- 빨대 기둥 세우기
- 선긋기놀이
- 목공놀이
- 스포이트놀이
- 풍선야구
- 찍찍이볼
- 스탬프 찍기
- 신문지 펀치
- 장난감 수사대
- 가위로 자르기
- 컵으로 탑 쌓기
- 고무줄 걸기
- 다트놀이
- 풍선로켓
- 리본체조
- 풍선하키

불빛놀이

준비물

스위치, 손전등, 아이가 알고 있고 익숙한 물건

놀이 방법

1. 날이 어두워졌을 때 불을 켜 놓은 상태에서 아이를 스위치로 데려간다.
2. 엄마가 스위치를 눌러 불을 끈 후 "(불이) 꺼졌네."라고 말한 후 다시 스위치를 켜고 "(불이) 켜졌네."라고 말한다.
3. 아이 손가락을 스위치 위에 올려 주어 직접 스위치를 눌러 껐다, 켰다 해 보도록 한다.
4. 방 안 여기저기에 아이에게 익숙한 물건(인형, 자동차, 젖병 등)을 배치한다.
5. "불빛놀이 하자."라고 하며 불을 끄고 손전등을 켠다. 손전등을 이리저리 움직여 아이에게 익숙한 물건을 비추어 주고 물건의 이름을 말해 준다.
6. 아이에게 손전등을 주어 스스로 사물을 찾아보도록 한다.

key point

- 아이의 손으로 다룰 수 있을 만한 크기의 손전등을 준비한다.
- 해가 질 무렵에 놀이를 시작하거나 낮이면 커튼을 쳐서 실내를 약간 어둡

게 만든다.
- 아이가 깜깜한 장소를 무서워하면 엄마가 안아 주거나 업어 주어 안정시키도록 한다.
- 시선 추적을 하지 않으면 해당하는 곳을 바라보도록 촉구한다.
- 방 안에 배치하는 사물은 아이에게 익숙한 것이 좋다.
- 물건을 다루면서 어떤 결과가 나타나는지 탐색하는 활동은 전두엽 발달을 자극한다.

색털공놀이

❤ 준비물

색털공, 컵, 핀셋, 트레이

놀이 방법

[1단계]

1. 트레이에 있는 색털공을 손가락으로 집어서 컵으로 옮긴다.
2. 아이 스스로 한 손에 컵을 잡고 다른 한 손으로 색털공을 집어 컵에 옮겨 담는다.

[2단계]

1. 엄지와 검지로 핀셋을 잡는다.
2. 핀셋으로 색털공을 집어 하나씩 컵 속에 넣는다.
3. 아이가 한 손으로 컵을 잡고 다른 손으로 핀셋으로 색털공을 집어 컵 속에 넣는다.

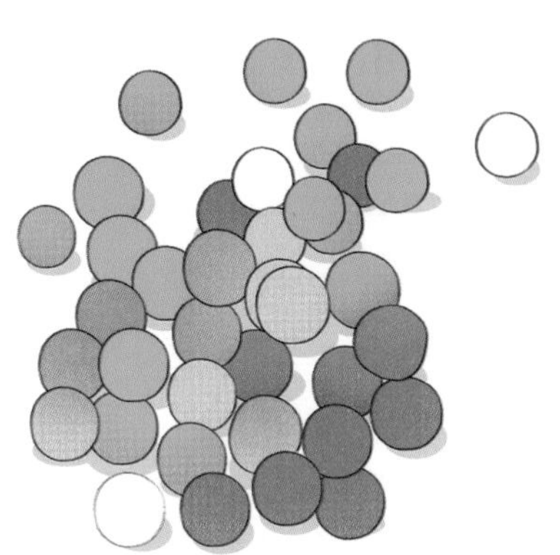

key point

• 아이가 양손을 협응하여 사용하는 것을 어려워하면 컵 잡는 것을 도와준다.

에디슨 젓가락

준비물

에디슨 젓가락, 잡기 쉬운 과자, 접시

놀이 방법

1. 에디슨 젓가락 고리에 엄지, 검지, 중지 손가락을 끼운다.
2. 고리에 끼운 엄지, 검지 손가락을 움직여 젓가락을 벌린다.
3. 벌어진 젓가락 사이로 과자를 넣어 주고 손가락을 눌러 주어 젓가락을 오므린다.
4. 과자를 집은 채 입을 향해 이동할 때까지 힘을 유지한다.
5. 입을 열고 젓가락을 벌려 과자를 입안에 떨어뜨린다.
6. 젓가락으로 과자를 집어 입에 가져가는 활동을 충분히 연습한다.

key point

- 젓가락을 벌리는 것이 힘든 경우 어른이 벌리는 것을 도와준다.
- 아이가 좋아하고 젓가락으로 잡기 쉬운 과자로 준비한다.
- 익숙해지면 크기가 작은 과자로 연습한다.

비눗방울 톡톡

준비물

비눗방울, 막대, 색종이 가루

놀이 방법

[1단계]

1. 엄마와 아이가 막대를 하나씩 손에 든다.
2. 비눗방울을 불 때 가능하면 천천히 불어 1~2개의 방울만 만든다.
3. 엄마는 날아가는 비눗방울을 향해 팔을 뻗어 막대로 비눗방울을 터트리는 것을 보여 준다.

4. 비눗방울이 터지는 순간 "펑~" 소리와 함께 깜짝 놀라는 표정과 과장된 몸짓을 보여 준다.
5. 다시 비눗방울을 불어 주고 아이에게 '펑' 하라고 말한다.
6. 아이의 행동이 민첩해지면 2~3개의 비눗방울을 동시에 불어 주어도 좋다.

[2단계]

1. 시간 차를 두고 1~2개의 비눗방울을 연속으로 불어 준다.
2. 아이는 비눗방울을 터트린 후, 비눗방울이 또 나올 것이라는 것을 예상하고 기다렸다가 다음 비눗방울을 터트린다.

key point

- 비눗방울을 한꺼번에 많이 불어 놓지 않는다.
- 막대를 마구 휘두르지 않도록 한다.
- 비눗방울을 터트리고 나서 아이 스스로 엄마를 쳐다보면 비눗방울을 불어 준다.
- 다양한 길이의 막대를 준비한다.
- 막대 길이에 따라 비눗방울까지의 거리 조절 훈련이 되므로 뇌신경망 형성에 도움이 된다.

비즈놀이

❤ 준비물

비즈(짧은 것, 긴 것), 입구가 좁은 병, 입구가 넓은 병, 핀셋

놀이 방법

[1단계] 짧은 비즈 넣기

1. 한 손으로 비즈를 잡고 다른 손으로는 병을 잡는다.
2. 짧은 비즈를 손으로 집어 병에 넣는다.

[2단계] 긴 비즈 넣기

1. 한 손으로 비즈를 잡고 다른 손으로는 병을 잡는다.
2. 긴 비즈를 집어 길게 늘어뜨린 후 병에 넣어 본다.

[3단계] 핀셋으로 넣기

1. 한 손으로 핀셋을 잡고 다른 손으로는 병을 잡는다.
2. 핀셋으로 짧은 비즈를 집어 병에 넣는다.
3. 핀셋으로 짧은 비즈를 모두 병에 넣을 때까지 반복한다.
4. 핀셋을 사용하여 긴 비즈를 집어 병에 넣는다.

key point

- 비즈를 입에 넣지 않도록 주의한다.
- 병 입구가 넓은 것부터 시행하고 동작이 익숙해지면 좁은 입구의 병으로 이행한다.
- 핀셋 사용이 곤란한 경우에는 손으로 넣는 것을 충분히 경험하도록 한다.
- 긴 비즈를 넣을 때 처음엔 비즈 중간을 잡고 넣는 것을 허용하지만 익숙해지면 비즈 위쪽 끝을 엄지와 검지 손가락으로 잡고 길게 늘어뜨려 넣도록 한다.

구슬 끼우기

준비물

길이 1.5cm 정도의 굵은 빨대 조각, 모루끈, 줄끈, 구멍이 있는 모양틀

놀이 방법

[1단계] 모루끈에 끼우기

1. 빨대 조각 10개를 모루끈에 차례로 끼운다.
2. 다 끼운 후에 하나씩 빼서 통 속에 넣는다.

[2단계] 줄끈에 끼우기 1

1. 줄끈의 끝부분 5cm 정도를 스카치테이프로 돌려 붙여서 단단하게 만들면 빨대 조각 끼우기가 수월하다.
2. 10개를 끼운 후 위아래로 흔들어 빨대의 움직임을 즐긴다.

[3단계] 줄끈에 끼우기 2

줄끈의 끝을 단단하게 고정하지 않은 채 빨대 및 각종 모양을 다양하게 끼워 목걸이를 만든다.

key point

- 우세한 손으로 끈을 잡도록 한다.
- 모루끈과 줄끈에 빨대를 끼울 때 느낌의 차이를 느껴 본다.
- 아이의 능력에 따라 구멍의 크기를 조절한다.

빨대 기둥 세우기

준비물

구멍이 뚫린 스티로폼 판, 빨대, 빨대를 담을 그릇

놀이 방법

[1단계]

1. 여러 개의 구멍이 뚫린 스티로폼 판과 빨대를 준비한다.
2. 아이에게 빨대를 하나씩 집어 주고 구멍에 끼워 세우도록 행동 및 언어 촉구를 한다.
3. 빨대가 꽂혀 있지 않은 빈자리를 찾아 꽂도록 한다.

[2단계]

1. 가위를 사용하여 빨대를 다양한 길이로 자른다.

2. 마음대로 빨대를 꽂아 구성한다.
3. 긴 빨대, 짧은 빨대를 구별하여 꽂는다.

key point

- 눈-손 협응에 도움이 되는 놀이이다. 생일 케이크에 초를 꽂았다고 말해 주고, 생일 축하 노래를 부른 후 노래가 끝나면 촛불을 끄듯 빨대 기둥에 입 바람 부는 것을 흉내 내어 본다.
- '길다' '짧다'의 개념을 배운다.
- 상징놀이가 발달한다.

 선긋기놀이

준비물

선긋기 책, 화이트보드 펜, 화이트보드용 지우개

놀이 방법

[1단계] 손가락으로 긋기

1. 선긋기 책을 펴 놓고 주먹을 쥔 후 검지 손가락만 편다.

2. 선긋기 시작점에 검지손가락을 올려놓는다.
3. "시작"이라는 구령에 맞춰 검지손가락으로 선을 긋다가 "끝"이라는 구령에 맞춰 멈춘다.

[2단계] 펜으로 선긋기

1. 아이의 손 위에 엄마 손을 겹쳐서 같이 펜을 잡는다.
2. 시작점에 펜을 올린다.
3. "시작"이라는 구령에 맞춰 펜으로 선을 긋기 시작하여 "끝"이라는 구령에 맞춰 멈춘다.

[3단계] 혼자 펜으로 선긋기

1. 어른의 도움 없이 혼자 펜을 잡는다.
2. 시작점에 펜을 올려놓는다.
3. "시작"이라는 구령에 맞춰 선을 긋기 시작하여 "끝"이라는 구령에 맞춰 멈춘다.

key point

- 우세한 손의 검지손가락으로 선긋기를 충분히 연습한 후 펜으로 그리기를 시작한다.
- 아이가 익숙해지면 점차 엄마 손의 힘을 빼어 아이가 주도적으로 할 수 있도록 이끈다.
- '시작'과 '끝'이라는 제한을 통해 자발적 행동 통제를 체득한다.

목공놀이

준비물

망치, 장도리, 못, 나무판, 못을 담을 그릇

놀이 방법

[1단계] 망치로 치기

1. 못을 1/5 깊이만 박아 놓은 나무판을 준비한다.
2. 우세한 손으로 망치 손잡이를 움켜쥔다.
3. 망치로 못을 여러 번 힘 주어 내리치면 나머지 3/5 길이의 못이 박히는 것을 보여 준다.
4. 아이가 우세한 손으로 망치를 잡는다.
5. 망치로 못 박는 활동을 반복 연습한다.

[2단계] 못 박기

1. 5개의 못을 5cm 간격으로 나란히 박아 놓는다(1/5 깊이로 준비).
2. 우세한 손으로 망치 손잡이를 잡는다.
3. 망치로 나머지 3/5 길이가 박힐 때까지 망치질한다.

[3단계] 못 빼기

1. 장도리 홈에 못머리를 끼운다.
2. 한 손으로 나무판을 누르며 동시에 다른 손으로 장도리를 잡아당겨 박혀 있던 못이 나오는 것을 보여 준다.
3. 아이가 우세한 손에 장도리를 들고 시범 보여 준 대로 못을 뺀다. 혼자 하기 어려워하면 나무판 누르기를 도와주고 장도리 당기는 원리를 몸으로 체득하도록 반복 연습한다.

key point

- 너무 깊게 못을 박으면 빼기 어려우므로 적절하게 조절한다.
- 장도리를 잡을 때 손잡이 윗부분을 잡아 지렛대 힘을 충분히 사용하도록 한다.

스포이트놀이

준비물

큰 스포이트, 작은 스포이트, 트레이, 1L 비커, 500ml 비커, 색깔이 있는 물

놀이 방법

[1단계] 큰 스포이트놀이

1. 큰 스포이트와 1L 비커를 준비한다.
2. 비커에 색깔이 있는 물을 담는다.
3. 물이 든 비커에 스포이트를 넣는다.
4. 스포이트의 고무 튜브를 손으로 움켜쥐어 공기방울이 올라오는 것을 보여 준다.
5. 찌그러진 고무 튜브가 펴지면서 스포이트에 물이 따라 올라가는 것을 관찰한다.

6. 스포이트를 들어 고무 튜브를 눌렀을 때 물이 나오는 것을 보여 준다.

[2단계] **작은 스포이트놀이**

1. 작은 스포이트와 500ml 비커를 준비한다.
2. 비커에 색깔이 있는 물을 담는다.
3. 물이 있는 비커에 스포이트를 넣는다.
4. 스포이트의 고무 튜브를 손가락으로 눌러 공기방울이 올라오는 것을 보여 준다.
5. 고무 튜브를 쥐고 있는 손가락을 놓아 스포이트에 물이 차올라오는 것을 관찰한다.
6. 스포이트를 들어 고무 튜브를 누를 때 물이 나오는 것을 보여 준다.
7. 놀이의 반복을 통해 스포이트 원리를 배운다.

key point

- 물놀이를 하는 동안 옷이 젖을 수 있으므로 여벌 옷을 준비해 둔다.
- 유리 제품은 파손 위험이 있으므로 스포이트와 비커는 플라스틱으로 된 것으로 준비한다.
- 스포이트놀이에 흥미를 가지고 반복하여 인과관계를 인지하도록 한다.

풍선야구

준비물

• 풍선, 풍선채, 야구방망이
• 불어 놓은 풍선의 매듭에 끈을 매달아 천장에 고정시키기

놀이 방법

[1단계] 풍선채로 치기

1. 엄마가 풍선채를 들고 구령에 맞춰 풍선치기를 보여 준다.
2. 아이가 풍선채를 쥐고 구령에 맞춰 풍선을 친다.
3. 풍선이 내려올 때까지 기다렸다가 내려온 풍선을 다시 치는 활동을 반복한다.

[2단계] 야구방망이로 치기

1. 엄마가 준비대에 서서 야구방망이를 들고 구령에 맞춰 풍선을 치는 것을 보여 준다.
2. 아이에게 야구방망이 쥐는 법을 가르쳐 준다.
3. 야구방망이로 풍선을 친 후 날아간 풍선이 다시 내려올 때까지 기다렸다가 풍선을 친다.
4. 구령에 맞춰 연속하여 풍선치기를 시도한다.

[3단계] 띄워 주는 풍선 치기

1. 풍선을 천장에 고정시키지 않는다.
2. 공중에 올려 준 풍선이 내려오기를 기다렸다가 풍선채로 쳐서 올린다.
3. 풍선채로 내려오는 풍선을 연속으로 쳐서 올린다.

key point

- 아이의 운동 수준 정도에 따라 반응하며 놀이한다.
- '풍선채 → 야구방망이' 순으로 난이도를 조정하며 놀이한다.
- 풍선이 천천히 떨어지는 것을 기다리며 주시하는 행동을 익힌다.

찍찍이볼

준비물

찍찍이볼, 찍찍이판

놀이 방법

[1단계] 찍찍이볼 떨어뜨리기

1. 바닥에 찍찍이판을 놓고 찍찍이볼을 들고 선다.
2. "하나, 둘, 셋"이라는 구령에 맞춰 쥐고 있던 찍찍이볼을 떨어뜨리는 시범을 보여 준다.
3. 아이에게 찍찍이볼을 주고 "하나, 둘, 셋"이라는 구령에 맞춰 손을 펴서 찍찍이볼을 떨어뜨리게 한다.

4. 아이가 혼자 할 수 있을 때까지 반복 놀이한다.

[2단계] 찍찍이볼 던지기

1. 찍찍이판을 벽에 걸고 50cm 거리에 떨어져 선다.
2. "하나, 둘, 셋"이라는 구령에 맞추어 판을 향해 찍찍이볼을 던지는 시범을 보인다.
3. 아이가 "하나, 둘, 셋"이라는 구령에 맞추어 아이가 찍찍이볼을 던지도록 한다.

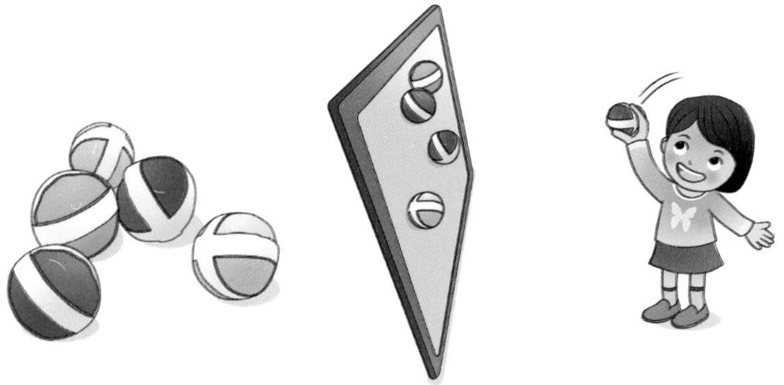

key point

- 볼을 던지는 아이의 모습을 관찰하여 신체협응능력을 평가한다.
- 엄마는 아이가 성취감을 느낄 수 있도록 칭찬해 준다.

스탬프 찍기

❤ 준비물

여러 가지 모양의 스탬프, 백지, 4×2칸으로 만든 종이

놀이 방법

[1단계] 막 찍기

1. 모양 스탬프를 두드려 잉크를 묻힌다.

2. 종이 위에 마음대로 스탬프를 찍어 그림이 종이에 찍히는 것을 보여 준다.
3. 손등이나 손바닥, 팔 등 신체 부위에도 찍어 본다.

[2단계] 칸에 맞춰 찍기

1. 모양 스탬프를 두드려 잉크를 묻힌다.
2. 칸 안에 스탬프를 찍는다.
3. 빈칸 아무 곳에나 찍도록 허용한다.
4. 엄마가 지시하는 칸에 찍는다.

[3단계] 같은 모양 찾아 찍기

1. 위 4칸에 4종의 스탬프를 찍어 놓는다.
2. 같은 모양의 스탬프를 찾아 아래칸에 찍는다.

key point

- 신체에 묻는 것을 싫어하는 아이의 경우에는 엄마의 신체에 먼저 찍는 것을 보여 준다.
- 같은 모양을 찾아 찍는 활동은 시각 발달을 도와준다.
- 스탬프 그림을 색칠해 보는 것도 좋다.

신문지 펀치

❤ 준비물

신문지, 스카치테이프, 이동용 칠판, 전지, 양면테이프

놀이 방법

[1단계] 막 찢기

1. 신문지를 펴서 엄지와 검지 손가락을 사용하여 세로로 길게 찢는 것을 보여 준다.
2. 3~4cm 폭으로 신문지 길게 찢기를 반복한다.
3. 찢은 신문지를 모아 머리 위로 흩뿌리기 놀이를 유도한다.
4. 큰 신문은 엄마가 한쪽을 잡아 주고 아이가 반대편에서 당겨 협동하여 찢어 본다.

[2단계] 주먹 펀치

1. 엄마와 아이가 마주 보고 앉는다.
2. 엄마가 신문지를 펴서 양쪽 끝을 잡아당겨 팽팽하게 잡는다.
3. "하나 둘, 셋"이라는 구령에 맞춰 주먹으로 펀치하는 것을 보여 준다.
4. 아이가 주먹으로 치는 동작을 만들도록 도와주고 펀치 타이밍에 맞춰 신문지를 양쪽으로 잡아당기면 경쾌한 소리를 내며 찢어진다.

key point

- 신문지를 손으로 찢는 놀이는 시각, 청각, 운동 발달과 관계된 뇌의 영역을 한꺼번에 자극하는 놀이이다.
- 엄마와 아이가 눈을 맞추고 노는 즐거운 경험은 뇌에 긍정적인 신경전달물질을 분비시켜 준다.
- 아이가 마음대로 찢을 수 있는 종이를 바구니에 따로 담아 놓으면 사용 가능한 것과 찢으면 안 되는 것을 구분할 수 있다.
- 자신의 주먹 펀치로 신문지가 파괴되는 느낌을 통해 자신에 대한 유능감이 생길 수 있다.

장난감 수사대

준비물
아이가 가장 좋아하는 장난감, 수건

놀이 방법
1. 아이가 가장 좋아하는 장난감을 준비한다.
2. 아이의 이름을 부르며 장난감을 보여 준다.
3. 아이가 장난감을 가져가려고 손을 뻗으면 수건으로 장난감의 1/2만 덮는다.
4. 아이가 수건을 치우고 장난감을 가져가면 잠시 가지고 놀도록 한다.
5. 장난감을 보여 주며 이번에는 수건으로 장난감 전체를 덮는다.
6. 아이가 수건을 치우고 장난감을 가져가면 잠시 가지고 놀도록 한다.
7. 아이가 장난감을 가지고 놀다가 잠시 다른 곳을 볼 때 얼른 장난감을 숨긴다.
8. 아이가 장난감을 스스로 찾도록 기다린다.
9. 혼자 찾지 못하고 어른에게 도움을 청하는지 기다린다.

key point

- 수건으로 덮은 장난감을 찾으려는 의도 정도를 파악한다.
- 수건으로 덮은 장난감을 찾는 태도를 파악한다(스스로 찾기 시작하는지 엄마 손을 잡아당기는지 등).
- 마지막 단계에서 찾기 어려울 때 어른을 쳐다보며(눈접촉하며) 도움을 청하는지 관찰한다.

가위로 자르기

준비물

유아용 안전가위, 종이

놀이 방법

[1단계] 가위질을 못하는 경우

1. 아이의 엄지와 검지, 중지 손가락으로 가위질 자세를 만들어 준다.
2. 엄마의 검지도 함께 끼우고 가위질하는 동작을 반복해 주어 아이의 손동작을 익숙하게 해 준다.

3. 엄마가 가위를 벌려 주고 종이를 끼운 후 가위 날을 오므리는 것은 아이가 하도록 기다린다.
4. 가위 잡은 손에 힘을 주어 오므리는 것을 충분히 연습한 다음 가위를 벌리는 연습한다. 처음엔 어른이 벌리는 것을 돕기 위해 함께 힘을 주다가 서서히 혼자 가위를 벌리도록 기다린다.

[2단계]

1단계 연습을 충분히 하여 아이 스스로 가위질 원리를 터득하고, 엄지와 검지 손가락을 협응하여 사용할 수 있는 수준이 되었을 때 종이 자르기 2단계를 실시한다. 연속 두 번 가위질을 해야 자를 수 있을 만큼 넓은 종이띠를 준비한다.

[3단계]

2단계 연습을 충분히 하여 가위 사용이 자유로워지면 가위질을 세 번 이상 연속으로 수행할 수 있도록 넓은 종이띠를 제공한다.

[4단계] 선대로 자르기

1. 1단계 종이띠에 매직으로 굵은 선(0.5cm)을 1cm 간격으로 그려 넣는다.
2. 검은 선 위에만 가위를 갖다 대고 자르는 것을 시범 보여 준다.
3. 아이가 검은 선에 가위를 갖다 대고 오리도록 도와준다.
4. 아이 혼자 검은 선에 가위를 대고 오리도록 한다.
5. 아이가 성취감을 느끼도록 처음엔 선 굵기를 굵게 하였다가 점점 가늘게 그린다.

key point

- 종이가 잘려 떨어지는 것을 신기해하며 과제에 흥미를 느낀다.
- 아이가 가위나 종이에 손이 베지 않게 조심한다.
- 아이가 안전하게 사용할 수 있는 유아용 안전가위를 준비한다.
- 검은 선이 넓을수록 실패했다는 느낌이 적다.
- 선 대로 종이 자르기 활동을 통해 내면적 통제능력도 획득된다.

컵으로 탑 쌓기

♥ 준비물

종이컵이나 플라스틱 컵 10~60개

놀이 방법

[1단계] 컵 1단 쌓기

1. 바닥에 컵 2개를 나란히 엎어 놓는다.
2. 2개의 컵 사이를 걸치도록 컵 하나를 위에 올려놓는다.
3. 똑같은 과정을 반복한다.

[2단계] 컵 3단 쌓기

1. 컵 6개를 가져와 3개로 1단을 만든다.
2. 컵 2개로 2단을 올린다.
3. 컵 1개로 3단을 올린다.
4. 반복해서 연습한다.

[3단계] 컵으로 탑 쌓기

컵 8개를 가져와 4개로 1단, 3개로 2단, 2개로 3단, 1개로 4단을 올린다. 이렇게 연습하여 1단을 10개까지 만들어 탑을 쌓는다.

key point

- 탑을 쌓는 원리를 터득하였으면 각 단을 다른 색으로 준비하여 탑 쌓기를 한다.
- 숫자를 알거나 배우고 있다면 컵에 숫자를 넣어 순서대로 찾아 탑 쌓기를 한다.
- 컵에 글자를 써서 문장대로 컵 쌓기를 한다.

고무줄 걸기

준비물

고무 밴드 10개, 판 1[10cm 간격(2×5)으로 못을 박은 판, 그림 1 참조], 판 2[5cm 간격(5×5)으로 못이 박혀 있는 판, 그림 2 참조]

놀이 방법

[1단계] 고무 밴드 걸기

1. 고무 밴드와 판 1을 준비한다.
2. 한쪽 못에 고무 밴드를 건다.
3. 한 손으로 고무 밴드를 당긴다. 이때 다른 손은 판을 눌러 움직이지 않게 한다.

4. 고무 밴드를 충분히 당겨 다른 쪽 못에 건다.

[2단계] 고무 밴드로 모양 만들기

1. 고무 밴드와 판 2를 준비한다.
2. 한쪽 못에 고무 밴드를 건다.
3. 고무 밴드를 늘려 다른 못에 건다.
4. 일자로 걸린 고무 밴드를 당겨 다른 못에 걸어 삼각형, 사각형 등 다양한 모양을 만들어 본다.

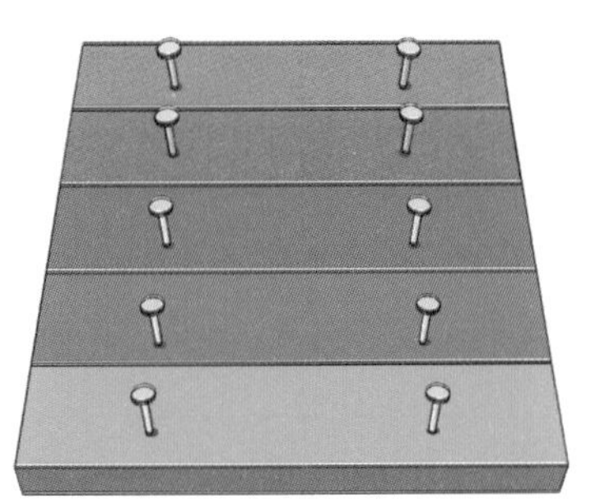

그림 1

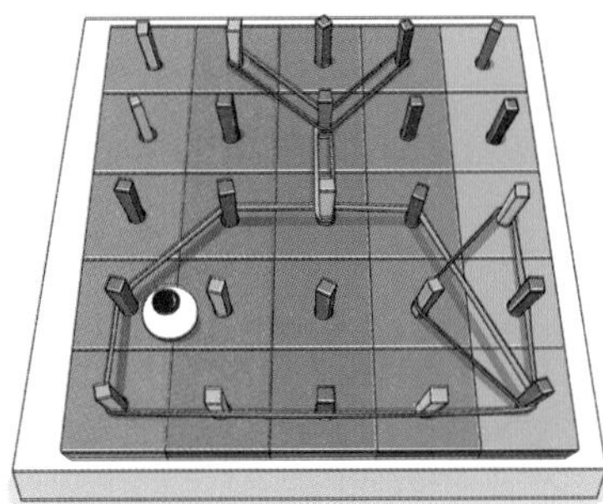

그림 2

그림 3

key point

- 고무 밴드를 당겨 못에 거는 것은 소근육 협응이 요구되는 활동이므로 충분히 반복 훈련한다.
- 고무 밴드를 당겨 다른 못에 거는 동작이 익숙해질 때까지 판 누르는 것은 어른이 도와준다.

다트놀이

❤ 준비물

자석다트, 다트판, 준비대

놀이 방법

[1단계]

1. 다트판을 아이 시선 높이의 벽에 건다.
2. 준비대에 서서 다트를 던져 다트판에 붙는 것을 보여 준다.
3. 준비대를 아이 손 닿는 위치로 이동하고 아이를 세운다.
4. 아이에게 다트를 하나씩 건네주면 아이는 받아서 다트판에 붙인다.

[2단계]

1. 다트판으로부터 준비대를 30cm 뒤로 옮긴다.
2. 엄마가 준비대에서 다트를 던져 붙이는 것을 보여 준다.
3. 다트를 들고 엄마의 "하나, 둘, 셋"이라는 구령에 맞춰 다트 던지기 놀이를 반복한다.
4. 익숙해지면 다트판과 준비대 사이의 거리를 조금 더 멀어지게 한다.

key point

- 안전을 위해 핀다트보다는 자석다트가 좋다.
- 다트놀이가 어려운 아이는 뇌깨우기의 '콩주머니', 뇌달리기의 '찍찍이볼'을 충분히 연습한다.
- 아이가 구령을 붙이고 어른이 던지는 놀이로 역할을 바꾸어 하는 것도 좋아한다.

풍선로켓

준비물

풍선

놀이 방법

[1단계]

1. 풍선을 불어 바람이 빠져나가지 않게 풍선 입구를 잡는다.
2. 풍선 입구를 조금씩 열어 아이의 신체(목, 배, 얼굴, 손 등) 부위가 풍선에서 나오는 바람을 느낄 수 있도록 해 준다.
3. 여러 가지 방법으로 놀이를 시도해 보고 아이가 특히 좋아하는 방법을 찾아 시선을 유도한다.

[2단계]

1. 풍선을 중간 크기로 불고 바람이 빠져나가지 않게 입구를 단단히 잡는다.
2. "여기 보렴."이라고 말해 아이의 시선을 집중시킨 후 "하나, 둘, 셋"이라는 구령에 맞춰 풍선을 놓는다.
3. 바람이 빠지며 풍선이 날아가는 것을 시선 추적하도록 한다.
4. 날아가 바닥에 떨어진 풍선을 집어 엄마에게 가져오는지 기다린다. 가져오지 않으면 가져오라고 말한다.
5. 놀이를 반복하며 아이가 날아가는 풍선을 추적하고, 떨어진 풍선을 가져와 엄마에게 갖다주는 활동을 반복한다.

key point

- 아이가 무서워하면 멀리서 관찰하도록 시간을 주고, 조금씩 거리를 줄이도록 한다.
- 아이가 엄마를 쳐다보며 요구할 때까지 기다린다.
- 처음엔 풍선이 너무 멀리 날아가지 않도록 적절한 크기로 풍선을 분다.
- 바람을 넣은 풍선이 클수록 풍선이 더 오래, 더 멀리 날아간다는 것을 인식한다.

리본체조

준비물

나무젓가락 끝에 10cm 길이의 리본을 붙인 것 4개(어른용 2개, 아이용 2개)

놀이 방법

1. 엄마가 리본막대를 들고 다양한 동작(위/아래/옆/나선형/수직파동/수평파동)을 시범 보인다.
2. 리본막대를 양손에 들고 노래 부르며 율동하는 것을 보여 준다.
3. 아이에게 리본막대를 주고 탐색하도록 한다.
4. 엄마와 함께 리본막대를 들고 노래에 맞춰 흔든다.

key point

- 아이가 막대 잡는 것을 거부하면 뇌시동걸기의 리본막대놀이를 충분히 한다.
- 리본이 흔들리는 것을 보는 시각자극에 빠지지 않도록 주의를 환기시킨다.
- 놀이에 익숙해지면 리본의 길이를 더 길게 하여 상모놀이처럼 즐길 수도 있다.
- 리본막대를 흔들 때 "위~로, 아래로~, 옆으~로"와 같이 아이의 동작을 구체적으로 표현해 준다.
- 아이는 어른의 말을 들으며 자신의 행동을 알게 되고, 어른의 말에 따라 동작을 시도하게 된다.

풍선하키

준비물

풍선, 신문지 막대, 장난감 하키

놀이 방법

1. 풍선에 바람을 넣고 입구를 묶는다.
2. 풍선을 손으로 쳐 보기, 날아가는 풍선 잡기 등 풍선의 특성을 탐색한다.
3. 신문지를 둘둘 말아 원통막대로 만든 하키채로 바닥에 있는 풍선을 치는 모습을 보여 준다.
3. 골대에서 50cm 떨어진 곳에서 풍선을 하키채로 쳐 골대에 넣는다.
4. 골대와 풍선의 거리를 조금씩 멀리한다.

key point

- 신체활동 시 지켜야 할 규칙에 대해 알려 준다(예: 하키채로 다른 사람 때리지 않기 등).
- 골대에 풍선을 쳐서 넣어 차례 기다리는 것을 배운다.
- 도구를 활용해 집중력 및 순발력을 기른다.
- 협동적 신체활동을 통해 친구들과의 협동심, 배려심을 기른다.

제 16 장 뇌성장 몸놀이 활동: ④ 뇌펼치기

- 티슈불기
- 빨대불기
- 뜰채놀이
- 수수깡불기
- 우체통놀이
- 촛불 끄기
- 비눗방울 주세요
- 자석낚시
- 카드 맞추기
- 핸드벨 연주
- 풍선 부풀리기
- 뛰어내리기
- 태엽알람놀이
- 큰북을 울려라
- 그림책 보기
- 날 따라 해 봐
- 짝 찾기
- 손으로 알아요
- 거품불기
- 동물농장
- 찍기놀이
- 선 뛰어넘기 2

티슈불기

❤ 준비물

티슈

놀이 방법

[1단계]

1. 티슈 박스를 가운데 두고 아이와 마주 앉는다.
2. 엄마가 티슈 한 장을 뽑아 편다.
3. 티슈로 엄마 얼굴과 아이 얼굴 사이를 가린다.
4. 엄마가 입으로 "후~" 길게 불어 티슈가 올라간 틈으로 아이와 눈맞춤을 시도한다. 눈이 마주칠 때 환하게 웃는 표정을 보여 준다.
5. 길게 "후~" 연속으로 불면서 눈접촉을 한다.

[2단계]

1. 엄마의 얼굴 위에 티슈를 올리고 "후~" 불어 티슈를 날려 보낸다.
2. 아이의 얼굴 위에 티슈를 올리고 아이가 "후~" 부는 시도를 하는지 기다린다.

key point

- 엄마나 자신의 얼굴을 가리고 "후~" 불어 티슈가 날아갈 때 깔깔거리며 놀이를 좋아하는 아이도 있지만 오히려 얼굴을 가리지 못하게 하는 경우도 있다. 후자의 경우에는 뇌깨우기의 '크리넥스놀이'를 충분히 시행한다.

빨대불기

준비물

빨대, 투명한 컵, 물, 우유, 네모난 판

놀이 방법

[1단계] 빨대로 신체 부위 불기

아이의 신체 각 부분의 이름을 말하고서 그 부분에 빨대로 바람을 불어 준다.

[2단계] 물컵에 빨대 불기

1. 빨대를 컵에 넣어 바람을 불어 주면 물에서 보글보글 소리가 나면서 공기 방울이 생기는 것을 보여 준다.
2. 공기 방울이 생기고 있는 컵을 손으로 잡아 진동을 느껴 본다.
3. 빨대를 불겠다는 아이는 불어 보는 기회를 준다.

[3단계] 우유에 빨대 불기

1. 컵에 우유를 붓고 빨대로 분다.
2. '뽀글뽀글' 거품이 올라오는 것을 보여 준다.
3. 거품을 만지고, 터트리고, "후~" 불어 보는 감각자극을 경험한다.

key point

- 아이가 빨대를 불지 못하면 엄마가 불어 준다.
- 빨대불기 중에 물을 마실 수 있으므로 식수로 준비한다.

• 차게 보관한 우유에 거품이 잘 생기며, 침이 섞이면 거품이 생기지 않으므로 새 우유를 보충해 준다.

뜰채놀이

❤ 준비물

뜰채, 물에 뜨는 장난감

놀이 방법

[1단계]

1. 욕조에 물을 채우고 물에 뜨는 밝고 예쁜 색상의 다양한 물건, 장난감을 넣는다.
2. 어른이 뜰채로 물건을 건져 올리는 것을 보여 준다.
3. 아이에게 짧은 손잡이의 뜰채를 주고, 물건을 하나씩 던져 주어 뜰채로 뜨도록 시킨다.

[2단계]

1. 장난감을 여러 개 던져 놓고 어른이 지칭한 것을 찾아 건지기 놀이를 한다.
2. 물건의 크기를 처음에는 잡기 쉽게 큰 물건으로 하다가 점점 더 작은 것으로 해도 좋다.

key point

- 물속에서 움직일 때마다 물건이 흔들리는 것을 알고 가능하면 물이 잔잔하게 움직이도록 조심하는 등 의도적으로 조절하는 법을 배우게 된다.
- 뜰채의 손잡이를 짧은 것에서 점차 긴 것으로 바꾸고, 뜰채의 크기도 점점 작은 것으로 바꾸면 더 세밀한 활동이 된다.
- 익숙해지면 엄마도 뜰채를 들고 들어가 경쟁하듯이 서로 먼저 건지기 놀이를 하면 깔깔거리고 재미있어한다.

수수깡 불기

준비물

부러진 수수깡

놀이 방법

[1단계]

1. 부러진 짧은 수수깡을 활용하여 놀이를 한다.
2. 수수깡 조각들을 한곳에 쌓아 모둠을 만들어 놓고, 엄마가 "후~" 세게 불어 수수깡들이 흩어지는 것을 보여 준다.
3. 아이 앞에 수수깡을 모아 주고 스스로 불도록 기다려 준다.

[2단계]

1. 두 손 가득 수수깡을 모아 담는다.
2. 입으로 "후~" 세게 불어 손 안에 있던 수수깡들이 모두 우수수 떨어지는 것을 보여 준다.
3. 아이가 입으로 불 때 과장되게 수수깡을 떨어뜨리며 깔깔 웃도록 유도한다.

[3단계]

1. 수수깡 조각 하나만 준비한다.

2. 주변의 물건을 모두 치우고 수수깡을 바닥에 놓은 뒤, 바닥에 엎드려 수수깡 가까이 입을 대고 부는 자세를 취한다.
3. "후~" 불어 수수깡이 이동하면 따라가며 계속 분다.

key point

- 익숙해지면 엄마가 아이가 번갈아 가며 수수깡을 불어도 된다.
- 수수깡 조각을 모아 놓고 부채를 부쳐 흩어지는 것을 보여 주면 바람의 원리를 경험할 수 있다.

우체통놀이

준비물

우체통 모양의 저금통, 다양한 그림카드나 동전

놀이 방법

[1단계]

1. 장난감 우체통의 구멍에 그림카드나 동전을 넣어 사라지는 것을 보여 준다.

2. 아이에게 그림카드나 동전을 주어 구멍으로 넣도록 한다.
3. "카드가 구멍으로 들어갔네~ 어디로 갔는지 찾아보자."라고 말하며 옆에 있는 문을 열어 안에 있는 카드가 들어 있는 것을 보여 준다.
4. "카드를 꺼내자."라고 말하며 물건을 꺼내어 다시 놀이를 반복한다.

[2단계]

1. 물건을 모두 넣은 후 꺼내기 전에 아이에게 "어떤 물건을 꺼내 줄까?"라고 묻는다.
2. 아직 언어표현이 어려운 아이의 경우에는 미리 준비한 물건을 모두 사진으로 찍어 두고, 2단계 놀이 시 사진을 보여 주며 원하는 것을 가리키게 할 수도 있다.

key point

- 여러 번 반복한 후에는 물건을 넣은 뒤 "어디로 갔지?"라고 물어서 아이가 스스로 옆쪽의 문을 열어 물건을 찾도록 기다린다.
- 이 놀이를 통해 아이는 물건이 보이지 않아도 존재한다는 사물의 영구성 개념을 인지하게 된다.

 촛불 끄기

준비물

초, 촛대, 짧은 빨대(10cm), 긴 빨대(20cm), 성냥

놀이 방법

[1단계]

1. 초 1개를 촛대에 세워 놓고 촛불과 10cm 정도 떨어진 위치에 선다.
2. 빨대가 촛불을 향하도록 하고 입으로 빨대를 불어 촛불이 꺼지는 것을 보여 준다.
3. 촛불 5개를 일정한 간격으로 세워 놓고 하나씩 빨대로 불어 끈다.

[2단계]

1. 긴 빨대로 촛불을 끈다.
2. 촛불 1개를 끄는 것이 익숙해지면 5개 연속으로 끄는 놀이를 한다.

[3단계]

1. 2개의 촛불을 켜 놓는다. 1번 촛불은 빨대로 끄고, 2번 촛불은 입으로 끄는 것을 보여 준다.
2. 빨대를 사용하지 않고 입으로만 촛불을 끌 수 있을 때까지 반복 연습한다.

key point

- 손등에 빨대를 불어 공기를 느끼게 한 후, 촛불이 빨대불기로 꺼지는 것을 보면 같은 원리라는 것을 터득할 수 있다.
- 입으로 촛불 끄기를 먼저 보여 주고 다시 빨대를 촛불 쪽으로 부는 것을 연결시키면 빨대불기 원리를 이해할 수 있다.
- 빨대의 길이가 길어지면 호흡조절능력이 향상된다.
- 불이 무서워 입으로 불어 끄기를 가르치기 어려운 경우에는 빨대로 불어 끄기를 연습하면 된다.
- 생일 노래를 부르고 입으로 불어 촛불 끄는 놀이로 연결한다.
- 촛불 불기는 호흡조절을 통해 언어 발달을 자극해 주는 활동이다.

비눗방울 주세요

준비물

비눗방울액, 비눗물을 담을 작은 그릇, 빨대, 마른 걸레

놀이 방법

1. 엄마는 비눗방울 병과 스틱을 들고 서서 "하나, 둘, 셋"이라고 구령을 외쳐 집중시킨 후 비눗방울을 불어 준다.
2. 비눗방울이 다 없어진 후 아이가 엄마를 쳐다보며 비눗방울을 불어 달라고 요구할 때까지 기다린다.
4. 아이가 엄마를 쳐다보거나 소리 내기, 두 손을 내밀며 "주세요."라고 하거나 팔을 흔들며 요구하는 등의 행동이 있다면 즉시 불어 준다.
4. 처음에는 빠른 속도로 불어 주었다면 점차 불어 주는 속도를 지연시킨다.

- 아이와 자연스럽게 눈맞춤할 수 있는 자세와 방향을 신경 쓴다.
- 아이의 비언어적 의사소통을 끌어내기 위해 비눗방울은 엄마가 불어 주어야 한다.
- 아이의 비언어적 의사소통능력(눈접촉, 두 손 내밀기, 적극성 등)을 강화하기 위해 아이가 요구할 때까지 기다린다.
- 아이가 요구할 때 비눗방울을 불어 주면 의사소통 의도가 확장된다.

✪ 자석낚시

❤ 준비물

여러 종류의 자석, 클립을 끼운 다양한 그림카드, 훌라후프, 트레이

놀이 방법

[1단계] 막대자석으로 낚시하기

1. 훌라후프를 놓고 그 안에 클립을 끼운 그림카드를 넣어 흩어 놓는다.
2. 막대자석으로 그림카드를 하나씩 낚시해 올리는 것을 보여 준다.

3. 아이에게 막대자석을 주어 손에 들고 하도록 한다.
4. 낚시한 그림카드를 트레이에 모은다.

[2단계] 자석낚싯대로 낚시하기

1. 자석을 단 낚싯대를 사용한다.
2. 아이에게 "무엇을 잡아 줄까?"라고 물어 아이가 요구하는 것을 하나씩 낚시해 준다.
3. 역할을 바꾸어 아이에게 "물고기 주세요." "냉장고 주세요." "바나나 주세요."와 같이 다양한 명칭을 말하며 낚시해 달라고 요구한다.

[3단계]

1. 그림카드 10개에는 클립을 끼우고, 10개는 끼우지 않는다.
2. 클립이 있는 그림카드만 낚시가 가능하다는 것을 이해한다.
3. 클립이 있는 카드에만 낚싯대를 접근시킨다.

key point

- 그림카드를 손으로 집어 올리지 않게 한다.
- 구슬자석을 입에 넣지 않도록 조심한다.
- 자석의 원리를 깨달을 수 있다.
- 막대자석을 손에 들고 그림카드를 붙여 꺼내는 1단계가 익숙해지면 2단계로 이행한다.

카드 맞추기

❤ 준비물

카드

놀이 방법

[1단계]

1. 기본 형태(그림, 도형, 숫자, 글씨 등) 중 아이가 가장 홍미를 보이는 것으로 시작한다.
2. 각 형태에 해당하는 것을 다섯 가지 정하고, 똑같은 형태의 카드를 두 장씩 준비한다. 예를 들어, 그림 중 자동차를 정하고, 5종의 자동차를 찾아 같은 자동차 그림을 두 장씩 카드로 준비한다.
3. 탁자나 상에 카드를 엎어 놓고 카드 한 장을 아이에게 보여 준 후 같은 그림의 카드를 찾아내어 맞추도록 한다.
4. 아이가 놀이 원리를 터득하였는지 파악하고 엄마가 먼저 시범을 보여 주어도 좋다.

[2단계]

1. 역할을 바꾸어 아이가 놀이의 주도권을 가지고 진행한다.
2. 그림의 특성을 말하고 그것을 찾아 달라고 요청하는 놀이를 한다(예: "바퀴가 있는 달리는 거 주세요.").

key point

- 같은 형태나 색 또는 나아가 색, 형태 등을 통합하는 지각능력을 강화시켜 주는 것이 우선적인 목표이다.
- 이 놀이는 기억력과 집중력을 길러 주고 한 장이라도 더 많이 가져가려는 적극적인 의지를 길러 주는 활동이다.
- 글자가 숫자의 개념을 가르치는 것이 아니라 직관에 의해 맞추는 것이므로 통찰력을 키워 주는 효과도 있다.
- 나중에 글자나 숫자를 쉽게 기억하는 기초 활동이 된다.

핸드벨 연주

준비물

유아용 핸드벨(책상 위에 올려놓고 손으로 눌러 소리가 나는 핸드벨)

놀이 방법

[1단계]

1. 책상 위에 핸드벨을 도레미파솔라시도 순으로 배치한다.
2. 엄마가 낮은 '도'부터 높은 '도'까지 순서대로 천천히 누르는 시범을 보여 준다(음이름을 말하면서 친다).
3. 아이가 순서 없이 마구 치려고 하면 잠시 허용해 준다.
4. 핸드벨을 칠 때마다 포인팅과 함께 음이름을 말한다.

[2단계]

1. 핸드벨을 치는 것이 익숙해졌으면 '레'라고 말하며 포인팅해 주고, 이것을 보고 아이가 해당하는 핸드벨을 치도록 한다.
2. 각 음마다 연습한다.

[3단계]

1. 〈무엇이 무엇이 똑같을까〉를 칠 때 필요한 핸드벨만 선택하여 순서대로 배치한다.
2. 노래를 부르며 "도미솔 도미솔 라라라 솔~, 파파파 미미미 레레레 도~"를 치는 연습을 반복한다.

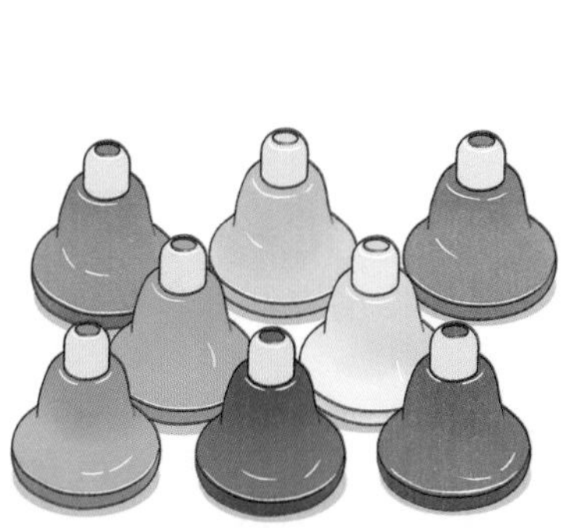

key point

- 손으로 누르는 것이라 탐색이 수월하다.
- 핸드벨의 청아한 음색은 아이들이 매우 좋아하는 소리이다.
- 음과 핸드벨의 색깔을 매칭할 수 있고 기억력에 도움이 된다.
- 아이가 아는 노래로 핸드벨 연주를 하면 매우 좋아한다.

풍선 부풀리기

❤ 준비물

풍선, 공기 주입기(풍선용)

놀이 방법

[1단계] 풍선 탐색하기

1. 아이와 마주 보고 앉는다.
2. 풍선을 잡아당겨 늘리기, 입으로 불어 부풀리기, 바람이 나와 시원한 느낌을 경험하는 등 풍선의 다양한 특성을 알게 한다.

[2단계] 풍선 부풀리기

1. 엄마가 풍선용 공기 주입기를 사용하여 풍선이 부푸는 모습을 보여 준다.
2. 아이가 공기 주입기를 사용하여 풍선을 부풀리도록 한다.

[3단계] 입으로 풍선 불기

1. 입으로 풍선을 불어 부풀리는 것을 보여 준다.
2. 풍선을 놓쳐 피리릭 날아가 떨어지도록 하며 깜짝 놀라는 시늉을 한다.
3. 아이가 풍선을 가져오면 아이가 불어 보도록 입에 넣어 준다.
4. 아이가 조금 부는 시늉을 하면 칭찬해 주고 엄마가 불어 준다.
5. 부풀어진 풍선의 입구를 묶어 공중으로 쳐서 상대방에게 보내는 놀이를 즐긴다.

key point

- 놀이 중 아이의 눈접촉을 유도한다(예: 풍선 던지기 전에 눈접촉하기).
- 놀이 중 아이의 자발적인 요구행동과 언어를 유도한다(예: 관심 유도 후 요구행동이나 언어를 표현하도록 격려하기).
- 풍선은 공기를 넣은 정도에 따라 날아가는 시간이나 모양이 달라진다. 놀이를 통해 아이는 풍선을 크게 불면 풍선 입구를 놓았을 때 더욱 힘차게 멀리 날아간다는 것을 배우게 된다.

뛰어내리기

준비물

20×10×10cm의 발판

놀이 방법

[1단계]

1. 엄마가 아이를 업고 발판에 올라선다.
2. 엄마는 아이를 업은 상태에서 구령에 맞춰 뛰어내린다.

[2단계]

1. 엄마가 발판에 올라서고, 아이는 앞에 앉아 관찰한다.
2. 엄마가 구령에 맞춰 뛰어내리는 것을 보여 준다.

[3단계]

1. 아이를 발판에 세운다.
2. 구령에 맞춰 아이가 뛰어내린다.

[4단계]

1. 친구와 함께 발구르기 판에 올라간다.
2. 구령에 맞춰 친구와 동시에 뛰어내린다.

key point

- 준비 동작을 하는 동안 무릎을 굽혔다, 폈다 하는 것을 약간 과장되게 보여 준다.
- 혼자 뛰어내리는 것이 어려운 아이는 손을 잡아 주고 격려해 준다.
- "하나, 둘, 셋"이라는 구령에 맞춰 뛰어내리는 활동은 기다리기나 지시 따르기 능력을 획득하는 것으로 대소변 가리기를 가르치는 데에도 유용하다.

태엽알람놀이

준비물

태엽을 감을 수 있는 알람용 시계

놀이 방법

[1단계]

1. 소리가 나는 태엽시계를 준비한다.
2. 태엽 감는 것을 보여 주고, 째깍째깍 소리도 들려준다.
3. 태엽이 다 풀렸을 때 소리가 울리고 버튼을 누르면 꺼지는 것도 보여 준다.

4. 아이가 보는 앞에서 태엽 감은 시계를 손수건으로 덮어 놓는다.
5. 태엽이 울리는 소리를 듣고 놀라는 표정을 하며 손수건을 치우고 시계를 찾아 버튼을 누르는 모습을 보여 준다.

[2단계]

1. 아이에게 시계 숨기는 것을 보여 주지 않은 채 옷장, 책상 서랍, 가방 등에 숨기고 "시계 어디 있지?"라고 묻는다.
2. 태엽 소리가 나는 방향으로 가도록 도와주고 소리를 찾아 버튼을 누르도록 한다.

key point

- 청지각놀이는 대뇌 신경세포 사이의 연결을 강화해 주는 데 도움이 된다.
- 아이가 소리가 나는 방향으로 귀를 기울이고, 고개를 이리저리 돌려 소리를 확인하는 것은 청각의 환기능력을 발달시키는 아주 좋은 활동이다.

큰북을 울려라

❤ 준비물

큰북, 북채

놀이 방법

[1단계]

1. 엄마와 아이가 함께 큰북이 있는 책상에 앉는다.
2. 북채나 나무젓가락, 막대 등 무엇이든 두들길 수 있는 것을 잡는다.
3. 아이가 평소 알고 있는 노래를 부르며 박자에 맞추어 북채를 두들긴다.
4. 같은 노래를 빠르게 또는 느리게 부르며 노래 속도에 맞추어 북채를 두들긴다.
5. '빠르게' '느리게'를 알게 되면 '더 빨리' '더 느리게'도 시도한다.

[2단계]

1. 엄마북, 아이북으로 각각 준비한다.
2. 엄마와 아이가 함께 노래를 부르며 번갈아 가며 북을 친다.
   - 예: 큰북을 울려라(노래) 둥둥둥(아이가 세게 북 치기)
     작은북 울려라(노래) 동동동(엄마가 약하게 북 치기)

key point

- 유아기의 음악적 경험은 시간, 공간, 추리 능력과 수학적 개념의 학습능력을 향상시켜 준다.
- 북은 위에서 아래로 치는 것을 먼저 하고, 익숙해지면 옆에서 치는 것으로 응용한다.

그림책 보기

준비물

그림책

놀이 방법

1. 책을 블록과 같은 장난감으로 인식할 만큼 가지고 놀도록 한다.
2. 아이가 마음대로 책장을 넘기며 탐색하는 기회를 준다.
3. 매일 세 번 엄마와 함께 그림책을 보며, 책 한 권 보는 데 걸리는 시간은 5분 이내로 한다.
4. 그림책을 볼 때는 책 첫 페이지부터 그림에 나오는 대상이나 물건의 이름만 들려주고 책장을 넘긴다.
5. 아이가 특별히 좋아하는 책이 있다면 반복하여 보고 점차 내용을 덧붙여 나간다. 내용 중 아이가 아는 것을 말하면 칭찬해 준다.
6. 아이가 그림을 보며 흥미 있어 하는 것이 있으면 무엇이든지 그것에 대해 말해 주고, 그림을 보고 떠오르는 것을 가지고 이야기를 이어 가는 것도 좋다.

key point

- 그림책을 가지고 쌓기나 나란히 세우기 등 책이라기보다 장난감처럼 가지고 놀게 하여 먼저 친근감을 갖게 한다.
- 짧은 문장으로 된 그림책을 고르고, 간단한 삽화가 있는 것이면 좋다.
- 글자를 (손으로 가리키며) 읽으며 이야기를 들려주는 것은 나중에 할 일이다.

날 따라 해 봐

준비물

그림책

놀이 방법

[1단계]

그림책을 보며 아이에게 간단한 동작 모방하기를 알려 준다.

– '나비': 양팔을 펄럭이기

– '물고기': 두 손을 맞잡고 수영하기

– '코끼리 코'를 만들어 흔들기

[2단계]

동작과 노래를 연결하여 따라 하게 한다.

– 〈나비야〉 노래 부르기

– 〈고기를 잡으러〉 노래 부르기

– 〈코끼리 아저씨〉 노래 부르기

key point

- 각 동물의 특징적 동작을 실감 나게 표현한다.
- 실제 동물들을 보는 기회를 만든다.
- 동물의 특징적 동작을 보여 주고 찾기놀이를 한다.

짝 찾기

❤ 준비물

양말/볼펜/컵/칫솔 각 한 쌍씩, 빈 상자 2개

놀이 방법

1. 쌍으로 된 물건들을 2개씩 묶어 늘어놓는다.
2. 2개의 빈 상자에 각각 하나씩 넣으며 명칭을 말한다.
   – "양말 넣어요." " 볼펜 넣어요." "컵 넣어요." "칫솔 넣어요."
3. 각각의 상자에서 똑같은 물건을 하나씩 꺼내 짝을 맞추어 늘어놓는다.
   – "양말 꺼내요." "볼펜 꺼내요." "컵 꺼내요." "칫솔 꺼내요."
4. 짝이 되는 것을 각 상자에 나누어 넣기, 다시 하나씩 꺼내어 짝을 맞추어 늘어놓기 과정을 수차례 반복한다.
5. 상자 1은 엄마 앞에, 상자 2는 아이 앞에 두고 엄마가 집어 든 물건과 똑같은 것을 아이가 꺼내 주어 짝을 맞춘다.
   – "양말/볼펜/컵/칫솔 주세요."
6. 역할을 바꾸어 아이가 물건의 이름을 말하며 집어 들면 엄마가 똑같은 물건을 꺼내어 짝을 맞춘다.

key point

- 사물의 형태가 같은 것을 찾아내는 놀이활동은 통합적인 인지능력 향상을 도와준다.
- 놀이 진행 순서를 단계로 생각하고 각 단계를 충분히 숙지하여 익힌 후 다음 단계로 이동한다.

손으로 알아요

준비물

색연필, 블록, 자동차, 빈 크리넥스 상자

놀이 방법

1. 물건을 하나씩 집어 아이에게 보여 주며 동작과 함께 이름을 말해 주고 아이에게 준다.
   - 길다(연필), 올록볼록해(블록), 굴러가네(자동차)와 같은 식으로 동사/형용사를 먼저 말해 준다.
   - "길다란 색연필이야." "올록볼록 블록이야." "굴러가는 자동차야."

2. 아이가 물건을 받아 탐색한 후 빈 크리넥스 상자에 넣도록 한다.
   - "길다란 색연필 넣어요." "올록볼록한 블록 넣어요." "굴러가는 자동차 넣어요."
3. 엄마가 크리넥스 상자에 손을 넣어 찾으며 하나씩 꺼낸다.
   - "길다란 색연필 어디 있지?" "길다란 색연필 여기 있구나~"
   - "올록볼록 블록 어디 있지?" "올록볼록 블록 여기 있구나~"
   - "굴러가는 자동차 어디 있지?" "굴러가는 자동차 여기 있구나~"
4. 엄마가 물건의 특성을 말하면 아이가 이름을 말하며 찾아낸다.
   - 엄마가 "길다란" "올록볼록" "굴러가는"을 동작과 함께 말하면 아이가 "색연필" "블록" "자동차"라고 말하며 물건을 꺼낸다.

key point

- 눈으로 볼 수 없는 물건을 손의 감촉으로 인지하는 것은 촉각수용체를 자극하여 사물을 탐색하고 정보를 저장하는 데 도움이 된다.
- 여러 가지 물건을 본 후 기억했다가 손으로 만져서 지각하는 경험은 감각인식능력을 길러 준다.
- 상자 안에 손을 넣기 두려워하는 경우 억지로 넣게 하기보다 엄마가 여러 번 시범을 보여 주는 것이 좋다. 또한 아이 스스로 손을 넣을 수 있게 아이가 좋아하는 물건을 넣어 준다.

거품불기

❤ 준비물

주스용 긴 빨대, 물비누, 컵

놀이 방법

[1단계] 빨대불기를 못할 때

1. 컵에 물을 2/3 정도 담고, 물비누를 조금 넣어 섞는다.
2. 컵에 빨대를 꽂은 다음 엄마가 입으로 "후~" 하고 불어 뽀글뽀글 소리와 함께 거품이 올라오는 것을 보여 준다.
3. 손에 거품을 담아 보여 주고 아이에게 만져 보게 한다.
4. 거품을 입으로 "후~" 불고 날아가는 것을 보여 준다.

[2단계] 빨대불기가 가능할 때

1. 컵에 물을 2/3 정도 담고 비눗방울액을 조금 부어 섞는다.
2. 엄마가 컵에 빨대를 꽂고 불면 뽀글뽀글 소리와 함께 거품이 올라오는 것을 보여 준다.
3. 아이가 빨대를 달라고 하며 스스로 불어 보려는 의도를 표현(눈접촉과 함께 몸짓하기, 소리 내기 등)하면 아이에게 빨대를 건네준다.
4. 거품 만지기, 불기, 문지르기 등 다양한 촉감각을 즐기도록 한다.

key point

- 빨대로 부는 것이 익숙하지 않은 상태에서 빨아들이는 경우에는 비눗물을 마실 수 있으므로 주의한다.
- 거품을 만지지 않으려 한다면 억지로 만지게 하지 말고, 오히려 거품으로 할 수 있는 다양한 탐색 방법을 보여 주는 것이 좋다.
- 거품불기놀이는 입술과 혀를 많이 사용하게 해 주어 발성 및 정확한 발음에 도움이 된다.
- "빨대로 거품을 불어 보자." "뽀글뽀글 거품이 생기네~" "후~" "비누거품을 불어 볼까?" "거품이 날아가네~" "거품이 많아졌다~" 등과 같이 다양한 언어자극을 해 준다.

동물농장

준비물

동물, 곤충, 자연의 소리와 관련된 그림책

놀이 방법

[1단계] 동물 소리 그림책

1. 주변에서 익숙한 동물들의 울음소리 버튼을 눌러 소리를 듣는다.
2. 엄마가 동물의 이름을 말하면 아이가 그림을 가리키며 버튼을 누르게 한다.

[2단계]

1. 이미 알고 있는 동물의 울음소리에 하나의 동물을 추가한다.
2. 하나의 동물을 없애고 새로운 동물을 추가한다.

[3단계]

1. 어른이 동물의 울음소리를 내면 아이가 같은 울음소리를 찾아 버튼을 누른다.
2. 아이가 동물의 울음소리를 내면 엄마가 같은 울음소리를 찾아 버튼을 누른다.
3. 엄마와 아이가 번갈아 가며 게임을 한다.

key point

- 청각은 매우 중요한 감각이다.
- 동물의 울음소리를 구별하는 훈련을 통해 다양한 소리에 귀를 기울이게 된다.
- 동물그림과 동물의 울음소리를 연결하는 작업을 통해 지능과 정서가 발달한다.
- 소리를 듣고 판단한 후 관련된 동작으로 연결하는 것은 타인의 말을 들으려는 태도를 증진시킨다.

✪ 찍기놀이

❤ 준비물

물감, 접시, 자동차, 신문지

놀이 방법

[1단계]

1. 바닥에 신문지를 깔고 그 위에 전지를 편다.
2. 접시에 물감을 짜 놓는다.
3. 엄마가 검지손가락에 물감을 묻혀 전지에 찍는 걸 보여 준다.

4. 아이도 검지손가락으로 물감 찍기놀이를 모방한다.

[2단계]

1. 자동차 바퀴에 물감을 묻혀 전지에 굴리는 것을 보여 준다.
2. 아이에게 자동차를 주어 모방하도록 한다.
3. 다양한 찍기 모양틀을 활용하여 놀이한다.

key point

- 자신의 손가락으로 물감을 찍는 경험을 먼저 해 보는 신체지각은 도구 사용을 빨리 터득할 수 있도록 돕는 과정이다.
- 뇌는 즐겁게 경험한 것을 더 잘 등록하고 기억하므로 무엇을 찍었는지를 묻기보다 엄마와 아이가 함께 찍기놀이를 했다는 것 자체를 즐기도록 한다.
- 동물 모양틀, 꽃 모양틀, 도형 모양틀 등을 탐색하며 언어활동이 증가한다.

선 뛰어넘기 2

❤ 준비물

150cm 길이의 색테이프 4개를 바닥에 50cm 간격으로 붙여 놓기

♬ 노래

산토끼 토끼야 어디를 가느냐

깡충깡충 뛰어서 어디를 가느냐

놀이 방법

[1단계] 엄마와 함께 뛰어넘기

1. 출발선 앞에 나란히 선다.
2. 노래를 부르며 '선 뛰어넘기 1' 활동에서 배운 대로 깡충 뛰어넘기를 한다. 아이가 아직 뛰어넘기를 하지 못할 경우 양손으로 겨드랑이 아래를 지지해 뛰어넘는 것을 도와준다.
3. 아이의 상체를 눌러 주어 반동으로 뛰어넘기를 몸으로 이해하도록 알려 준다.

[2단계] 친구와 함께 뛰어넘기

key point

- 친구와 나란히 선 앞에 선다.
- 노래를 부르며 선 뛰어넘기를 한다.
- 아이를 뛰어넘게 해 줄 때 엄마가 선 자세로 아이를 들어 올려 이동시키는 것이 아니라 엄마가 아이의 겨드랑이를 잡고 함께 뛰어넘으면 방법 터득이 더 쉽다.
- 뛰어넘어야 할 타이밍에 엄마가 뛰어오르며 "뛰세요."라고 크게 말해 주고 몸짓도 같이 해 주어 아이가 인지할 수 있게 한다.

참고문헌

국립교육평가원(1995). **유치원 교육 평가 연구**. 서울: 국립교육평가원.

서울장애인복지관(1992). **출생에서 5세까지**. 서울: 서울장애인복지관.

신희선, 한경자, 오가실, 오진주, 하미나(2002). **한국형 Denver 2 검사지침서**. 서울: 현문사.

원희영(1998). 아버지의 놀이참여 수준과 유아의 사회적 능력과의 관계 연구. 서울여자대학교 대학원 석사학위논문.

정하린(2015). 유아 기질에 따른 피아노 교수법 연구: A. Thomas와 S. Chess의 세 가지 기질분류를 중심으로. 숙명여자대학교 사회교육대학원 석사학위 논문.

Ainsworth, M. D. S. (1979). Infant-mother attachment. *American Psychologist, 34*(10), 932-937. https://doi.org/10.1037/0003-066X.34.10.932

Ainsworth, M. D. S. (1989). Attachments beyond in infancy. *American Psychologist, 44*(4), 709-716.

Ainsworth, M. D. S., Blehar, M. C., Waters, E., & Wall, S. N. (1978). *Patterns of attachment: A psychological study of the strange situation*. Hillsdale, NJ: Erlbaum.

Bowlby, J. (1958). The nature of the child's tie to his mother. *The International Journal of Psychoanalysis, 39*, 350-373.

Bowlby, J. (1969). *Attachment and loss, Vol. 1: Attachment*. New York: Basic Books.

Bowlby, J. (1988). *A secure base: Clinical applications of attachment theory*. London: Routledge.

Cozolino, L. (2018). 정신치료의 신경과학: 사회적인 뇌 치유하기 [*The Neuroscience of psychotherapy: Healing the social brain* (3rd ed.)]. (강철민, 이영호 공역). 서울: 학지사. (원저는 2017년에 출판).

Frankenburg, W. K. (1975). *Denver developmental screening test: Reference manual.* Denver, CO: University of Colorado Medical Center.

Frankenburg, W. K. (1986). *Revised Denver prescreening developmental questionnaire.* Denver, CO: Denver Developmental Materials.

Frankenburg, W. K., & Bresnick, B. (1998). *Denver II Prescreening Developmental Questionnaire (PDQ II).* Denver, CO: Denver Developmental Materials.

Harlow, H. F. (1958). The nature of love. *American Psychologist, 13*(12), 673-685. https://doi.org/10.1037/h0047884

Harlow, H. F., & Suomi, S. J. (1971). Social recovery by isolation-reared monkeys. *Proceedings of the National Academy of Sciences of the United States of America, 68*(7), 1534-1538.

Holmes, J. (1992). *John Bowlby and attachment theory.* London and New York: Routledge.

Kerns, K. A., Aspelmeier, J. E., Gentzler, A. L., & Grabill, C. M. (2001). Parent-child attachment and monitoring in middle childhood. *Journal of Family Psychology, 15*(1), 69-81.

Kerns, K. A., Klepac, L., & Cole, A. K. (1996). Peer relationships and preadolescents' perceptions of security in the child-mother relationship. *Developmental Psychology, 32*(3), 457-466.

Richards, M., & Light, P. (Eds.). (1986). *Children of social worlds: Development in a social context.* MA: Harvard University Press.

Stevenson, M. B., Leavitt, L. A., Thompson, R. H., & Roach, M. A. (1988). A social relations model analysis of parent and child play. *Developmental Psychology, 24*(1), 101-108. https://doi.org/10.1037/0012-1649.24.1.101

Thomas, A., & Chess, S. (1977). *Temperament and development.* New York: Brunner/Mazel.

Thomas, A., Chess, S., & Birch, H. G. (1968). *Temperament and behavior disorders in children*. New York: New York University Press.

찾아보기

인명

내용

저자 소개

주세진(Ju Sejin)

서울대학교 간호대학을 졸업하고 동대학원에서 박사 학위를 취득하였으며, 서울대학교병원 소아정신과에서 아동의 성장 발달을 위한 애착증진치료프로그램 개발자 및 치료자로 근무하였다. 남서울대학교 행동분석연구소장을 역임하였고, 현재는 간호학과 정신간호 주임교수로 재직하면서 부모와 아이를 대상으로 모아애착놀이 프로그램을 진행하는 등 건강한 부모-자녀 관계 수립을 위해 힘쓰고 있다.

애착증진과 뇌성장을 위한 통합유아발달놀이

Integrative Children's Development Play for Attachment Promotion and Brain Growth

2021년 1월 20일 1판 1쇄 인쇄
2021년 1월 25일 1판 1쇄 발행

지은이 • 주세진
펴낸이 • 김진환
펴낸곳 • (주) 학지사
04031 서울특별시 마포구 양화로 15길 20 마인드월드빌딩
대표전화 • 02)330-5114 팩스 • 02)324-2345
등록번호 • 제313-2006-000265호

홈페이지 • http://www.hakjisa.co.kr
페이스북 • https://www.facebook.com/hakjisa

ISBN 978-89-997-2276-9 93370

정가 26,000원